目 录

CONTENTS

工程建设法规

宿　辉　主编

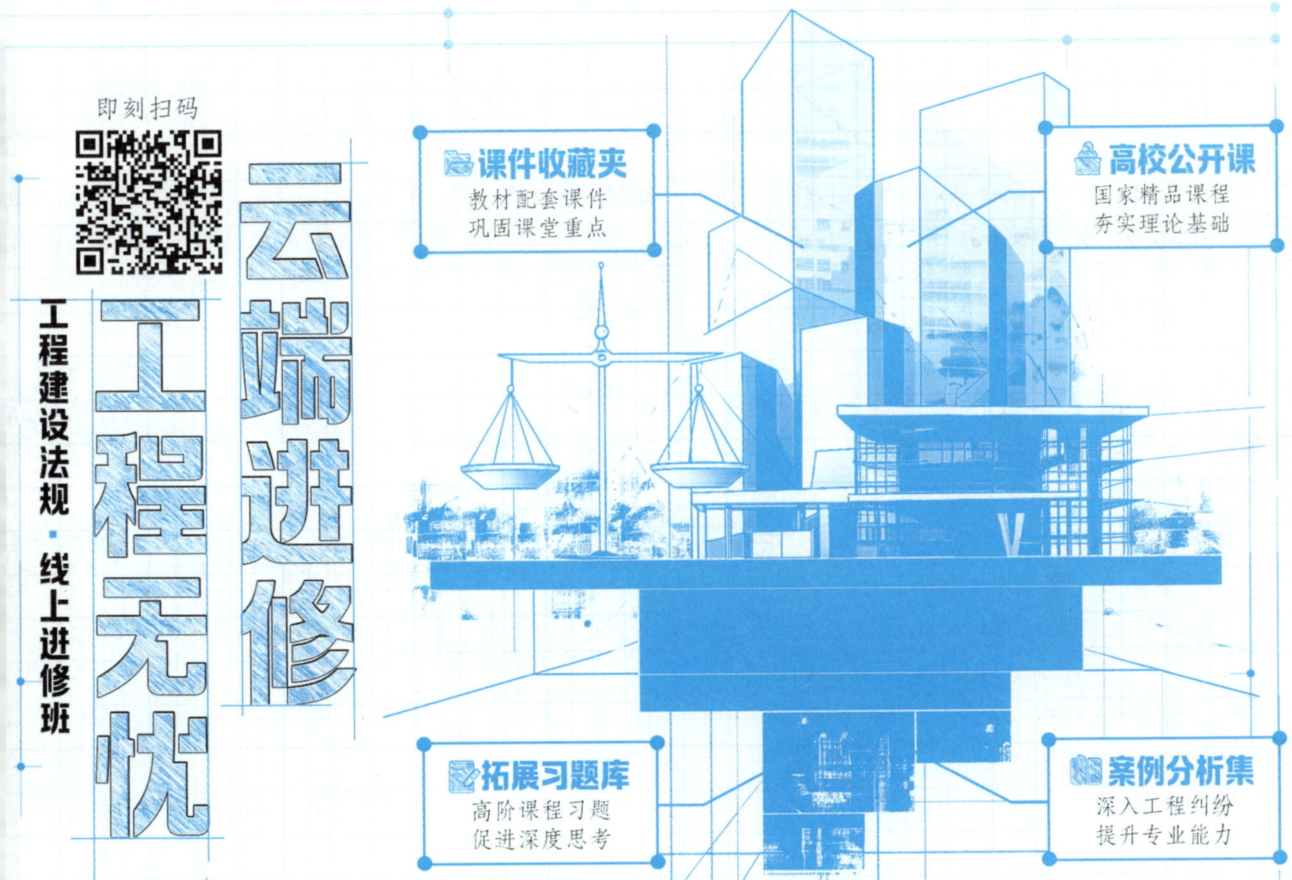

武汉理工大学出版社
·武汉·

图书在版编目（CIP）数据

工程建设法规 / 宿辉主编. -- 武汉 : 武汉理工大学出版社，2024. 11. -- ISBN 978-7-5629-7273-0

Ⅰ. D922.297

中国国家版本馆 CIP 数据核字第 2024BQ6222 号

项目负责人：汪浪涛　丁　冲　　　**责任编辑**：丁　冲

责 任 校 对：夏冬琴　　　**排版设计**：许伶俐

出 版 发 行：武汉理工大学出版社

网　　址：http://www.wutp.com.cn

地　　址：武汉市洪山区珞狮路 122 号

邮　　编：430070

印 刷 者：湖北金港彩印有限公司

发 行 者：各地新华书店

开　　本：787mm×1092mm　1/16

印　　张：16.25

字　　数：300 千字

版　　次：2024 年 11 月第 1 版

印　　次：2024 年 11 月第 1 次印刷

定　　价：48.00 元

凡购本书，如有缺页、倒页、脱页等印装质量问题，请向出版社发行部调换。

本社购书热线电话：027-87391631　87523148　87664138

前 言

“工程建设法规”是高等院校土木工程类专业，尤其是工程管理专业在法学理论和方法领域开设的一门专业课程。本门课程体现出非常明显的学科交叉与交融特征，以工程建设全过程为研究对象，运用法学的研究方法并参照技术规范的要求，调整建设项目参与各方行为所形成的法律关系。

随着国家层面为推动建筑业转型升级指明新的发展方向，践行基于新发展理念的“适用、经济、绿色、美观”建筑方针，新型的项目管理模式对于建设领域法律规制提出了新的需求。政府和社会资本合作（PPP）模式、工程总承包（EPC）模式逐步替代传统项目管理模式，在政府投资项目中得到广泛的应用；全过程工程咨询、装配式建筑、建筑信息模型（BIM）等新管理技术也在深刻地改变着发承包双方的交易习惯。因此，需要编写一部与《民法典》规定相适应的、能够反映我国建设领域法治建设成果的新教材。

本教材的鲜明特色是，创造性地按照工程项目管理知识体系的底层框架，将项目管理的核心知识模块，包括项目策划、采购管理、造价管理、质量管理、安全管理、环境保护与节约能源等独立成章，这将非常有效地让土木工程类院校的师生将工程管理知识逻辑沉浸于法律规范学习中。

本教材主要面向土木工程类院校工程管理和工程造价专业本科教学使用，为关照不同专业和不同学历层次同学的学习需求，编者在每个章节亦添加了供深度思考的高阶问题，便于教师组织课堂讨论或者用于研究生教学。本书由吉林建筑大学宿辉教授编写，得到了何佰洲教授、李启明教授、周佑勇教授的支持，并特别感谢赵东锋先生和毛凯女士对于本书域外建设法部分知识的贡献。固然编者能力有限，但仍需对全部文字担责，书中不足偏谬之处，望祈读者不吝指正！

宿 辉

2024 年 4 月 13 日

1 工程法基本理论

/ 本章导读 /

将工程法律关系置于法律关系的一般理论进行评价，有助于彰显建设工程法与其他部门法相比较的特殊性，进而确立其独立法律部门的学科地位。同学应通过本章掌握建设工程法律关系的主体、客体和内容；掌握我国建设工程法律体系的基本框架，为后续学习筑牢基础。

1.1 工程法学的概念和调整对象

1.1.1 工程法学的概念

工程是指土木建筑工程、线路管道和设备安装工程、建筑装修装饰工程等工程项目的新建、扩建和改建，是形成固定资产的基本生产过程及与之相关联的其他建设工作的总称。

工程法学是随着现代工程经济与科技的发展而出现的一门新兴的法学交叉学科。它以跨学科的研究方法，系统、综合地研究工程建设过程中涉及的法律关系，属于工程学和法学的交叉学科。工程法学是直接体现国家组织、管理、协调城乡建设、基础设施、建筑房地产业、市政公用事业等各项工程建设活动的方针、政策和基本原则。工程法学调整自然人、法人和非法人组织在工程建设活动中发生的社会关系，是研究按照工程建设的程序，以建设行为为规范内容，以建设市场行为、建设工程质量安全、节能环保为规范目的，与工程建设各阶段紧密相关的法律规范之整体所构成的法律部门。

工程建设为国民经济的发展和人民生活的改善提供重要的物质技术基础，并对众多产业的振兴起到促进作用。因此，它在国民经济中占有相当重要的地位，国家也十分重视运用法律手段，通过制定和实施工程建设法律规范，加强对工程建设的管理。

我国部分土木工程类高校从 20 世纪 90 年代开设建设法相关课程，习惯上将本学科称为“建设法规”。工程法学之目的在于构建工程领域的法律规范秩序，确保工程质量，维护人民群众的生命和财产安全。建设法规的调整对象是在建设活动中所发生的各种社会关系，包括建设活动中所发生的行政管理关系、经济协作关系及其相关的民事关系。

1.1.2 工程法学的调整对象

工程法学的调整对象，是指工程法学所规范调整的社会关系，涉及工程建设全过程，主要包括横向的工程民事法律关系和纵向的工程行政法律关系。

1.工程民事法律关系

横向的工程民事关系，是指工程建设中的民事关系，该种民事关系是指平等主体自然人、法人和非法人组织之间因从事工程建设活动而产生的民事权利义务关系。这种民事权利义务关系可以发生在工程的勘察、设计、施工、监理、运营、维护等各个阶段。这一类型的工程关系主要属于民法规范调整的范畴。其主要包括：建设单位与勘察设计单位、施工企业之间的建设工程合同关系；建设单位与咨询单位、监理单位之间的委托合同关系；相关工程建设业从业单位的原材料采购合同关系、设备租赁合同关系、运输合同关系、保险合同关系等。建设活动中的民事关系既涉及国家社会利益，更关系着个人的权益和自由，因此必须按照《民法典》和建设法中的民事法律规范予以调整。

横向的工程民事法律关系的特点是：第一，横向的工程民事关系的主体之间具有平等性。平等，是指工程关系主体在法律地位上平等，不存在隶属或者管理与被管理的关系。主体彼此间的关系应该是平等的、互利的，当财产利益受到损害时，应该得到同等价值的补偿。第二，平等主体间的关系主要为合同关系。合同关系是横向工程民事关系中最为重要的一种关系，或者说合同关系是横向工程民事关系中的核心关系。当事人在缔结合同关系时意思表示自由，非经双方自愿协商，不能缔结合同，更不能将一方意志强加于另一方。工程中最重要的合同关系是建设工程合同关系，包括建设工程勘察、设计和施工合同。《民法典》将“建设工程合同”作为 19 种有名合同之一设专章予以规定。除此之外，还包括围绕建设工程合同展开的各种合同关系：买卖合同、租赁合同、保管合同、运输合同、融资租赁合同、委托合同等。第三，横向的工程民事关系主要表现为财产关系。财产关系中确认的权利是财产权利，通常可以转让。这种财产关系遵循等价有偿的原则。当财产关系受到破坏时，主要适用财产补救法，通过返还原物、赔偿损失等民事责任的方式加以保护。第四，横向的工程民事关系产生争议时可以协商解决，也可以根据仲裁协议提请仲裁机构申请仲裁或者向人民法院提起民事诉讼。

2.工程行政法律关系

纵向的工程行政关系，是指工程建设中的行政关系。该种关系主要指属于行政权行使过程中的工程行政计划关系、工程行政规划关系，以及政府行政主管部门对工程各方参与主体、工程建设、工程产品等的监督管理关系。工程建设活动，尤其是政府投资项目是社会发展中的重大活动，同社会发展息息相关，关乎国计民生，国家对这类活动必然要实行严格的管理。具体包括对建设工程的立项审批、投资计划、勘察设计、施工验收等均进行严格监督管理，进而形成建设活动中的行政管理关系。建设活动中的行政管理关系，是政府及其相关行政主管部门同建设单位、设计单位、施工企业及咨询机构之间发生的管理与被管理关系。它包括两个相互关联的方面：一方面是规划、指导、协调与服务；另一方面是检查、监督、控制与调节。这其中不但明确相关行政管理部门相互间及内部各方面的责权利关系，而且还要科学地建立建设行政管理部门同各类建设活动主体及中介服务机构之间规范的管理关系。这些都必须纳入法律调整范围，由有关的行政法规来承担。

纵向的工程行政关系的特点是：第一，主体之间的隶属性。纵向的工程行政关系的主体双方为行政主体和行政相对人。在行政性质的工程关系中，其主体之间存在着管理与被管理的关系、权力服从关系。行政主体是行政关系的一方。行政主体是行政职能的承担者，这决定了行政关系中必有一方是行政主体。第二，行政关系当事人的权利、义务由有关法律规范事先加以规定，并经常具有重合性。行政关系中的一个重要特点是其主体之间不能相互约定权利、义务，不能自由选择权利、义务，而必须依据法律规范取得权利，并承担义务。这与民事法律关系主体可以相互约定权利、义务，协商改变权利、义务，共同选择权利、义务完全不同。行政主体实体职权职责的重合性，通常意味着其权利或义务的双重性。在这种情况下，行政主体不能擅自转让、放弃其权利，否则就是失职。但是，近年来政府愈加偏好通过与社会资本合作的方式提供基础设施和公共服务，形成“公私伙伴关系”，双方需缔结行政协议确定各自权利义务。第三，管辖主体的多元性。一方面，不同的行政主体依据其职权管辖着不同类型的工程并由此形成不同的行政关系。例如，根据我国现行《建筑业企业资质管理规定》（住房和城乡建设部令第 22 号），国务院住房城乡建设主管部门负责全国建筑业企业资质的统一监督管理。国务院交通运输、水利、工业信息化等有关部门配合国务院住房城乡建设主管部门实施相关资质类别建筑业企业资质的管理工作。在施工资质管理方面，国务院住房城乡建设主管部门和国务院交通运输、水利、工业信息化等有关部门，协调负责施工企业的资质管理工作。另一方面，一个工程的不同阶段也分别由不同的行政主体进行管辖。例如，立项、决策阶段由地方政府或者中央政府作出决定，规划阶段则由不同行政层级的政府规划主管部门行使规划权，建设阶段则由建设行政主管部门、环境保护主管部门等行使监督管理职权。第四，行政关系引起的争议，大多由行政机关或行政裁判机关依照行政程序解决。相对人亦可通过行政复议或行政诉讼程序予以救济。

1.1.3 工程法学的地位

工程法学的地位，是指其在整个法律体系中所处的状态，具体是指工程法学属于哪个部门法且居于何种层次。部门法的划分标准，是以某一类社会关系为共同的调整对象，在此基础上所形成的所有法律规范的总和即构成同一法的部门。比如，以平等主体之间的财产关系和人身关系为共同调整对象所形成的所有法律规范，其总和即构成独立的民法部门。有学者认为从工程法学的法律性质来看，它主要还是属于行政法和经济法的范畴。

1.关于工程法学的地位，我国主要存在两种观点

（1）工程法学是行政法的特别法

行政法泛指有关国家行政管理的法律、法规，其调整对象为行政管理关系、行政法制监督关系、行政救济关系、内部行政关系。国家行政机关在建设活动中同建设单位、勘察设计单位、施工单位及咨询单位之间形成的管理与被管理的法律关系，是工程法学的主要调整对象。这与行政法的调整对象相同，因此说工程法学是行政法的特别法。

（2）工程法学是经济法的特别法

经济法是调整国家对经济实行宏观调控和对经济活动进行协调过程中所发生的经济关系的法律规范的总称，其调整对象为国家干预市场经济运行过程中发生的经济关系，国家在经济调控中发生的经济关系和国家规范经济组织过程中发生的经济关系。工程法学的调整对象与经济法的调整对象具有相似性，既包括行政管理关系，又包括民事关系，兼具公法性和私法性，因此工程法学是经济法的特别法。

2.工程法学属于相对独立的法律部门

工程法学的调整对象本质上是由工程法学调整对象的客观性、特殊性和重要性决定的。建设活动是人类生存发展和经济建设的基本活动，随着社会的发展，工程建设活动涉及的法律关系更加广泛和复杂，工程法学作为相对独立的法律部门是社会发展的客观要求。法律部门的划分也不应仅仅是传统法学理论界定的标准，随着社会的发展，社会关系所涉及的领域越来越细化，任何一个法律部门都不可能包罗万象地调整所有领域的法律关系。因此，划分法律部门不能局限于传统的调整对象这一标准。

工程法学将工程建设活动领域中的所有社会关系视为一个有机联系的整体进行全面调整，并统一地发挥其确认、保护、促进、协调社会关系的功能。因此，工程法学是并列于教育法、军事法、交通法等的应用部门法，依托于民法、行政法、刑法、经济法、民事诉讼法、行政诉讼法、刑事诉讼法等基础法律部门的一个相对独立的应用法律部门。工程法学作为一门独立的交叉法学学科，具有双重交叉属性，是由工程法学以工程涉及法律法规为主导这一特性决定的，既体现工程法学的"法学属性"，又体现工程法学的"工程专业属性"，并将二者进行有机融合。

按照一般法学学科的体系构建工程法学的体系，工程法学作为一门学科应该包括工程法学总论和工程法学分论。工程法学总论包括工程法学的概念和调整对象、工程法学的特征和基本原则、工程法学的历史发展、工程法律关系及其构成要素、工程法学的渊源等工程法学的一般理论。工程法学分论应该包括工程建设主体法律制度、工程决策和规划法律制度、工程用地法律制度、工程许可法律制度、工程承发包法律制度、工程招投标法律制度、工程质量与安全法律制度、工程节能环保法律制度、工程监管法律制度、工程知识产权法律制度、工程法律责任制度和工程争议解决法律制度等。

1.2 建设工程法律关系

法律关系是在法律规范调整社会关系的过程中所形成的人们之间的权利和义务关系。工程建设作为一种法律关系，亦包含主体、客体和内容三个要素。其中，法律关系主体是在法律关系中一定权利的享有者和一定义务的承担者；法律关系客体是指法律关系主体之间权利和义务所指向的对象；法律关系的内容就是法律关系主体之间的法律权利和法律义务。

工程基本建设程序牵涉复杂广泛的法律关系，包括行政机关与相对人之间基于行政许可、行政处罚等形成的行政法律关系；也包括基于串通投标、安全生产事故等形成的刑事法律关系。但是更多的是基于平等主体之间建筑市场交易行为所形成的民事法律关系。而建设工程民事法律关系中，又多以项目参与各方所形成的合同法律关系最为重要和常见。其包括建设工程勘察设计合同、施工合同、工程总承包合同、监理委托合同、专业承包合同、专业分包合同、劳务分包合同、全过程工程咨询合同等。本节内容主要以建设工程合同法律关系为线索。

1.2.1 建设工程法律关系主体

1.建设单位

建设单位是建设工程法律关系中最为重要的一方主体，在建设工程勘察、设计、施工、咨询、监理等合同关系中，建设单位都是一方当事人。项目法人责任制是我国项目管理现代化和科学化的重要标志，早在 1999 年，原国家计委就印发过《关于实行建设项目法人责任制的暂行规定》（已废止），确立了建设单位的法律地位。从市场准入角度，除对房地产开发企业需核定资质等级外，国家对建设单位主体资格没有许可限制。

我国进行投资体制改革以来，从投资主体上愈加注重区分政府投资项目和企业投资项目，并对政府投资主体实施更为严格的监管和评价。基于行业自身特点和不同的法律文件规定，建设单位亦有不同的称谓，如《建筑法》中同时使用“建设单位”和“发包单位”的术语；《建设工程质量管理条例》《建设工程安全生产管理条例》则仅使用“建设单位”的术语；《建设工程质量保证金管理办法》使用“发包人”的术语；各类工程合同示范文本亦使用“发包人”的称谓。同时，在国际工程合同语境中，较多使用“业主”或“雇主”的术语，我国建设工程行业交易则习惯称为“甲方”。

2.施工单位

我国《民法典》设“建设工程合同”专章，明确规定建设工程合同包括工程勘察、设计、施工合同。为避免混淆，将勘察、设计与施工单位分别叙述。《建筑法》第十三条规定，从事建筑活动的建筑施工企业、勘察单位、设计单位和工程监理单位，按照资质条件划分为不同的资质等级，经资质审查合格，取得相应等级的资质证书后，方可在其资质等级许可的范围内从事建筑活动。

依据以上法律规定，我国对于施工单位实施资质许可制度。建筑业企业申请与许可、变更与延续资质及监督管理，由住房城乡建设部颁布的《建筑业企业资质管理规定》予以规范。

建筑业企业，是指从事土木工程、建筑工程、线路管道设备安装工程的新建、扩建、改建等施工活动的企业。建筑业企业资质分为施工总承包资质、专业承包资质、施工劳务资质三个序列。

施工总承包资质、专业承包资质按照工程性质和技术特点分别划分为若干资质类别，各资质类别按照规定的条件划分为若干资质等级。施工劳务资质不分类别与等级。

3.勘察设计单位

建设工程勘察，是指根据建设工程的要求，查明、分析、评价建设场地的地质地理环境特征和岩土工程条件，编制建设工程勘察文件的活动。

建设工程设计，是指根据建设工程的要求，对建设工程所需的技术、经济、资源、环境等条件进行综合分析、论证，编制建设工程设计文件的活动。

勘察设计单位是“建设工程勘察合同”和“建设工程设计合同”的一方主体。我国对勘察设计单位实施资质许可制度，即从事建设工程勘察、工程设计活动的企业，应当按照其拥有的注册资本、专业技术人员、技术装备和勘察设计业绩等条件申请资质，经审查合格，取得建设工程勘察、工程设计资质证书后，方可在资质许可的范围内从事建设工程勘察、工程设计活动。具体由住房城乡建设部《建设工程勘察设计资质管理规定》予以规范。

工程勘察资质分为工程勘察综合资质、工程勘察专业资质、工程勘察劳务资质。

工程设计资质分为工程设计综合资质、工程设计行业资质、工程设计专业资质和工程设计专项资质。

4.监理单位

监理单位是“建设工程监理合同”的一方主体。“监理”是指监理人受委托人的委托，依照法律法规、工程建设标准、勘察设计文件及合同，在施工阶段对建设工程质量、进度、造价进行控制，对合同、信息进行管理，对工程建设相关方的关系进行协调，并履行建设工程安全生产管理法定职责的服务活动。

国家对于监理企业实施资质许可制度。从事建设工程监理活动的企业，应当按照规定取得工程监理企业资质，并在工程监理企业资质证书许可的范围内从事工程监理活动。具体由住房城乡建设部《工程监理企业资质管理规定》予以规范。

工程监理企业资质分为综合资质、专业资质和事务所资质。其中，专业资质按照工程性质和技术特点划分为若干工程类别。

5.其他建设工程法律关系主体

建设工程市场牵涉多方主体之间的复杂法律关系，除了上述的施工单位、勘察设计单位和监理单位需要具备相应的资质条件方为适格法律关系主体外，尚有以下较为常见的不需要资质条件的建设工程法律关系主体：

（1）招标代理机构。招标代理机构是“委托招标代理合同”的一方主体，住房城乡建设部于 2018 年取消了招标代理机构的资质审批。

（2）造价咨询机构。造价咨询机构是“工程造价咨询合同”的一方主体，住房城乡建设部于 2021 年取消了造价咨询机构的资质审批。

1.2.2 建设工程法律关系客体

法律关系的客体，亦称权利客体，是指法律关系主体的权利和义务指向的对象。随着社会生活不断发展进步，法律关系客体的范围、形式和类型也在不断变化，通常认为法律关系的客体至少包括物、非物质财富和行为结果三类。

1.以“物”为客体的建设工程法律关系

建设工程活动需要大量的材料设备，有些是由发包人负责供应的，大部分情形下是由承包人自行采购的。由此形成的各种采购合同、租赁合同，其法律关系客体即为“物”。依《民法典》物权编之分类方法，物包括不动产和动产。

2.以“非物质财富”为客体的建设工程法律关系

应该认识到，社会生活的复杂性决定了法律关系客体的多样性，即使在同一法律关系中也有可能存在两个或两个以上的客体。以建设工程勘察设计合同关系为例，因建设工程合同属特殊承揽合同，故勘察设计合同的客体为勘察设计行为结果。但是，勘察设计合同所形成的勘察设计文件、施工图纸等智力成果，则属于非物质财富。

3.以“行为结果”为客体的建设工程法律关系

在建设工程发承包活动中，建设单位与施工总承包单位以及施工总承包单位与专业承包单位、劳务分包单位之间所形成的系列合同关系，其合同客体即为建设工程承包行为，是承包人的劳动行为凝结于建筑产品的过程。

1.2.3 建设工程法律关系内容

各类建设工程法律关系的内容虽千差万别，但究其本质都是各方主体围绕法律关系客体而进行的权利义务安排。例如，《民法典》第七百八十八条规定：“建设工程合同是承包人进行工程建设，发包人支付价款的合同。”可知，建设工程合同承包人最主要的义务是在约定的工期范围内，交付质量合格的建筑产品。同时，作为对价，承包人有权获得工程价款。

具体而言，《民法典》第七百九十四条规定：勘察、设计合同的内容一般包括提交有关基础资料和概预算等文件的期限、质量要求、费用以及其他协作条件等条款。《民法典》第七百九十五条规定：施工合同的内容一般包括工程范围、建设工期、中间交工工程的开工和竣工时间、工程质量、工程造价、技术资料交付时间、材料和设备供应责任、拨款和结算、竣工验收、质量保修范围和质量保证期、相互协作等条款。

毋庸讳言，只要不违反法律和行政法规的强制性规定，建设工程法律关系各方主体之间可以自行约定其法律关系的内容。

1.3 建设工程法律体系

建设工程法律体系是指把已经制定的建设法律、建设行政法规和建设部门规章等衔接起来，形成一个相互联系、相互补充、相互协调的完整统一的框架结构。就广义的建设法规体系而言，还应包括地方性建设法规、建设规章、技术标准以及最高人民法院发布的与建设工程关系密切的相关司法解释。

建设工程法律体系是国家法律体系的重要组成部分。它必须与国家的宪法和相关法律保持一致，但它又相对独立，自成体系。它应覆盖建设活动的各个行业、各个领域以及工程建设的全过程，使建设活动的各个方面都有法可依。同时，它还应注意纵向不同层次法规之间的相互衔接和横向同层次法规之间的配套和协调，防止不同法规之间出现立法重复、矛盾和抵触。

1.3.1 建设工程法律层级

目前根据我国现行《立法法》有关立法权限的规定，我国工程法的纵向体系涉及以下七个层级。

1.工程法律

《立法法》第七条规定：全国人民代表大会和全国人民代表大会常务委员会行使国家立法权。建设领域法律层级成文法主要有《建筑法》《城市房地产管理法》《城乡规划法》《招标投标法》《安全生产法》等。

2.工程行政法规

《立法法》第六十五条规定：国务院根据宪法和法律，制定行政法规。建设领域比较重要的行政法规包括《建设工程质量管理条例》《建设工程安全生产管理条例》《政府投资条例》《建设工程勘察设计管理条例》《招标投标法实施条例》等。

3.工程部门规章

《立法法》第八十条规定：国务院各部、委员会、中国人民银行、审计署和具有行政管理职能的直属机构，可以根据法律和国务院的行政法规、决定、命令，在本部门的权限范围内，制定规章。建设领域较为有代表性的部门规章如住房城乡建设部制定的《建筑业企业资质管理规定》、国家发展和改革委员会制定的《工程咨询行业管理办法》等。

4.工程地方性法规

《立法法》第七十二条规定：省、自治区、直辖市的人民代表大会及其常务委员会根据本行政区域的具体情况和实际需要，在不同宪法、法律、行政法规相抵触的前提下，可以制定地方性法规。典型的建设领域地方性法规如《吉林省建筑市场管理条例》《上海市城乡规划条例》等。

5.工程地方性规章

工程地方性建设规章，是指由省、自治区、直辖市人民政府制定颁行的或经其批准颁行的由其所辖城市人民政府制定的建设方面的规章。

6.工程技术标准

《标准化法》第二条规定：标准包括国家标准、行业标准、地方标准和团体标准、企业标准。国家标准分为强制性标准、推荐性标准，强制性标准必须执行。行业标准、地方标准是推荐性标准。国家鼓励采用推荐性标准。

建设技术规范包括实施工程建设勘察、设计、规划、施工、安装、检测、验收等技术规程、规范、标准等规范性文件，作为全国建设业共同遵守的准则和依据。

7.相关司法解释

司法解释，是指国家最高司法机关在适用法律过程中对具体应用法律问题所作的解释，包括审判解释和检察解释两种。《立法法》规定：最高人民法院、最高人民检察院作出的属于审判、检察工作中具体应用法律的解释，应当主要针对具体的法律条文，并符合立法的目的、原则和原意。最高人民法院、最高人民检察院以外的审判机关和检察机关，不得作出具体应用法律的解释。在建设工程领域，较为常见的是最高人民法院关于建设法律适用所发布的司法解释。如《最高人民法院关于审理建设工程施工合同纠纷案件适用法律问题的解释(一)》(法释〔2020〕25号)等。

1.3.2 我国建设工程法律体系

《建筑法》第二条规定：在中华人民共和国境内从事建筑活动，实施对建筑活动的监督管理，应当遵守本法。本法所称建筑活动，是指各类房屋建筑及其附属设施的建造和与其配套的线路、管道、设备的安装活动。

由是观之，囿于我国部门主导立法的传统和客观条件，我国现阶段并没有一部统一规范建设领域各行业的基本法律，而由《城乡规划法》《建筑法》《城市房地产管理法》《招标投标法》等多环节专项业务的法律构成我国建设法体系的法律框架，并由行政法规对这些法律加以细化和补充，从而形成一个相对完整的建设法体系。从法律的规制范围和建设项目的寿命周期，大致可以做如下划分：

1.《建筑法》是规范建筑活动的基本法

我国现行《建筑法》系1997年11月1日第八届全国人民代表大会常务委员会第二十八次会议通过，自1998年3月1日起施行。在《建筑法》施行期间，分别于2011年和2019年进行了两次修正。《建筑法》共设八章，分别为总则、建筑许可、建筑工程发包与承包、建筑工程监理、建筑安全生产管理、建筑工程质量管理、法律责任和附则，共八十五个条文，全面规范了建筑市场各方主体的交易行为。虽然《建筑法》的规制范围为“建筑活动”，但是依据其附则部分第八十一条的规定：《建筑法》关于施工许可、建筑施工企业资质审查和建筑工程发包、承包、禁止转包，以及建筑工程监理、建筑工程安全和质量管理的规定，也适用于其他专业建筑工程的建筑活动。从这个意义上讲，《建筑法》也是规范“建设活动”的基本法。

2.工程项目前期主要法律规范

(1)《政府投资条例》和《企业投资项目核准和备案管理条例》分别对政府投资项目的“审批制”投资决策和企业投资项目“核准备案制”监管流程进行了规定。

(2)《土地管理法》设“建设用地”专章，对于建设用地的转用、征收、审查、出让、划拨、收回等事项进行了规定。

（3）《城市房地产管理法》对于在城市规划区国有土地范围内取得房地产开发用地的土地使用权，从事房地产开发、房地产交易，实施房地产管理事项进行了规定。

（4）《城乡规划法》对于城乡规划的制定、城乡规划的实施、城乡规划的修改和监督检查进行了规定。尤其是对于建设工程项目取得“建设用地规划许可证”“建设工程规划许可证”和“乡村建设规划许可证”的条件进行了规定。

（5）《环境影响评价法》设“建设项目的环境影响评价”专章，根据建设项目对环境的影响程度，对建设项目的环境影响评价实行分类管理。《节约能源法》确立了国家实行固定资产投资项目节能评估和审查制度。不符合强制性节能标准的项目，建设单位不得开工建设；已经建成的，不得投入生产、使用。政府投资项目不符合强制性节能标准的，依法负责项目审批的机关不得批准建设。这两部法律与《环境保护法》《大气污染防治法》《固体废物污染环境防治法》《水污染防治法》《噪声污染防治法》《循环经济促进法》《民用建筑节能条例》等法律法规共同构成了建设工程环保节能层面的法律规范。

3.工程招标与采购主要法律规范

（1）《招标投标法》及其实施条例对于必须招标项目范围、招标、投标、开标、评标和中标以及异议和投诉处理等环节进行了明确规定。

（2）《政府采购法》及其实施条例明确政府采购的对象包括“工程”，并规定“政府采购工程进行招标投标的，适用招标投标法”，意即政府采用非招标方式采购工程的，应适用《政府采购法》。

（3）工程招投标与政府采购的具体环节，由系列部门规章和规范性文件进行规制。包括《工程建设项目勘察设计招标投标办法》《工程建设项目施工招标投标办法》《工程建设项目货物招标投标办法》《必须招标的工程项目规定》《必须招标的基础设施和公用事业项目范围规定》《招标公告和公示信息发布管理办法》《评标委员会和评标方法暂行规定》《工程建设项目招标投标活动投诉处理办法》等。

4.工程项目实施期的主要法律规范

（1）《建设工程勘察设计管理条例》对于勘察设计企业资格管理、建设工程勘察设计发包与承包、建设工程勘察设计文件的编制与实施、监督管理等事项进行了规定。

（2）《建设工程质量管理条例》对于建设项目参与各方的质量责任进行了规定。

其与《建设工程质量检测管理办法》《房屋建筑工程质量保修办法》《建设工程质量保证金管理办法》《房屋建筑和市政基础设施工程竣工验收备案管理办法》等共同构成了建设工程质量管理层面的法律规范。

（3）《安全生产法》是规范生产经营单位安全生产管理的基本法律，《建设工程安全生产管理条例》对于建设项目参与各方的质量责任进行了规定。其与《安全生产许可证条例》《生产安全事故报告和调查处理条例》等共同构成了建设工程安全生产管理层面的法律规范。

1.4 本课程学习导引

1.4.1 教材编写特色

虽然国外不乏建设法领域的经典教材，如John Uff所著的*Construction Law*（8th）（Sweet & Maxwell 2002年版）、Julian Bailey所著的*Construction Law*（3rd）（London Publishing Partnership 2020年版）等，都是国际上工程管理专业学生较多参考的权威著作，但是鉴于大陆法系与英美法系法律结构并不相同，世界各国建设领域的法律制度亦千差万别，上述教材并不适用于我国工程管理相关专业学生的教学。

国内第一本《建设法规教程》出版于1996年，由中国建筑工业出版社出版。经过三十余年几代学人的不断努力，现阶段冠以“建设法规”的各层次教材各具特色、百花齐放。但是面向新工科人才培养、因应新时代教学改革要求的教材尚付阙如，而本书具有如下特色：

1.适应《民法典》施行后法律规范的建设法规教材

《民法典》于2021年1月1日起施行，其中若干重要制度变化，尤其是合同编效力规则、担保规则的变化以及最高人民法院相关施工合同司法解释已被新解释所整合取代，均对我国建设工程领域参与各方行为产生重大影响。加之《建筑法》《招标投标法》《政府采购法》均在实质性修订过程中，本教材以法典最新条文为基础，能够反映我国社会主义特色法律体系的最新立法成果。

2.以新工科人才培养目标为导向的建设法规教材

“一带一路”战略和新型基础设施建设、新型城镇化建设是新时代对我国新工科人才培养提出的新需求。因应这一人才培养目标，本书编写应拓宽学生的法治思维和法律视野，要求学生既掌握国内建设领域的基本法律制度安排，又谙熟以规范指南和标准文本为代表的国际惯例。

3.以新型项目交付模式为基础的建设法规教材

近五年来，我国工程管理领域新型项目交付模式取得了长足进步，但是现有建设法规教材均是以“传统项目管理模式”为基础交易模式的，对于工程总承包EPC、全过程工程咨询等新模式以及建筑信息模型BIM等新技术所涉及的法律问题关注不足。本书将开创性地依托项目管理模式展开法学教学用教材的新编写思路。

4.充分体现思政进课堂要求的建设法规教材

我国在重大基础设施建设和新型城镇化建设领域取得了举世瞩目的成就，同时，工程法体系的不断完善为规范建筑市场交易行为提供了法治保障。尤其是《政府投资条例》《优化营商环境条例》《农民工工资支付保障条例》等新法规的出台，彰显了中央政府严格约束政府投资、关注关爱市场主体和农民工弱势群体的价值导向，这将极大丰富建设法课程的思政内涵。

1.4.2 与其他课程的关系

根据《普通高等学校本科专业目录（2012年）》，工程管理专业（专业代码：120103，可授予管理学或工学学士学位）属于管理学门类、管理科学与工程类本科专业，对应的一级学科门类是管理科学与工程（代码：1201）。工程管理专业的主干学科是管理科学与工程，主要支撑学科有土木工程，以及经济学、法学门类的有关学科等。

工程管理专业的知识体系由人文社会科学知识、自然科学知识、工具性知识、专业知识四部分构成。其中专业知识又涵盖了土木工程和其他工程领域技术基础、管理学理论和方法、经济学理论和方法、法学理论和方法、计算机及信息技术五个知识领域。

“建设法规”是建筑类院校工程管理相关专业学生的一门必修专业基础课程，与后续课程“工程合同法律基础”“工程合同管理”“建设工程招投标”等课程共同构成该专业学生的“法学理论和方法”知识领域的基本框架。办有国际工程专业方向的院校，还可开设“国际经济合作法律基础”“国际工程合同管理”“国际工程索赔”等课程，丰富学生的国际工程法律视野。实践教学环节建议开设“建设工程招投标与合同模拟”课程设计，将理论知识在模拟招投标活动和工程合同谈判过程中进行运用和检验。

1.4.3 学习目标与方法

1.本课程学习目标

依据《高等学校工程管理本科指导性专业规范（2015 年版）》所设置的法学理论和方法领域知识单元和知识点，通过本课程教学应使学生能够熟悉我国建设工程法律的结构体系，熟悉建设项目规划、用地、市场准入和行政审批流程，掌握建设工程发承包制度、招标投标制度、工程质量与安全管理制度、环境保护与节约资源制度，了解建设工程争议的解决机制和工程国际惯例。

采用本教材授课院校，可结合自身人才培养目标、培养方案合理设置本课程的教法、学时和性质。对于建筑类院校的工程管理专业、工程造价专业和房地产开发与管理专业等，建议将本课程设置为专业基础课中的必修课程。对于单独开设“建设工程招投标”理论课程或实践教学环节的，建议授课学时不少于 24 学时，未单独开设该课程的，授课学时不少于 32 学时。其他土木类专业根据需要，考虑是否讲授建设工程争议解决及国别建设法章节，建议授课不少于 24 学时。

2.本课程学习方法

本课程建议以课堂教学为主，开展灵活多样的线上教学、线上及线下混合教学模式。对于常规教学活动组织，学生可以根据讲授内容，辅以本教材提供的电子讲稿，按照培养方案设置的知识单元和知识点进行学习。鼓励学有余力的同学利用线上学习资源，尤其是获得认定的高水平在线开放课程进行学习。

对于将“工程法律模块”作为办学特色的院校，本教材为每一章节知识点提供了多种形式的习题和具有一定深度的思考题。建议组织学习兴趣小组或者以工作坊模式，在常规教学课时之外，对于此部分内容进行案例讨论或者小论文撰写，达到个性化和差异化培养目标。

在线练习

2 建设工程项目投资决策与咨询

/ 本章导读 /

随着我国投资体制改革和行政体制改革趋向深入，需要区分投资主体，施以不同的监管逻辑：对政府投资项目的立项审批、资金筹措、实施过程、绩效评价进行全方位规范；对于企业投资和外商投资项目则区分情形实行核准制或备案制，着力打造良好的营商环境，激发市场主体活力。

2.1 建设工程项目投资

党的十八大以来，党中央、国务院大力推进“简政放权、放管结合、优化服务”改革，投融资体制改革取得新的突破，投资项目审批范围大幅度缩减，投资管理工作重心逐步从事前审批转向过程服务和事中事后监管，企业投资自主权进一步落实，调动了社会资本积极性。这些改革科学界定并严格控制政府投资范围，平等对待各类投资主体，确立企业投资主体地位，放宽放活社会投资，激发民间投资潜力和创新活力。充分发挥政府投资的引导作用和放大效应，完善政府和社会资本合作模式。

依据《建设项目经济评价方法》，可以从不同的角度对建设项目进行分类。按项目的目标，分为经营性项目和非经营性项目；按项目的产出属性，分为公共项目和非公共项目；按项目的投资管理形式，分为政府投资项目和企业投资项目；按项目与企业原有资产的关系，分为新建项目和改扩建项目；按项目的融资主体，分为新设法人项目和既有法人项目。

我国现行投资体制改革的基本原则是仅对政府采取直接投资方式、资本金注入方式投资的项目实行审批制，对于企业不使用政府投资建设的项目，一律不再实行审批制，区别不同情况实行核准制和备案制。其中，政府仅对重大项目和限制类项目从维护社会公共利益角度进行核准，其他项目无论规模大小，均改为备案制。

坚持企业投资核准范围最小化，原则上由企业依法依规自主决策投资行为。对极少数关系国家安全和生态安全，涉及全国重大生产力布局、战略性资源开发和重大公共利益等项目，政府从维护社会公共利益角度确需依法进行审查把关的，应将相关事项以清单方式列明，最大限度缩减核准事项。除国务院另有规定的，实行备案管理的项目按照属地原则备案。

2.1.1 政府投资项目

《政府投资条例》自2019年7月1日起施行。该条例是我国政府投资领域第一部行政法规。在其出台前，我国政府投资管理缺乏上位法，现有规章、规范性文件权威性不足、指导性不够、约束性不强。通过对政府投资资金和项目的规范管理，依法推进资金统筹使用和项目科学决策、严格监管，切实提高政府投资效益。

1.政府投资及政府投资项目

政府投资，根据《政府投资条例》第二条的规定，是指在中国境内使用预算安排的资金进行固定资产投资建设活动，包括新建、扩建、改建、技术改造等。

政府投资项目，根据《政府投资条例》第九条的规定，政府采取直接投资方式、资本金注入方式投资的项目即为政府投资项目。政府投资资金按项目安排，以直接投资方式为主；对确需支持的经营性项目，主要采取资本金注入方式，也可以适当采取投资补助、贷款贴息等方式。

2.政府投资决策

政府投资项目单位应当编制项目建议书、可行性研究报告、初步设计，按照政府投资管理权限和规定的程序，报投资主管部门或者其他有关部门审批。项目单位通过投资项目在线审批监管平台如实报送政府投资项目开工建设、建设进度、竣工的基本信息，使用在线平台生成的项目代码办理政府投资项目审批手续。

投资主管部门或者其他有关部门作出是否批准的决定，将根据国民经济和社会发展规划、相关领域专项规划、产业政策等，从下列方面对项目进行审查：①项目建议书提出的项目建设的必要性；②可行性研究报告分析的项目的技术经济可行性、社会效益以及项目资金等主要建设条件的落实情况；③初步设计及其提出的投资概算是否符合可行性研究报告批复以及国家有关标准和规范的要求；④依照法律、行政法规和国家有关规定应当审查的其他事项。

涉及对经济社会发展、社会公众利益有重大影响或者投资规模较大的政府投资项目，投资主管部门或者其他有关部门应当在中介服务机构评估、公众参与、专家评议、风险评估的基础上作出是否批准的决定。

对于相关规划中已经明确的项目，部分扩建、改建项目，建设内容单一、投资规模较小、技术方案简单的项目，为应对自然灾害、事故灾难、公共卫生事件、社会安全事件等突发事件需要紧急建设的项目，可以按照国家有关规定简化需要报批的文件和审批程序。

经投资主管部门或者其他有关部门核定的投资概算是控制政府投资项目总投资的依据。

初步设计提出的投资概算超过经批准的可行性研究报告提出的投资估算10%的，项目单位应当向投资主管部门或者其他有关部门报告，投资主管部门或者其他有关部门可以要求项目单位重新报送可行性研究报告。

3.政府投资项目的实施

（1）开工建设

政府投资项目的开工建设应当符合法定的建设条件，否则不得开工建设。国务院规定应当审批开工报告的重大政府投资项目，按照规定办理开工报告审批手续后方可开工建设。

（2）实施及变更

①政府投资项目应当按照投资主管部门或者其他有关部门批准的建设地点、建设规模和建设内容实施，拟对前述内容等作较大变更的，应当报原审批部门审批。

②政府投资项目所需资金应当按照国家有关规定确保落实到位。政府投资项目不得由施工单位垫资建设。

③政府投资项目原则上不得超过核定的投资概算，如因国家政策调整、价格上涨、地质条件发生重大变化等原因确需增加的，项目单位应当提出调整方案及资金来源，按照规定的程序报原初步设计审批部门或者投资概算核定部门核定。涉及预算调整或者调剂的，依照有关预算的相关法律规定办理。

④政府投资项目应当按照国家有关规定合理确定并严格执行建设工期。

（3）竣工验收及财务决算

政府投资项目建成后，应当按照国家有关规定进行竣工验收，并在竣工验收合格后及时办理竣工财务决算。政府投资项目结余的财政资金，应当按照国家有关规定缴回国库。

2.1.2 企业投资与外商投资项目

1.企业投资项目的概念

《企业投资项目核准和备案管理条例》第二条规定：企业投资项目是指企业在中国境内投资建设的固定资产投资项目。

2.企业投资项目的监管

企业投资项目区分项目的类型实行不同的监管方式。

（1）项目核准

对关系国家安全，涉及全国重大生产力布局、战略性资源开发和重大公共利益等项目，实行核准管理。具体项目范围以及核准机关、核准权限依照政府核准的投资项目目录执行。政府核准的投资项目目录由国务院投资主管部门会同国务院有关部门提出，报国务院批准后实施，并适时调整。

（2）项目备案

前述以外的项目，实行备案管理。除国务院另有规定的，实行备案管理的项目按照属地原则备案，备案机关及其权限由省、自治区、直辖市和计划单列市人民政府规定。

除涉及国家秘密的项目外，项目核准、备案通过国家建立的项目在线监管平台办理。

3.企业投资项目的报批及备案

（1）核准管理

企业办理项目核准手续，应当向核准机关提交项目申请书。由国务院核准的项目，向国务院投资主管部门提交项目申请书。核准机关应当制定并公布项目申请书示范文本，明确项目申请书编制要求。该申请书由企业自主组织编制，应当包括如下内容：企业基本情况；项目情况，包括项目名称、建设地点、建设规模、建设内容等；项目利用资源情况分析以及对生态环境的影响分析；项目对经济和社会的影响分析。法律、行政法规规定办理相关手续作为项目核准前置条件的，企业应当提交已经办理相关手续的证明文件。

核准机关从下述方面对项目进行审查：是否危害经济安全、社会安全、生态安全等国家安全；是否符合相关发展建设规划、技术标准和产业政策；是否合理开发并有效利用资源；是否对重大公共利益产生不利影响。项目涉及有关部门或者项目所在地地方人民政府职责的，核准机关应当书面征求其意见。核准机关委托中介服务机构对项目进行评估的，应当明确评估重点，评估费用由核准机关承担。

核准机关对项目予以核准的，应当向企业出具核准文件；不予核准的，应当书面通知企业并说明理由（由国务院核准的项目，由国务院投资主管部门根据国务院的决定向企业出具核准文件或者不予核准的书面通知）。

（2）备案管理

实行备案管理的项目，企业应当在开工建设前通过项目在线监管平台将相关信息告知备案机关，具体如下：企业基本情况；项目名称、建设地点、建设规模、建设内容；项目总投资额；项目符合产业政策的声明。备案机关收到前述全部信息即为备案。

备案机关发现已备案项目属于产业政策禁止投资建设或者实行核准管理的，应当及时告知企业予以纠正或者依法办理核准手续，并通知有关部门。

4.企业投资项目的实施

（1）核准管理

企业拟变更已核准项目的建设地点，或者拟对建设规模、建设内容等作较大变更的，应当向核准机关提出变更申请。

项目自核准机关作出予以核准决定或者同意变更决定之日起 2 年内未开工建设，需要延期开工建设的，企业应当在 2 年期限届满的 30 个工作日前，向核准机关申请延期开工建设。核准机关应当自受理申请之日起 20 个工作日内，作出是否同意延期开工建设的决定。开工建设只能延期一次，期限最长不得超过 1 年。国家另有规定的除外。

（2）备案管理

已备案项目信息发生较大变更的，企业应当及时告知备案机关。

5. 外商投资项目

（1）外商投资及外商投资企业的概念

《外商投资法》第二条规定：外商投资是指外国的自然人、企业或者其他组织直接或者间接在中国境内进行的投资活动，包括下述情形：外国投资者单独或者与其他投资者共同在中国境内设立外商投资企业；外国投资者取得中国境内企业的股份、股权、财产份额或者其他类似权益；外国投资者单独或者与其他投资者共同在中国境内投资新建项目；法律、行政法规或者国务院规定的其他方式的投资。外商投资企业，是指全部或者部分由外国投资者投资，依照中国法律在中国境内经登记注册设立的企业。

（2）外商投资项目的管理

我国对外商投资实行“准入前国民待遇加负面清单”管理制度。

①准入前国民待遇制度

准入前国民待遇是指在投资准入阶段给予外国投资者及其投资不低于本国投资者及其投资的待遇。

②负面清单管理制度

负面清单是指国家规定在特定领域对外商投资实施的准入特别管理措施。国家对负面清单之外的外商投资，给予国民待遇。

外商投资准入负面清单规定禁止投资的领域，外国投资者不得投资。外商投资准入负面清单规定限制投资的领域，外国投资者进行投资应当符合负面清单规定的条件。例如，根据《外商投资准入特别管理措施（负面清单）（2020 年版）》的要求，核电站的建设、经营须由中方控股；民用机场的建设、经营须由中方相对控股。外方不得参与建设、运营机场塔台。外商投资准入负面清单以外的领域，按照内外资一致的原则实施管理。

2.2 建设工程项目决策

项目投资决策属微观层面的投资决策，是在调查、分析、论证的基础上，对拟建工程项目作出的判断。项目投资决策涉及建设时间、地点、规模、技术可行性、经济合理性等问题的分析论证和抉择，是投资成败的首要环节和关键因素。

2.2.1 建设工程项目决策原则

1.科学决策原则

建设工程项目决策应当遵循科学决策的原则，坚持“先论证后决策”，通过先进的技术手段和方法，调查项目建设的客观条件，并根据国家政策导向、现有技术情况、客观实际情况对项目所涉及的环境、技术等进行科学有效的分析并做出决策。

2.民主决策原则

建设项目的决策应当听取专家意见，涉及社会公共利益的项目，应当广泛征求民众意见，贯彻民主决策的原则。

3.可持续发展原则

中国将提高国家自主贡献力度，采取更加有力的政策和措施，力争于2030年前使二氧化碳排放达到峰值，努力争取2060年前实现碳中和。加快建设资源节约型、环境友好型社会，是我国经济社会可持续发展的基本国策。建设工程项目的投资应当遵循可持续发展的原则。

2.2.2 工程建设前期决策内容

工程建设前期阶段即决策分析阶段，这一阶段主要是对工程项目投资的合理性进行考察和对工程项目进行选择。对投资者来讲，这是进行战略决策，它将从根本上决定其投资效益，因此是十分重要的。这个阶段包含投资意向、投资机会分析、项目建议书、可行性研究、审批立项几个环节。政府投资进行建设的项目，必须严格按照这一程序执行，非政府投资项目则只需经审批立项环节，其他环节由投资人自行考虑决定。

1.投资意向

投资意向是投资主体发现社会存在合适的投资机会所产生的投资愿望。它是工程建设活动的起点，也是工程建设得以进行的必备条件。

2.投资机会分析

投资机会分析是投资主体对投资机会所进行的初步考察和分析，在认为机会合适、有良好的预期效益时，则可进一步开展后续工作。

3.项目建议书

对于政府投资项目，项目单位应当编制项目建议书。项目建议书是将投资机会分析结果文字化后所形成的书面文件，以方便投资决策者分析、决策。项目建议书应对拟建工程的必要性、客观可行性和获利的可能性逐一进行论述。

需国务院审批的投资项目建议书，由省级投资主管部门报国家投资主管部门审批。其他项目的项目建议书，按地方政府的有关规定审批。

4.可行性研究

可行性研究是指项目建议书被批准后，对拟建项目在技术上是否可行、经济上是否合理等内容所进行的分析论证。广义的可行性研究还包括投资机会分析。

可行性研究应对项目所涉及的社会、经济、技术问题进行深入的调查研究，对各种各样的建设方案和技术方案进行发掘并加以比较、优化。对项目建成后的经济效益、社会效益进行科学的预测及评价，提出该项目建设是否可行的结论性意见。对于政府投资项目，项目单位应当编制可行性研究报告。

5.审批立项

政府投资项目实行审批制。审批立项是有关部门对可行性研究报告的审查批准程序，审查通过后即予以立项，正式进入工程项目的建设准备阶段。

《国务院关于投资体制改革的决定》规定：对非政府投资项目实行核准或备案制，政府只对重大项目和限制类项目从维护社会公共利益的角度进行核准，其他项目无论规模大小，均改为备案制。为规范政府行为，《政府核准的投资项目目录》目录内的项目，由投资企业提交项目申请报告，由国家投资主管部门报国务院核准或审批。目录外的项目，由投资企业按属地原则向地方投资主管部门备案。

（1）对于政府投资项目，项目单位应当编制项目建议书、可行性研究报告、初步设计，按照政府投资管理权限和规定的程序，报投资主管部门或者其他有关部门审批。

（2）对于实行核准管理的企业投资项目，企业应当向核准机关提交项目申请书；由国务院核准的项目，企业应当向国务院投资主管部门提交项目申请书。

（3）对于实行备案管理的企业投资项目，企业应当在开工建设前通过在线平台将规定信息告知备案机关并应当对备案项目信息的真实性负责。备案机关收到本条第一款规定的全部信息即为备案成功。

2.2.3 工程建设准备期决策内容

工程建设准备是为勘察、设计、施工创造条件所做的建设现场、建设队伍、建设设备等方面的准备工作。这一阶段包括项目规划、环境影响评价审批、取得建设用地使用权、房屋与土地征收、项目报建等主要环节。

1.项目规划

城乡规划，是指对一定时期内城乡的经济和社会发展、土地利用、空间布局以及各项建设的综合部署、具体安排和实施管理。该规划包括城镇体系规划、城市规划、镇规划、乡规划和村庄规划。城市规划、镇规划分为总体规划和详细规划。详细规划分为控制性详细规划和修建性详细规划。在规划区内进行项目建设的，区分项目性质须依法先后领取城市规划行政主管部门核发的“建设项目选址意见书”“建设用地规划许可证”“建设工程规划许可证”，方能开展征地、设计、施工等相关建设活动。

（1）建设项目选址意见书

建设项目的用地选址是城乡规划得以实施的重要一环，关系到城乡建设的性质、规模、布局，也关系到建设用地是否合理和建设项目是否能够进行。因此，国家和地方重点建设项目的选址工作必须要与城乡规划工作相结合。在设计任务书报请时，必须附有城乡规划行政主管部门的选址意见书。

《城乡规划法》第三十六条规定：按照国家规定需要有关部门批准或者核准的建设项目，以划拨方式提供国有土地使用权的，建设单位在报送有关部门批准或者核准前，应当向城乡规划主管部门申请核发选址意见书。前款规定以外的建设项目不需要申请选址意见书。

（2）建设用地规划许可证

建设用地规划许可是城乡规划主管部门行政许可的一种，也是控制建设项目是否符合城乡规划的重要手段。

《城乡规划法》第三十七条规定：在城市、镇规划区内以划拨方式提供国有土地使用权的建设项目，经有关部门批准、核准、备案后，建设单位应当向城市、县人民政府城乡规划主管部门提出建设用地规划许可申请，由城市、县人民政府城乡规划主管部门依据控制性详细规划核定建设用地的位置、面积、允许建设的范围，核发建设用地规划许可证。建设单位在取得建设用地规划许可证后，方可向县级以上地方人民政府土地主管部门申请用地，经县级以上人民政府审批后，由土地主管部门划拨土地。

《城乡规划法》第三十八条规定：以出让方式取得国有土地使用权的建设项目，建设单位在取得建设项目的批准、核准、备案文件和签订国有土地使用权出让合同后，向城市、县人民政府城乡规划主管部门领取建设用地规划许可证。

在国有土地使用权出让前，城市、县人民政府城乡规划主管部门应当依据控制性详细规划，提出出让地块的位置、使用性质、开发强度等规划条件，作为国有土地使用权出让合同的组成部分。未确定规划条件的地块，不得出让国有土地使用权。规划条件未纳入国有土地使用权出让合同的，该国有土地使用权出让合同无效。

（3）建设工程规划许可证

《城乡规划法》第四十条第一款规定：在城市、镇规划区内进行建筑物、构筑物、道路、管线和其他工程建设的，建设单位或者个人应当向城市、县人民政府城乡规划主管部门或者省、自治区、直辖市人民政府确定的镇人民政府申请办理建设工程规划许可证。

“建设工程规划许可证”是经城乡规划主管部门审核，建设工程符合城乡规划要求的法律凭证。建设单位或个人未取得“建设工程规划许可证”的，不能申领其他的权属证件，也不得开工建设。《城乡规划法》规定，工程的建设方如未取得“建设工程规划许可证”或者违反“建设工程规划许可证”的规定进行开发建设，严重影响城市规划的，由规划行政主管部门责令停止建设，限期拆除或者没收违法建筑物、构筑物及其他设施，对有关责任人员，可由所在单位或者上级主管机关给予行政处分。《城乡规划法》同时要求，已经获得“建设工程规划许可证”的建设单位或个人必须严格按照“建设工程规划许可证”及其附件、附图的要求进行建设，不得擅自改变“建设工程规划许可证”及其附件、附图所确定的内容进行建设。建设单位或个人自取得“建设工程规划许可证”之日起 1 年内，未开工建设，且未申请延续的，发证机关可以依法注销“建设工程规划许可证”。

建设工程规划许可以建设用地规划许可为前提。没有申领用地规划许可的建设项目，不可能取得建设工程规划许可。另外，工程规划许可也不能突破用地规划许可的内容。

《城乡规划法》第四十二条规定：城乡规划主管部门不得在城乡规划确定的建设用地范围以外作出规划许可。建设用地许可提出的要求，诸如用地性质、项目类型、开发强度等，必须在建设工程规划许可中得到落实。

此外，在乡、村庄规划区内进行乡镇企业、乡村公共设施和公益事业建设的，建设单位或者个人应当向乡、镇人民政府提出申请，由乡、镇人民政府报城市、县人民政府城乡规划主管部门核发乡村建设规划许可证。

2.环境影响评价审批

环境影响评价是指对建设项目实施后可能造成的环境影响进行分析、预测和评估，并形成建设项目环境影响评价文件的活动。

环境影响评价文件由建设单位报有审批权的环境保护行政主管部门审批，未报审或报审后未获批准的，该项目不得开工建设，其他工程建设主管部门也不得核准该项目的相关建设行为。

3.取得建设用地使用权

结合《民法典》物权编、《土地管理法》的相关规定，我国实行土地的社会主义公有制，即全民所有制和劳动群众集体所有制。全民所有，即国家所有土地的所有权由国务院代表国家行使。城市市区的土地属于国家所有。农村和城市郊区的土地，除由法律规定属于国家所有的以外，属于农民集体所有；宅基地和自留地、自留山，属于农民集体所有。

设立建设用地使用权，应当符合节约资源、保护生态环境的要求。建设用地使用权人依法对国家所有的土地享有占有、使用和收益的权利，有权利用该土地建造建筑物、构筑物及其附属设施。建设用地使用权可以在土地的地表、地上或者地下分别设立。

《民法典》第三百四十七条规定：设立建设用地使用权，可以采取出让或者划拨等方式。工业、商业、旅游、娱乐和商品住宅等经营性用地以及同一土地有两个以上意向用地者的，应当采取招标、拍卖等公开竞价的方式出让。严格限制以划拨方式设立建设用地使用权。

《土地管理法》第五十四条规定：建设单位使用国有土地，应当以出让等有偿使用方式取得；但是，下列建设用地，经县级以上人民政府依法批准，可以以划拨方式取得：

（1）国家机关用地和军事用地；

（2）城市基础设施用地和公益事业用地；

（3）国家重点扶持的能源、交通、水利等基础设施用地；

（4）法律、行政法规规定的其他用地。

以出让等有偿使用方式取得国有土地使用权的建设单位，按照国务院规定的标准和办法，缴纳土地使用权出让金等土地有偿使用费和其他费用后，方可使用土地。

4.房屋与土地征收

（1）国有土地上房屋征收

《国有土地上房屋征收与补偿条例》第八条规定：为了保障国家安全、促进国民经济和社会发展等公共利益的需要，有下列情形之一，确需征收房屋的，由市、县级人民政府作出房屋征收决定：

①国防和外交的需要；

②由政府组织实施的能源、交通、水利等基础设施建设的需要；

③由政府组织实施的科技、教育、文化、卫生、体育、环境和资源保护、防灾减灾、文物保护、社会福利、市政公用等公共事业的需要；

④由政府组织实施的保障性安居工程建设的需要；

⑤由政府依照城乡规划法有关规定组织实施的对危房集中、基础设施落后等地段进行旧城区改建的需要；

⑥法律、行政法规规定的其他公共利益的需要。

为了公共利益的需要，征收国有土地上单位、个人的房屋，应当对被征收房屋所有权人给予公平补偿。

（2）集体土地征收与补偿

《土地管理法》第四十五条规定：为了公共利益的需要，有下列情形之一，确需征收农民集体所有的土地的，可以依法实施征收：

①军事和外交需要用地的；

②由政府组织实施的能源、交通、水利、通信、邮政等基础设施建设需要用地的；

③由政府组织实施的科技、教育、文化、卫生、体育、生态环境和资源保护、防灾减灾、文物保护、社区综合服务、社会福利、市政公用、优抚安置、英烈保护等公共事业需要用地的；

④由政府组织实施的扶贫搬迁、保障性安居工程建设需要用地的；

⑤在土地利用总体规划确定的城镇建设用地范围内，经省级以上人民政府批准

由县级以上地方人民政府组织实施的成片开发建设需要用地的；

⑥法律规定为公共利益需要可以征收农民集体所有的土地的其他情形。

《土地管理法》第四十六条规定：征收下列土地的，由国务院批准：

①永久基本农田；

②永久基本农田以外的耕地超过三十五公顷的；

③其他土地超过七十公顷的。

征收前款规定以外的土地的，由省、自治区、直辖市人民政府批准。征收农用地的，应当先行办理农用地转用审批。

征收土地应当给予公平、合理的补偿，保障被征地农民原有生活水平不降低、长远生计有保障。征收土地应当依法及时足额支付土地补偿费、安置补助费以及农村村民住宅、其他地上附着物和青苗等的补偿费用，并安排被征地农民的社会保障费用。

5.项目报建

投资项目报建审批事项，是投资项目申请报告核准或者可行性研究报告批复之后、开工建设之前，由相关部门和单位依据法律法规向项目单位作出的行政审批事项。2016 年 5 月，国务院印发《清理规范投资项目报建审批事项实施方案》，对于凡没有法律法规依据、未列入国务院决定保留的行政审批事项目录的，一律取消审批；对于虽有法律法规依据，但已没有必要保留的，通过修法取消审批；对于审批机关能够通过征求相关部门意见或者能够通过后续监管解决的事项，一律取消审批；对确需保留的审批事项，加大优化整合力度。

对纳入清理规范的 65 项投资项目报建审批事项，保留 34 项，整合 24 项为 8 项，改为部门间征求意见的 2 项，涉及安全的强制性评估 5 项，不列入行政审批事项。清理规范后报建审批事项减少为 42 项。

（1）保留 34 项。

住房城乡建设部门 5 项：建设用地（含临时用地）规划许可证核发、乡村建设规划许可证核发、建筑工程施工许可证核发、超限高层建筑工程抗震设防审批、风景名胜区内建设活动审批。

交通运输部门 5 项：水运工程设计文件审查、公路建设项目设计审批、公路建设项目施工许可、航道通航条件影响评价审核、港口岸线使用审批。

国土资源部门 4 项：农用地转用审批、土地征收审批、供地方案审批、建设项目压覆重要矿床审批。

水利部门 3 项：农业灌排影响意见书、生产建设项目水土保持方案审批、水利基建项目初步设计文件审批。

海洋部门 3 项：海域使用权证书核发、无居民海岛开发利用审核、海洋工程建设项目环境影响报告书核准（非重特大项目）。

环境保护部门 2 项：非重特大项目环评审批、核设施建造许可证核发。

气象部门 2 项：新建、扩建、改建建设工程避免危害气象探测环境审批，防雷装置设计审核。

能源部门 2 项：煤矿项目核准后开工前地方煤炭行业管理部门实施的初步设计审批、核电厂工程消防初步设计审批。

发展改革部门 1 项：节能审查意见。

公安部门 1 项：建设工程消防设计审核。

安全部门 1 项：涉及国家安全事项的建设项目审批。

国防科技工业部门 1 项：军用核设施（含铀尾矿〔渣〕库选址、建造）安全许可。

民航部门 1 项：民航专业工程及含有中央投资的民航建设项目初步设计审批。

宗教部门 1 项：宗教活动场所内改建或者新建建筑物审批。

移民管理机构 1 项：移民安置规划及审核意见。

人民防空部门 1 项：应建防空地下室的民用建筑项目报建审批。

（2）整合 24 项为 8 项。

住房城乡建设部门 11 项整合为 4 项：一是将“建设工程（含临时建设）规划许可证核发”“历史文化街区、名镇、名村核心保护范围内拆除历史建筑以外的建筑物、构筑物或者其他设施审批”“历史建筑实施原址保护审批”“历史建筑外部修缮装饰、添加设施以及改变历史建筑的结构或者使用性质审批”4 项，合并为“建设工程规划类许可证核发”1 项；二是将“临时占用城市绿地审批”“砍伐城市树木、迁移古树名木审批”2 项，合并为“工程建设涉及城市绿地、树木审批”1 项；三是将“占用、挖掘城市道路审批”“依附于城市道路建设各种管线、杆线等设施审批”“城市桥梁上架设各类市政管线审批”3 项，合并为“市政设施建设类审批”1 项；四是将“因工程建设确需改装、拆除或者迁移城市公共供水设施审批”“拆除、移动城镇排水与污水处理设施方案审核”2 项，合并为“因工程建设需要拆除、改动、迁移供水、排水与污水处理设施审核”1 项。

水利部门 6 项整合为 2 项：一是将“非防洪建设项目洪水影响评价报告审批”“水工程建设规划同意书审核”“河道管理范围内建设项目工程建设方案审批”“国家基本水文测站上下游建设影响水文监测工程的审批”4 项，合并为“洪水影响评价审批”1 项；二是将“建设项目水资源论证报告书审批”“取水许可”2 项，合并为“取水许可”1项。

文物部门4项整合为1项：将“文物保护单位的保护范围内进行其他建设工程或者爆破、钻探、挖掘等作业的许可”“文物保护单位的建设控制地带内进行建设工程的许可”“进行大型基本建设工程前在工程范围内有可能埋藏文物的地方进行考古调查、勘探的许可”“配合建设工程进行考古发掘的许可”4项，合并为“建设工程文物保护和考古许可”1项。

林业部门3项整合为1项：将“勘察、开采矿藏和各项建设工程占用或者征收、征用林地审核”“在林业部门管理的自然保护区建立机构和修筑设施审批”“在沙化土地封禁保护区范围内进行修建铁路、公路等建设活动审批”3项，合并为“建设项目使用林地及在林业部门管理的自然保护区、沙化土地封禁保护区建设审批(核)”1项。

（3）改为部门间征求意见的2项。

军队有关部门2项：贯彻国防要求、军事设施保护意见。

（4）涉及安全的强制性评估5项。

安全监管部门2项：职业病危害预评价、建设项目安全预评价。

国土资源部门1项：地质灾害危险性评估。

气象部门1项：重大规划、重点工程项目气候可行性论证。

地震部门1项：地震安全性评价。

2.3　全过程工程咨询

《工程咨询行业管理办法》第二条规定：“工程咨询是遵循独立、公正、科学的原则，综合运用多学科知识、工程实践经验、现代科学和管理方法，在经济社会发展、境内外投资建设项目决策与实施活动中，为投资者和政府部门提供阶段性或全过程咨询和管理的智力服务”。工程咨询业是为经济建设和工程项目的决策与管理提供全面咨询的智力服务业，行业类别属于第三产业中的社会服务业，它是我国经济运行尤其是投资建设领域不可缺少的重要中介，是依据国家相关政策法规进行政策咨询的重要手段。

2017年2月，国务院办公厅印发《关于促进建筑业持续健康发展的意见》，意见“鼓励投资咨询、勘察、设计、监理、招标代理、造价等企业采取联合经营、并购重组等方式发展全过程工程咨询，培育一批具有国际水平的全过程工程咨询企业。

制定全过程工程咨询服务技术标准和合同范本”，这是国家层面在建设工程领域首次明确提出“全过程工程咨询”这一概念。

2017 年 11 月，国家发展和改革委员会印发《工程咨询行业管理办法》，2019 年 3 月国家发展改革委、住房城乡建设部联合印发《关于推进全过程工程咨询服务发展的指导意见》，提出在房屋建筑、市政基础设施等工程建设中，鼓励建设单位委托咨询单位提供招标代理、勘察、设计、监理、造价、项目管理等全过程咨询服务，满足建设单位一体化服务需求，增强工程建设过程的协同性。2024 年 2 月住房城乡建设部和市场监管总局联合印发《房屋建筑和市政基础设施项目工程建设全过程咨询服务合同（示范文本）》，我国全过程工程咨询工作进入全面发展阶段。

2.3.1 全过程工程咨询的分类

从遵循项目周期规律和建设程序的客观要求出发，依据项目决策和建设实施两个阶段，可以将工程咨询分为投资决策综合性咨询和工程建设全过程咨询。

1.投资决策综合性咨询

投资决策环节在项目建设程序中具有统领作用，对项目顺利实施、有效控制和高效利用投资至关重要。鼓励投资者在投资决策环节委托工程咨询单位提供综合性咨询服务，统筹考虑影响项目可行性的各种因素，增强决策论证的协调性。综合性工程咨询单位接受投资者委托，就投资项目的市场、技术、经济、生态环境、能源、资源、安全等影响可行性的要素，结合国家、地区、行业发展规划及相关重大专项建设规划、产业政策、技术标准及相关审批要求进行分析研究和论证，为投资者提供决策依据和建议。

2.工程建设全过程咨询

在房屋建筑、市政基础设施等工程建设中，鼓励建设单位委托咨询单位提供招标代理、勘察、设计、监理、造价、项目管理等全过程咨询服务，满足建设单位一体化服务需求，增强工程建设过程的协同性。

2.3.2 全过程咨询服务的方式

1.投资决策综合性咨询服务方式

投资决策综合性咨询服务可由工程咨询单位采取市场合作、委托专业服务等方式牵头提供，或由其会同具备相应资格的服务机构联合提供。牵头提供投资决策综合性咨询服务的机构，根据与委托方合同的约定对服务成果承担总体责任；联合提供投资决策综合性咨询服务的，各合作方承担相应责任。鼓励纳入有关行业自律管理体系的工程咨询单位发挥投资机会研究、项目可行性研究等特长，开展综合性咨询服务。投资决策综合性咨询应当充分发挥咨询工程师（投资）的作用，鼓励其作为综合性咨询项目负责人，提高统筹服务水平。

2.工程建设全过程咨询服务实施方式

工程建设全过程咨询服务可以由一家具有综合能力的咨询单位实施，也可由多家具有招标代理、勘察、设计、监理、造价、项目管理等不同能力的咨询单位联合实施。由多家咨询单位联合实施的，应当明确牵头单位及各单位的权利、义务和责任。要充分发挥政府投资项目和国有企业投资项目的示范引领作用，引导一批有影响力、有示范作用的政府投资项目和国有企业投资项目带头推行工程建设全过程咨询。鼓励民间投资项目的建设单位根据项目规模和特点，本着信誉可靠、综合能力和效率优先的原则，依法选择优秀团队实施工程建设全过程咨询。

2.3.3 行业发展与人员要求

1. 投资决策综合性咨询单位及人员要求

充分发挥投资决策综合性咨询在促进投资高质量发展和投资审批制度改革中的支撑作用。落实项目单位投资决策自主权和主体责任，鼓励项目单位加强可行性研究，对国家法律法规和产业政策、行政审批中要求的专项评价评估等一并纳入可行性研究统筹论证，提高决策科学化，促进投资高质量发展。单独开展的各专项评价评估结论应当与可行性研究报告相关内容保持一致，各审批部门应当加强审查要求和标准的协调，避免对相同事项的管理要求相冲突。鼓励项目单位采用投资决策综合性咨询，减少分散专项评价评估，避免可行性研究论证碎片化。各地要建立并联审批、联合审批机制，提高审批效率，并通过通用综合性咨询成果审查一套综合性申报材料，提高并联审批、联合审批的操作性。

政府投资项目要优先开展综合性咨询。为增强政府投资决策科学性，提高政府投资效益，政府投资项目要优先采取综合性咨询服务方式。政府投资项目要围绕可行性研究报告，充分论证建设内容、建设规模，并按照相关法律法规、技术标准要求，深入分析影响投资决策的各项因素，将其影响分析形成专门篇章纳入可行性研究报告。可行性研究报告包括其他专项审批要求的论证评价内容的，有关审批部门可以将可行性研究报告作为申报材料进行审查。

2. 工程建设全过程咨询单位及人员要求

全过程咨询单位提供勘察、设计、监理或造价咨询服务时，应当具有与工程规模及委托内容相适应的资质条件。全过程咨询服务单位应当自行完成自有资质证书许可范围内的业务，在保证整个工程项目完整性的前提下，按照合同约定或经建设单位同意，可将自有资质证书许可范围外的咨询业务依法依规择优委托给具有相应资质或能力的单位，全过程咨询服务单位应对被委托单位的委托业务负总责。建设单位选择具有相应工程勘察、设计、监理或造价咨询资质的单位开展全过程咨询服务的，除法律法规另有规定外，可不再另行委托勘察、设计、监理或造价咨询单位。

工程建设全过程咨询项目负责人应当取得工程建设类注册执业资格且具有工程类、工程经济类高级职称，并具有类似工程经验。对于工程建设全过程咨询服务中承担工程勘察、设计、监理或造价咨询业务的负责人，应具有法律法规规定的相应执业资格。全过程咨询服务单位应根据项目管理需要配备具有相应执业能力的专业技术人员和管理人员。设计单位在民用建筑中实施全过程咨询的，要充分发挥建筑师的主导作用。

除投资决策综合性咨询和工程建设全过程咨询外，咨询单位可根据市场需求，从投资决策、工程建设、运营等项目全生命周期角度，开展跨阶段咨询服务组合或同一阶段内不同类型咨询服务组合。鼓励和支持咨询单位创新全过程工程咨询服务模式，为投资者或建设单位提供多样化的服务。同一项目的全过程工程咨询单位与工程总承包、施工、材料设备供应单位之间不得有利害关系。

在线练习

3 建设工程交付模式

/ 本章导读 /

将建设工程发包承包的法律性规定和建设工程交付方式的技术性规定置于一章，是本书的特色编排。这有助于学生从法律和技术两个维度来理解项目管理模式这一同一性问题，也有助于学生在项目交付方式的开放性、灵活性与法律规定的稳定性、规范性之间感受平衡。

3.1 建设工程发包与承包

3.1.1 发包

1.建设工程发包方式

建设工程的发包方式主要有两种：招标发包和直接发包。《建筑法》第十九条规定：建筑工程依法实行招标发包，对不适于招标发包的可以直接发包。建设工程的招标发包，主要适用《招标投标法》及其有关规定。《招标投标法》第三条规定了必须进行招标的工程建设项目范围。在该范围内并且达到国家规定的规模标准的工程建设项目的勘察、设计、施工、监理、重要设备和材料的采购都必须依法进行招标。对于不适于招标发包可以直接发包的建设工程，发包单位虽然可以不进行招标而直接发包，但应当将建设工程发包给具有相应资质条件的承包单位。《建筑法》第二十二条规定：建筑工程实行直接发包的，发包单位应当将建筑工程发包给具有相应资质条件的承包单位。

2.提倡实行工程总承包

《建筑法》第二十四条规定：提倡对建筑工程实行总承包。建筑工程的发包单位可以将建筑工程的勘察、设计、施工、设备采购一并发包给一个工程总承包单位，也可以将建筑工程勘察、设计、施工、设备采购的一项或者多项发包给一个工程总承包单位。

工程总承包是国际通行的建设项目组织实施方式。大力推进工程总承包，有利于提升项目可行性研究和初步设计深度，实现设计、采购、施工等各阶段工作的深度融合，提高工程建设水平；有利于发挥工程总承包企业的技术和管理优势，促进企业做优做强，推动产业转型升级，服务于“一带一路”倡议实施。

建设工程的总承包方式按承包的内容不同，分为工程总承包和施工或勘察、设计总承包。其中，施工总承包是我国常见且较为传统的工程承包方式，其主要特征是设计、施工分别由两家不同的承包单位承担。《房屋建筑和市政基础设施项目工程总承包管理办法》第三条规定：工程总承包是指承包单位按照与建设单位签订的合同，对工程设计、采购、施工或者设计、施工等阶段实行总承包，并对工程的质量、安全、工期和造价等全面负责的工程建设组织实施方式。

3.禁止违法发包

住房城乡建设部颁布的《建筑工程施工发包与承包违法行为认定查处管理办法》（以下称《认定查处管理办法》）第五条规定："本办法所称违法发包，是指建设单位将工程发包给个人或不具有相应资质的单位、肢解发包、违反法定程序发包及其他违反法律法规规定发包的行为。"

该办法第六条规定："存在下列情形之一的，属于违法发包：（一）建设单位将工程发包给个人的；（二）建设单位将工程发包给不具有相应资质的单位的；（三）依法应当招标未招标或未按照法定招标程序发包的；（四）建设单位设置不合理的招标投标条件，限制、排斥潜在投标人或者投标人的；（五）建设单位将一个单位工程的施工分解成若干部分发包给不同的施工总承包或专业承包单位的。"

对于第（一）、（二）种情形，其违反了《建筑法》第二十六条的规定："承包建筑工程的单位应当持有依法取得的资质证书，并在其资质等级许可的业务范围内承揽工程。"可以依据最高人民法院司法解释关于承包人未取得建筑施工企业资质或者超越资质等级的情形，认定发承包双方所签订的建设工程施工合同无效。对于第（三）种情形，其违反了《招标投标法》第三条关于强制招标的规定，应认定发承包双方所签订的建设工程施工合同无效。对于第（四）种情形，招标人排斥投标人或者潜在投标人情节严重的，应承担行政责任，但是依现行法律规定，应不会对建设工程合同效力产生影响。

对于第（五）种情形，《建筑法》至《民法典》的规定，一脉相承，均禁止发包人将工程肢解发包。但是对于肢解发包的判断标准则不无异议。本条核心表述为"应当由一个承包人完成"的建设工程，《认定查处管理办法》据此以工程技术标准中"具有独立使用功能"的最小单元，即一个"单位工程"作为应当单独发包给一个承包人施工的认定标准。因此从文义解释的角度，发包人对于勘察合同、设计合同亦不得违法发包，但是对于如何认定勘察设计任务是应该由一个承包人完成，尚缺乏技术标准予以支撑。

《建筑法》第二十四条规定："禁止将建筑工程肢解发包"，"不得将应当由一个承包单位完成的建筑工程肢解成若干部分发包给几个承包单位"。《建设工程质量管理条例》第七条第二款规定："建设单位不得将建设工程肢解发包"。《建设工程质量管理条例》第五十五条规定："违反本条例规定，建设单位将建设工程肢解发包的，责令改正，处工程合同价款百分之零点五以上百分之一以下的罚款；对全部或者部分使用国有资金的项目，并可以暂停项目执行或者暂停资金拨付"。但是，不允许肢解发包也并不意味着每个工程只能发包给一家承包商，只要不违背肢解发包的本质，是可以将一个项目发包给几个承包商的。这种发包的模式在项目管理上被称为平行承发包模式。

3.1.2 承包

1.工程承包单位的资质许可制度

我国对工程承包单位，包括勘察、设计、施工单位等实行资质许可制度，不同的资质等级意味着其承揽业务范围与能力的不同。《建筑法》第二十六条第一款规定："承包建筑工程的单位应当持有依法取得的资质证书，并在其资质等级许可的业务范围内承揽工程。"《建设工程质量管理条例》第七条第一款规定："建设单位应当将工程发包给具有相应资质等级的单位。"《建设工程质量管理条例》第二十五条第一款规定："施工单位应当依法取得相应等级的资质证书，并在其资质等级许可的范围内承揽工程。"

目前，对有关建设工程勘察、设计、施工企业的资质等级、业务范围等作出统一规定的分别是《建设工程勘察设计企业资质管理规定》和《建筑业企业资质管理规定》。为了规范建筑施工企业的市场行为，严格建筑施工企业的市场准入，《建筑法》第二十六条第二款对违反资质许可制度的行为作出如下规定：

（1）禁止建筑施工企业超越本企业资质等级许可的业务范围承揽工程；

（2）禁止以任何形式用其他建筑施工企业的名义承揽工程；

（3）禁止建筑施工企业以任何形式允许其他单位或者个人使用本企业的资质证书、营业执照，以本企业的名义承揽工程。

《建设工程质量管理条例》第二十五条第二款规定："禁止施工单位超越本单位资质等级许可的业务范围或者以其他施工单位的名义承揽工程。禁止施工单位允许其他单位或者个人以本单位的名义承揽工程。"

《建设工程质量管理条例》第五十四条对违反资质许可制度的行为作出如下规定：违反本条例规定，建设单位将建设工程发包给不具有相应资质等级的勘察、设计、施工单位或者委托给不具有相应资质等级的工程监理单位的，责令改正，处50

万元以上 100 万元以下的罚款。

《最高人民法院关于审理建设工程施工合同纠纷案件适用法律问题的解释(一)》第一条规定：建设工程施工合同具有下列情形之一的，应当依据民法典第一百五十三条第一款的规定，认定无效：承包人未取得建筑业企业资质或者超越资质等级的；没有资质的实际施工人借用有资质的建筑施工企业名义的。

2.联合承包

我国的招投标制度和政府采购制度都支持以联合体的模式提供工程、货物或服务。这种形式对于投标人完善自身的专业结构、分担经营风险、提升承接业务的规模等具有显著的必要性和实际的效果，因而在传统采购程序中得到广泛应用，亦是国际惯例。《建筑法》第二十七条规定：“大型建筑工程或者结构复杂的建筑工程，可以由两个以上的承包单位联合共同承包。共同承包的各方对承包合同的履行承担连带责任。两个以上不同资质等级的单位实行联合共同承包的，应当按照资质等级低的单位的业务许可范围承揽工程。”

无论是基于招标投标、政府采购抑或建设工程，联合体成员需就承揽事项承担连带责任，这是联合体形式与单独投标形式的最大区别之一。一般认为，联合体成员承担连带责任的对象，来源于三个法律规范。《招标投标法》第三十一条：联合体中标的，联合体各方应当共同与招标人签订合同，就中标项目向招标人承担连带责任；《政府采购法》第二十四条：联合体各方应当共同与采购人签订采购合同，就采购合同约定的事项对采购人承担连带责任；《建筑法》第二十七条：共同承包的各方对承包合同的履行承担连带责任。

3.禁止转包

（1）关于转包的认定

转包是指承包单位承包工程后，不履行合同约定的责任和义务，将其承包的全部工程或者将其承包的全部工程肢解后以分包的名义分别转给其他单位或个人施工的行为。

《认定查处管理办法》第八条规定：存在下列情形之一的，应当认定为转包，但有证据证明属于挂靠或者其他违法行为的除外：

（一）承包单位将其承包的全部工程转给其他单位（包括母公司承接建筑工程后将所承接工程交由具有独立法人资格的子公司施工的情形）或个人施工的；

（二）承包单位将其承包的全部工程肢解以后，以分包的名义分别转给其他单位或个人施工的；

（三）施工总承包单位或专业承包单位未派驻项目负责人、技术负责人、质量管理负责人、安全管理负责人等主要管理人员，或派驻的项目负责人、技术负责人、质量管理负责人、安全管理负责人中一人及以上与施工单位没有订立劳动合同且没有建立劳动工资和社会养老保险关系，或派驻的项目负责人未对该工程的施工活动进行组织管理，又不能进行合理解释并提供相应证明的；

（四）合同约定由承包单位负责采购的主要建筑材料、构配件及工程设备或租赁的施工机械设备，由其他单位或个人采购、租赁，或施工单位不能提供有关采购、租赁合同及发票等证明，又不能进行合理解释并提供相应证明的；

（五）专业作业承包人承包的范围是承包单位承包的全部工程，专业作业承包人计取的是除上缴给承包单位"管理费"之外的全部工程价款的；

（六）承包单位通过采取合作、联营、个人承包等形式或名义，直接或变相将其承包的全部工程转给其他单位或个人施工的；

（七）专业工程的发包单位不是该工程的施工总承包或专业承包单位的，但建设单位依约作为发包单位的除外；

（八）专业作业的发包单位不是该工程承包单位的；

（九）施工合同主体之间没有工程款收付关系，或者承包单位收到款项后又将款项转拨给其他单位和个人，又不能进行合理解释并提供材料证明的。

两个以上的单位组成联合体承包工程，在联合体分工协议中约定或者在项目实际实施过程中，联合体一方不进行施工也未对施工活动进行组织管理的，并且向联合体其他方收取管理费或者其他类似费用的，视为联合体一方将承包的工程转包给联合体其他方。

对于前述第（一）、（二）、（六）种情形，其违反了《建筑法》第二十八条的规定："禁止承包单位将其承包的全部建筑工程转包给他人，禁止承包单位将其承包的全部建筑工程肢解以后以分包的名义分别转包给他人。"我们可以依据《最高人民法院关于审理建设工程施工合同纠纷案件适用法律问题的解释（一）》第一条的规定，认定承包人因转包、违法分包建设工程与他人签订的建设工程施工合同无效。

（2）关于母公司承接建筑工程后将所承接工程交由其子公司实施的行为是否属于转包的问题

鉴于在建筑市场领域执法实践中，各地对建设施工企业母公司承接工程后交由子公司实施是否属于转包的认定存在不同的认识，住房城乡建设部就上述问题请示了全国人大常委会法制工作委员会。全国人大常委会法制工作委员会复函《对建筑施工企业母公司承接工程后交由子公司实施是否属于转包以及行政处罚两年追溯期认定法律适用问题的意见》，就上述问题进行了回复。

复函认为：《建筑法》第二十八条规定，禁止承包单位将其承包的全部建筑工程转包给他人，禁止承包单位将其承包的全部建筑工程肢解以后以分包的名义分别转包给他人。《合同法》第二百七十二条规定，发包人不得将应当由一个承包人完成的建设工程肢解成若干部分发包给几个承包人。承包人不得将其承包的全部建设工程转包给第三人或者将其承包的全部建设工程肢解以后以分包的名义分别转包给第三人。禁止承包人将工程分包给不具备相应资质条件的单位。禁止分包单位将其承包的工程再分包。建设工程主体结构的施工必须由承包人自行完成。《招标投标法》第四十八条规定，中标人不得向他人转让中标项目，也不得将中标项目肢解后分别向他人转让。中标人按照合同约定或者经招标人同意，可以将中标项目的部分非主体、非关键性工作分包给他人完成。接受分包的人应当具备相应的资格条件，并不得再次分包。上述法律对建设工程转包的规定是明确的，这一问题是属于法律执行问题，应当根据实际情况依法认定、处理。

《建设工程质量管理条例》第六十二条第一款规定："违反本条例规定，承包单位将承包的工程转包或者违法分包的，责令改正，没收违法所得，对勘察、设计单位处合同约定的勘察费、设计费百分之二十五以上百分之五十以下的罚款；对施工单位处工程合同价款百分之零点五以上百分之一以下的罚款；可以责令停业整顿，降低资质等级；情节严重的，吊销资质证书。"

3.1.3 分包

分包，是指建筑业企业将其所承包的工程中的专业工程或者劳务作业发包给其他建筑业企业完成的活动。分包必须依法进行。

1.分包单位不可以超越其资质许可范围去承揽分包工程

《建筑法》第二十九条规定："建筑工程总承包单位可以将承包工程中的部分工程发包给具有相应资质条件的分包单位"。《建筑业企业资质管理规定》第五条对各类承包单位分包行为进行了规范。

（1）施工总承包企业

获得施工总承包资质的企业，可以对工程实行施工总承包或者对主体工程实行施工承包。承担施工总承包的企业可以对所承接的工程全部自行施工，也可以将非主体工程或者劳务作业分包给具有相应专业承包资质或者劳务分包资质的其他建筑业企业。

（2）专业承包企业

获得专业承包资质的企业，可以承接施工总承包企业分包的专业工程或者建设单位按照规定发包的专业工程。专业承包企业可以对所承接的工程全部自行施工，也可以将劳务作业分包给具有相应劳务分包资质的劳务分包企业。

（3）劳务分包企业

获得劳务分包资质的企业，可以承接施工总承包企业或者专业承包企业分包的劳务作业。

2.对分包单位的认可

《建筑法》第二十九条同时规定："除总承包合同中约定的分包外，必须经建设单位认可。"这条规定实际上赋予了建设单位对分包商的否决权。即没有经过建设单位认可的分包商是违法的分包商。尽管《建筑法》将认可的范围局限于"总承包合同中约定的分包单位"以外的分包商，但是由于总承包合同中的分包单位本身就已经得到了建设单位的认可，所以实质上需要建设单位认可的分包单位的范围包含了所有的分包单位。但是，认可分包单位与指定分包单位是不同的。认可是在总承包单位已经作出选择的基础上进行确认，而指定则是首先由建设单位作出选择。在国外，可以存在指定分包商，例如 FIDIC（国际咨询工程师联合会）制定的《施工合同条件》中就有指定分包商。但是，指定分包商在国内是违法的。《房屋建筑和市政基础设施工程施工分包管理办法》第七条明确规定："建设单位不得直接指定分包工程承包人。"

3.禁止违法分包

《认定查处管理办法》第十一条规定：本办法所称违法分包，是指承包单位承包工程后违反法律法规规定，把单位工程或分部分项工程分包给其他单位或个人施工的行为。

《认定查处管理办法》第十二条规定："存在下列情形之一的，属于违法分包：（一）承包单位将其承包的工程分包给个人的；（二）施工总承包单位或专业承包单位将工程分包给不具备相应资质单位的；（三）施工总承包单位将施工总承包合同范围内工程主体结构的施工分包给其他单位的，钢结构工程除外；（四）专业分包单位将其承包的专业工程中非劳务作业部分再分包的；（五）专业作业承包人将其承包的劳务再分包的；（六）专业作业承包人除计取劳务作业费用外，还计取主要建筑材料款和大中型施工机械设备、主要周转材料费用的。”

对于第（一）、（二）种情形，其违反了《建筑法》第二十九条的规定：“禁止总承包单位将工程分包给不具备相应资质条件的单位。禁止分包单位将其承包的工程再分包。”我们可以依据《最高人民法院关于审理建设工程施工合同纠纷案件适用法律问题的解释（一）》第一条，关于承包人未取得建筑施工企业资质或者超越资质等级的情形以及关于承包人因转包、违法分包建设工程与他人签订的建设工程施工合同，应当认定无效之规定，认定承包人与分包人签订的建设工程施工合同无效或承包人违法分包的行为无效。

对于第（三）种行为，其违反了《民法典》第七百九十一条关于“禁止承包人将工程分包给不具备相应资质条件的单位。禁止分包单位将其承包的工程再分包。建设工程主体结构的施工必须由承包人自行完成”的规定，以及《建筑法》第二十九条的规定：“建筑工程总承包单位可以将承包工程中的部分工程发包给具有相应资质条件的分包单位；但是，除总承包合同中约定的分包外，必须经建设单位认可。施工总承包的，建筑工程主体结构的施工必须由总承包单位自行完成……”我们可以依据《最高人民法院关于审理建设工程施工合同纠纷案件适用法律问题的解释（一）》第一条关于“承包人因转包、违法分包建设工程与他人签订的建设工程施工合同，应当依据民法典第一百五十三条第一款及第七百九十一条第二款、第三款的规定，认定无效”的规定，认定承包人违法分包的行为无效。

对于第（四）、（五）种情形，其违反了《建筑法》第二十九条的相关规定：“禁止总承包单位将工程分包给不具备相应资质条件的单位。禁止分包单位将其承包的工程再分包。”我们可以依据《最高人民法院关于审理建设工程施工合同纠纷案件适用法律问题的解释（一）》第一条关于“承包人因转包、违法分包建设工程与他人签订的建设工程施工合同，应当依据民法典第一百五十三条第一款及第七百九十一条第二款、第三款的规定，认定无效”的规定，认定承包人违法分包的行为无效。

4.禁止挂靠施工

《认定查处管理办法》第九条规定：“本办法所称挂靠，是指单位或个人以其他有资质的施工单位的名义承揽工程的行为。”前款所称承揽工程，包括参与投标、订立合同、办理有关施工手续、从事施工等活动。挂靠的主要特征体现为以下两个核心要素：一是挂靠人没有资质或者超越资质，且与被挂靠单位没有劳动或隶属关系；二是挂靠人为了规避资质许可限制而以具有相应资质的被挂靠单位的名义承揽工程。

《认定查处管理办法》第十条规定：“存在下列情形之一的，属于挂靠：（一）没有资质的单位或个人借用其他施工单位的资质承揽工程的；（二）有资质的施工单位相互借用资质承揽工程的，包括资质等级低的借用资质等级高的，资质等级高的借用资质等级低的，相同资质等级相互借用的；（三）本办法第八条第一款第（三）至（九）项规定的情形，有证据证明属于挂靠的。”

对于前两种情形，其违反了《建筑法》第二十六条的规定：“禁止建筑施工企业超越本企业资质等级许可的业务范围或者以任何形式用其他建筑施工企业的名义承揽工程。禁止建筑施工企业以任何形式允许其他单位或者个人使用本企业的资质证书、营业执照，以本企业的名义承揽工程。”可以依据《最高人民法院关于审理建设工程施工合同纠纷案件适用法律问题的解释（一）》第一条相关规定认定发承包双方所签订的建设工程施工合同无效。

建设工程施工合同中，借用他人资质签订的合同，如果发包人在签订合同时是明知的或故意追求的，则借用有资质企业的实际施工人与承包人签订的合同和承包人与发包人签订的合同都应认定无效。实际施工人向发包人请求欠付工程款基础为不当得利返还请求权，其返还范围包括欠付的工程款及其利息，利息应从在建工程或已完工程交付给发包人时计算。

5.总承包单位与分包单位的连带责任

《建筑法》第二十九条第二款规定：“建筑工程总承包单位按照总承包合同的约定对建设单位负责；分包单位按照分包合同的约定对总承包单位负责。总承包单位和分包单位就分包工程对建设单位承担连带责任。”《建设工程质量管理条例》第二十七条规定：“总承包单位依法将建设工程分包给其他单位的，分包单位应当按照分包合同的约定对其分包工程的质量向总承包单位负责，总承包单位与分包单位对分包工程的质量承担连带责任。”连带责任指的是任何一个负有连带责任的债务人都有义务首先全部偿还债务，并就超过其应偿还份额的部分向其他债务人追偿的债务承担方式。

连带责任既可以依合同约定产生，也可以依法律规定产生。建设单位虽然和分包单位之间没有合同关系，但是当分包工程发生质量、安全、进度等方面问题给建设单位造成损失时，建设单位既可以根据总承包合同向总承包单位追究违约责任，也可以根据法律规定直接要求分包单位承担损害赔偿责任，分包单位不得拒绝。总承包单位和分包单位之间的责任划分，应当根据双方的合同约定或者各自过错大小确定；一方向建设单位承担的责任超过其应承担份额的，有权向另一方追偿。

6.总承包单位与分包单位的关系

（1）平等的合同当事人之间的关系

总承包单位与分包单位是分包合同的双方当事人，《民法典》第四条规定：“民事主体在民事活动中的法律地位一律平等。”第五条规定：“民事主体从事民事活动，应当遵循自愿原则，按照自己的意思设立、变更、终止民事法律关系。”因此，总承包单位不得超越法律与合同对分包单位的建设活动进行非法干涉。

（2）管理与被管理的关系

尽管总承包单位与分包单位在法律地位上是平等的，不存在总承包单位是分包单位的管理单位的关系，但是在质量与安全生产层面，分包单位还是要服从总承包单位的管理的。《建筑法》第四十五条规定：“施工现场安全由建筑施工企业负责。实行施工总承包的，由总承包单位负责。分包单位向总承包单位负责，服从总承包单位对施工现场的安全生产管理。”同时，《建设工程安全生产管理条例》第二十四条规定：“建设工程实行施工总承包的，由总承包单位对施工现场的安全生产负总责。……分包单位应当服从总承包单位的安全生产管理，分包单位不服从管理导致生产安全事故的，由分包单位承担主要责任。”《建筑法》第五十五条规定：“建筑工程实行总承包的，工程质量由工程总承包单位负责，总承包单位将建筑工程分包给其他单位的，应当对分包工程的质量与分包单位承担连带责任。分包单位应当接受总承包单位的质量管理。”

3.2　工程项目的管理模式及其优化

工程项目的管理模式是指一个工程项目建设的基本组织模式以及在完成项目过程中各参与方所扮演的角色及其合同关系。在某些情况下，还要规定项目完成后的运行方式。确定了项目的管理模式才能决定项目的采购方式和招标方式。由于项目管理模式确定了工程项目管理的总体框架，项目参与各方的职责、义务和风险分担，因而在很大程度上决定了项目的合同管理方式以及建设速度、工程质量和造价，所以它对项目的成功非常重要。

在国际上，各个国家、国际组织、学会、协会以及专家学者对工程项目的管理模式分类不尽相同，从工程项目的合同关系与组织管理关系的角度，大致形成了四类较为成熟的工程项目管理模式。

3.2.1 传统建设模式

传统的项目管理模式（Traditional Approach）也叫“设计—招标投标—建造”（Design-Bid-Build, DBB）模式或通用模式，这种项目管理模式在国际上最为通用，世界银行、亚洲开发银行贷款项目和采用FIDIC施工合同条件的项目均采用这种模式。我国目前采用的“招标投标制”“建设监理制”“合同管理制”基本上是参照世界银行、亚洲开发银行和FIDIC的这种传统模式。这种模式的各方关系如图3-1所示。

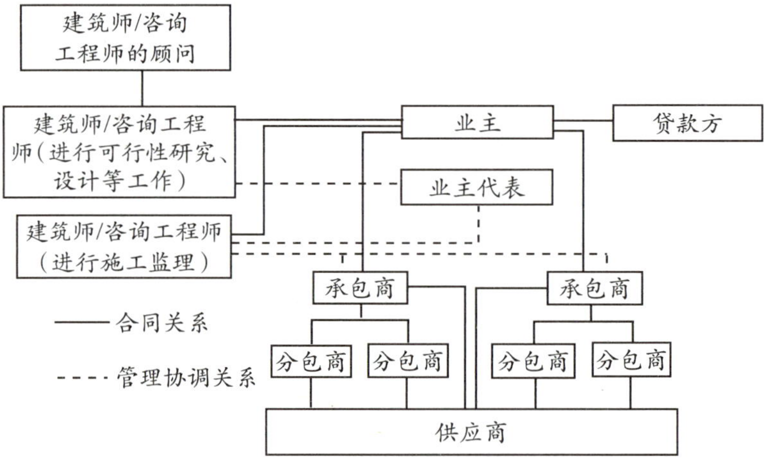

图 3-1　传统项目管理模式

这种模式由业主委托咨询工程师进行前期的可行性研究等工作，待项目评估立项后再进行设计、编制施工招标文件，设计完成后协助业主通过招标选择承包商。业主和承包商签订工程施工合同，由承包商与分包商和供应商单独订立分包及设备材料的供应合同并组织实施。业主单位一般指派业主代表与咨询方和承包商联系，负责有关的项目管理工作，由于投资控制对业主方很重要，所以有时业主指定造价咨询机构作为业主代表监督设计和施工，而在施工阶段的有关管理工作一般授权监理工程师进行。在国外常常是做设计的建筑师在施工阶段继续担任监理，这有利于检查施工是否满足设计要求，此时建筑师与业主签订委托服务合同，按照业主方和承包商的合同中规定的工程师的职责和权限进行项目管理。

以下对各种模式的优缺点分析，均是从业主方的视角而言的。

（1）传统模式的优点

由于这种模式长期地、广泛地在世界各地被采用，因而管理方法成熟，各方对有关程序都很熟悉；业主可自由选择咨询设计人员，可控制设计要求，施工阶段也比较容易提出设计变更；可自由选择监理人员监理工程；可采用各方均熟悉的标准合同文本，双方均明确自身应承担的风险有利于合同管理和风险管理。

（2）传统模式的缺点

项目设计—招标投标—建造的周期较长，以致推迟投产时间，不利于业主资金周转；建筑师对项目的施工工期不易控制；管理和协调工作较复杂，业主管理费较高，前期投入较高；对工程总造价不易控制，特别在设计过程中对“可施工性”（Constructability）考虑不够时，容易产生变更，从而引起较多的索赔；出现质量事故时，设计和施工双方容易互相推卸责任。

（3）传统模式下项目实施阶段业主方的风险

资金不到位；未做好开工前有关准备工作；招标文件拟定得不好；业主方管理水平低；监理工程师不称职；工期、投资和质量达不到要求；设计变更频繁；承包商水平低，不能保证工期和质量；业主方供应设备和材料的风险；承包商、供货商的索赔；通货膨胀；不可抗力。

（4）承包方的风险

投标时未进行风险分析；投标时报价过低；内部管理水平低；业主资金未到位，支付能力差；监理工程师的拖延和刁难；分包商的风险：如拖期、质量不佳、索赔等；供货商的风险：设备材料供应不及时、不合格，缺配件等；通货膨胀；没收保函；带资承包风险；技术风险。

3.2.2 工程总承包模式

一般而言，工程总承包的典型形式主要有“设计—建造”模式（Design-Build，DB）与“设计—采购—施工”模式（Engineer-Procure-Construct，EPC），有时也联合或单独使用“交钥匙”（Turnkey）这一术语。从实践中看，“设计—建造”这一术语主要用于房屋建筑工程与其他土木工程领域；“设计—采购—施工”模式这一术语一般用于含有大量非标准生产设备的石油、化工、电力、电信、矿业等工程项目领域；“交钥匙”这一术语则多用于设备供货与安装项目。

有时业主根据项目的情况对承包范围在 EPC 模式上进行一些微调，因此 EPC 合同在实践中也有若干变形。如设计—采购—施工管理（EPCm）、设计—采购—施工监理（EPCs）、设计—采购—施工咨询（EPCa）、设计—采购—施工—运营（EPCo）等。但是，考虑我国推行工程总承包模式的客观条件，《房屋建筑和市政基础设施项目工程总承包管理办法》仅规定了 EPC 和 DB 两种成熟模式。

1.“设计—采购—施工/交钥匙”(EPC/Turnkey)模式

“设计—采购—施工/交钥匙”项目的管理模式，合同各方关系如图 3-2 所示。

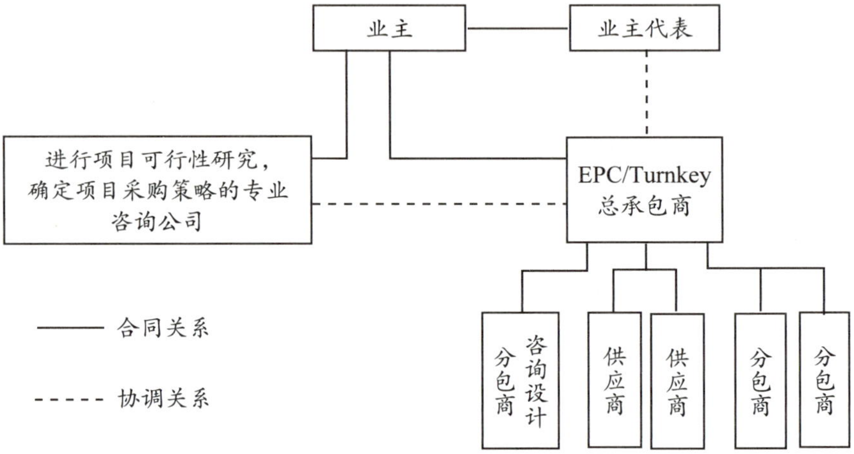

图 3-2 “设计—采购—施工/交钥匙”模式

EPC/Turnkey 模式即承包商向业主提供包括设计、施工、设备采购、安装和调试直至竣工移交的全套服务。EPC/Turnkey 总承包商的工作范围大致包括：

（1）设计（Engineer）：除包括设计计算书和图纸外，还应包括“业主的要求”中列明的设计工作，如项目可行性研究，配套公用工程设计，辅助工程设施的设计以及结构/建筑设计等。

（2）采购（Procure）：可能包括获得项目或施工期的融资，购买包括在工艺设计方案中的各类工艺、专利产品以及设备和材料等。

（3）施工（Construct）：由总承包商负责全面的项目施工管理，如施工方法、安全管理、费用控制、进度管理、设备安装调试以及工作协调等。

这种模式与通用的“设计—建造”模式类似，但承包商往往承担了更大的责任和风险，由业主代表对项目进行直接的较宏观的管理，不再设置工程师。EPC 主要应用于以大型装置或工艺过程为主要核心技术的工业建设领域，如通常包括大量非标准设备的大型石油、化工、橡胶、冶金、制药、能源等项目，这些项目共同的特点是工艺设备的采购与安装和工艺的设计紧密相关，成为投资建设的最重要、最关键的过程。

从风险承担方面来看，FIDIC 对通用的 DB 与 EPC/Turnkey 做了区分。EPC 是总价包干项目，一般不允许调价，风险主要由承包商承担。在 EPC 合同条件中规定，承包商不但要对设计负责，也要对“业主的要求”中的某些错误负责，同时还要承担发生最频繁的“外部自然力的作用”这一风险，因而一般工程的报价较高，但应允许投标人对资料和数据进行调研和核实。在招标投标过程中，投标人和业主就技术问题和商务条件进行讨论并将达成的协议写入备忘录或补充文件，这些文件成为合同的组成部分，其优先权高于合同条件、业主的要求和承包商的投标书。

FIDIC《设计—采购—施工/交钥匙工程合同条件》即适用于这种模式。

（1）EPC 模式的优点：由单个承包商对项目的设计、采购、施工全面负责，项目责任单一，简化了合同组织关系，有利于业主管理；EPC 项目属于总价包干不可调价，因此业主的投资成本在早期即可得到保证；可以采用阶段发包方式以缩短工程工期；能够较好地将工艺的设计与设备的采购及安装紧密结合起来，有利于项目综合效益的提升；业主方承担的风险较小。

（2）EPC 模式的缺点：能够承担 EPC 大型项目的承包商数量较少；承包商承担的风险较大，因此工程项目的效益、质量完全取决于 EPC 项目承包商的经验及水平；工程的造价可能较高。

2.“设计—建造”(Design-Build)模式

“设计—建造”模式是一种简练的工程项目的管理模式，组织形式如图 3-3 所示。

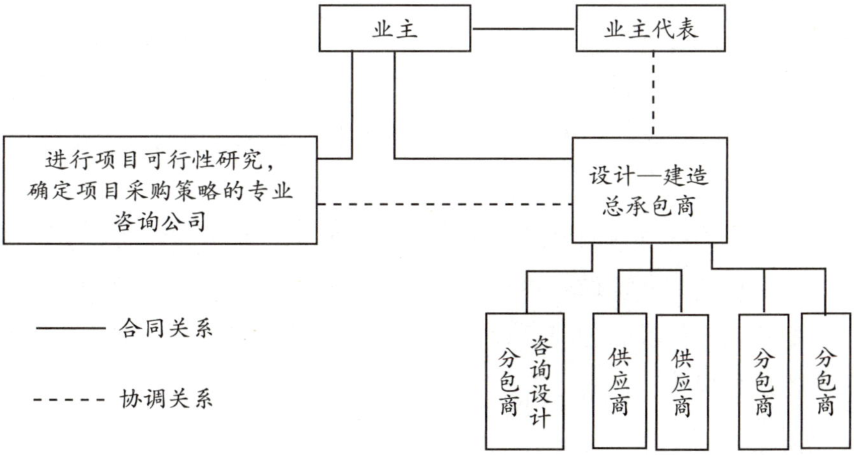

图 3-3 “设计—建造”总承包模式

在这种模式下业主方首先聘请一家专业咨询公司为其研究拟建项目的基本要求，在招标文件中明确项目完整的工作范围，在项目原则确定之后，业主只需选定一家公司对项目的设计—建造进行总承包。这种模式在投标时和签订合同时通常以总价合同为基础，但允许价格调整，也允许某些部分采用单价合同。设计—建造总承包商对整个项目的成本负责，总承包商可以利用本公司的设计和施工力量完成一部分工作，也可以招标选择设计或施工分包商。

业主方聘用工程师或业主代表进行项目管理，管理的内容除了对施工进行监理外，对设计也要管理，包括对承包商设计人员资质的审查，对承包商设计文件和设计图纸的审查，按“业主的要求”中的规定检查、审核或批准承包商的文件，参与讨论设计等。

显然，在通用的 DB 模式中，承包商对整个工程承担大部分责任和风险，此种模式可用于房屋建筑和大中型土木、机械、电力等项目。

FIDIC《工程设备与设计—建造合同条件》即适用于这种模式。

（1）DB 模式的主要优点：由单个承包商对整个项目负责，有利于在项目设计阶段预先考虑施工因素，避免了设计和施工的矛盾，可减少由于设计错误引起的变更以及对设计文件解释引发的争端；在选定设计—建造承包商时，把设计方案的优劣作为主要的评标因素，从而可保证业主得到高质量的工程设计；在项目初期选定项目组成员，连续性好，项目责任单一；总价包干但可调价，业主可得到早期的成本保证；可对分包采用阶段发包方式，缩短了工期，项目可以提早投产，业主能节约费用，减少利息及价格上涨的影响。

（2）DB 模式的主要缺点：业主无法参与设计单位及人员的选择；业主对最终设计和细节的控制能力降低；由于造价包干，可能影响设计和施工质量。

（3）DB 模式下业主的风险：专业咨询公司对项目前期的可行性研究不深入，立项不正确；工程师或业主代表不称职；业主不能自如地控制设计；报价可能较高；通货膨胀；不可抗力。

（4）DB 模式下承包商的风险：业主资金不到位；投标报价过低；总承包商的管理能力差；设计风险：错误、返工、变更等；承包商的设计单位和施工单位能力不协调；工程师或业主代表的拖延或刁难；供应商的风险：不及时、不合格、索赔等；施工中的技术风险。

3.2.3 项目管理型承包模式

项目管理承包（Project Management Contracting，PMC）是指由业主通过招标的方式聘请一家有实力的项目管理承包商，对项目的全过程进行集成化的管理，如图 3-4 所示。PMC 在国外也常简称作管理承包（Management Contracting，MC）。

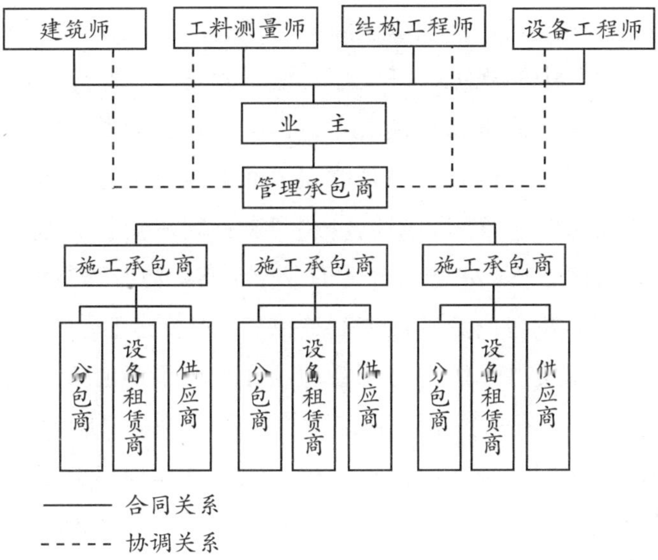

图 **3-4** 项目管理承包模式

这种模式下，管理承包商须与业主签订合同，并与业主的专业咨询顾问，如建筑师、工程师、测量师等进行密切合作，对工程进行计划、管理、协调和控制。由各施工承包商具体负责工程的实施，包括施工、设备采购以及对分包商的管理。施工承包商一般只与管理承包商签订合同，而不和业主签订合同，管理承包商可采用阶段发包方式选择施工承包商，但选定的施工承包商须经业主批准。

管理承包商和施工承包商的合同可以采用单价合同、总价包干合同或成本补偿合同，但需得到业主的批准。在支付时，业主方要审查管理承包商对施工承包商的支付申请。业主以咨询工程师提出的项目成本为基础，要求管理承包商在管理施工项目时控制成本，如果成本超出双方约定的百分比，则适当扣减管理酬金以促使管理承包商控制成本。

对于管理承包商，英国合同审定联合会（Joint Contracts Tribunal，JCT）推出的标准管理合同范本中将其工作分为两个阶段：施工前阶段和施工阶段。在施工前阶段，管理承包商的主要职责是项目的规划和计划安排，费用估算，并帮助业主的项目专业队伍（Professional Team）编制招标文件、谈判、评标以及签订施工合同；在施工阶段，管理承包商的工作除了前面所说的计划安排、费用估算等，主要是对施工承包商进行监督管理和保持项目实施过程中的各类文件记录，使项目快速、经济、保质地完成。从这个规定可以看出，JCT 管理合同侧重的是对于施工承包商的选择与管理。

英国土木工程师学会（Institution of Civil Engineers，ICE）对于 PMC 模式同样推出了管理承包合同的范本，与 JCT 不同的是它较为侧重对设计承包商和施工承包商的统筹兼顾。其中规定，管理承包商应管理它的工程设计、施工和安装工作。它应按照“工程信息”中的规定，将设计、施工和安装工作分包出去，“工程信息”中没有规定的，管理承包商可以分包出去，也可以自己去做。也就是说，业主可以根据自己的意愿，在“工程信息”中具体而灵活地规定管理承包商的工作。

ICE 认为，对复杂的设备安装或包含大型设备制造安装的综合性工程项目，如工业生产制造基地、核电站、大型综合性商业楼群等，涉及跨行业的多个技术领域，必须由不同专业的很多承包商分别提供制造供货、安装施工、调试运行等专业服务。当业主缺乏足够的技术资源和能力协调管理这样数量很多的跨专业合同时，可以委托一个“管理承包商”，组织各个专业合同的招标，并全面组织管理工程。但这种方式在道路、桥梁、房屋建筑等以土建工程为主的基建项目上很少采用。

以上两个合同范本从项目管理模式的角度分析了管理承包商工作的一般流程，此外，相对其他为业主服务的人员，管理承包商还具有以下几点特征：

（1）通常来讲，采用 PMC 模式运作的项目具有规模大、技术含量高的特点。因此管理承包商需要对设计和施工交叉部分进行周密计划和严格控制，在设计阶段需要考虑到具体的施工方法，对各个施工合同的工作范围进行仔细的划分并为其规定一个明确和可操作的计划，给出各个“工作包”的实施顺序，让设计队伍理解并遵循其开展工作。

（2）PMC 项目的组织结构十分复杂，一般来讲管理承包商需要管理和协调好众多施工承包商、合同界面以及若干个设计单位，并应充分利用自身在这方面的经验和专业水平为业主提供高质量的服务。

（3）管理承包商应保证工程项目具有较高的设计规划和施工规划水平，并且处理好设计变更问题，体现出其在设计、施工统筹安排方面的优越性及灵活性。

管理承包商的角色实质上具有业主咨询顾问的性质，因此无论 JCT 管理合同还是 ICE 管理合同，在涉及管理承包商承担的职责时，使用的措辞为“管理”“组织”“安排”“协助”“准备”“协调”“联络”等。这些措辞与“保证”“承诺”等措辞所带来的责任有着明显的差别。因此，相比设计方及施工方，他与业主的合同条件较为宽松，适宜于发挥其管理的专业职能。

这种模式的主要优点：可充分发挥管理承包商在项目管理方面的专业技能，为业主统一协调和管理项目的设计与施工，减少矛盾；管理承包商负责管理整个施工前的阶段和施工阶段，有利于减少设计变更；可方便地采用阶段发包，有利于缩短工期；一般管理承包商承担的风险较低，有利于激励其在项目管理中的积极性和主观能动性，充分发挥其专业特长，为业主管好项目。

这种模式的主要缺点：业主与施工承包商没有合同关系，因而控制施工难度较大；管理承包商与设计单位之间的目标差异可能影响相互间的协调关系；与传统模式相比，增加了一个管理层，增加了一笔管理费，但如果找到高水平的管理承包商，则可以从管理中获得效益；由于项目的造价、质量和进度控制过度依赖管理承包商，如果管理承包商水平不高或责任心不强，容易出现责任争端。

一般采用该模式的业主常常是多个大公司组成的联营体，投资开发大型国际项目，需要从商业银行或出口信贷机构取得国际贷款，而如果业主由于其自身资产负债无法取得融资担保，则需要选用有良好信誉的管理承包商以获得国际贷款；当业主本身的资源和能力无法完成项目时，也需要寻求高水平的管理承包商。

PMC 模式下业主方的风险：管理承包商水平不高或责任心不强；承诺的贷款和资金不到位；咨询公司可行性研究不深入，立项不正确；对设计要求的控制能力较差；承包商水平不高，无法保证质量和工期；业主方提供材料、设备不及时或质量不合格；通货膨胀和立法变更；不可抗力。

PMC 模式下承包商的风险：投标时报价过低；业主资金不到位，支付能力差；承包商管理水平低，导致分包商、供货商的索赔；分包商、供货商的质量不合格和工期拖延。

另外，还有项目管理（Project Management，PM）模式，即由一家项目管理公司派出具有丰富工程项目管理经验的项目经理及其团队对一个工程项目进行全过程的管理服务。这种模式提供的项目管理服务通常包括项目前期的咨询以及实施期间的管理服务，它虽然与 PMC 模式类似，但是项目管理公司不与承包商订立合同，而只是管理协调关系。这种模式服务的范围可能更广，因而也可以叫作项目管理一体化模式。从本质上来说，这种模式是属于管理型的模式，而不是风险承包型的模式。

3.2.4 政府和社会资本合作模式

PPP 是英文“Public Private Partnerships”的首字母缩写，有些国家或国际组织将其译为“公私伙伴关系”“公私合营”，我国台湾地区称之为“公私协力”，我国法律和政策文件规范名称为“政府和社会资本合作”。

自 1984 年土耳其提出了“建造—运营—移交”（Build-Operate-Transfer，BOT）方式，并被全世界许多国家和地区采用以来，BOT 模式发展很快，已演变出多种操作模式。1992 年，英国提出了私人主导融资（Private Finance Initiative，PFI）模式。到 20 世纪 90 年代末，英国政府总结 80 年代初私有化政策和早期 PFI 项目在实践中的经验教训，推动建立公私伙伴关系（Public-Private-Partnership，PPP）。与此同时，很多国际组织与其他国家也在着手研究和推进 PPP 的发展，如联合国培训研究院、世界银行和亚洲开发银行、欧盟委员会、美国 PPP 国家委员会、加拿大 PPP 国家委员会、日本政府经济贸易与工业部的研究会等对 PPP 的理解不尽相同，但在利用公私双方优势互补，提供公共设施和服务方面存在共识。

在公共服务和基础设施领域推广政府和社会资本合作（PPP）模式，是中国共产党第十八次全国代表大会提出的旨在改变公共产品供给方式，改善国家治理结构，深化行政体制、财税体制改革的重要举措。中国 PPP 模式在基础设施和公用事业领域的应用发展，已经处于世界前列。

1.PPP 模式的优点及缺点

（1）PPP 模式的核心优势

①PPP 模式引入社会资本承担公共产品与服务项目融资、建设、运营和维护工作，与政府直接提供公共产品与服务相比，PPP 有助于地方债务的治理。

②PPP 模式能缓解政府增量债务。社会资本方承担项目融资大部分工作，以换取公共产品与服务项目长期特许经营权，政府将部分债务转移给社会资本方。

③PPP 模式能够消化政府存量债务。社会资本方发挥其专业能力，负责项目运营、维护，比政府方或国有企业直接运营更有效率。

④PPP 模式有助于风险分担。PPP 在项目初期已实现风险分配机制，政府承担部分风险，降低了项目融资难度，有助于项目融资成功。

（2）现阶段 PPP 模式的主要问题

①缺少高位阶法律支撑。由于 PPP 模式牵涉复杂的法律关系，因此需要高层次立法予以支持和保障。但是我国至今尚没有一部法律法规能够统一规范 PPP 交易流程。

②民间资本参与 PPP 项目动力不足。现阶段参与 PPP 项目的社会资本方多以国有企业为主，民间资本较难参与到投资体量大、回报周期长的 PPP 项目中。

③社会资本方专业能力释放不充分。现阶段多为建筑业企业参与 PPP 项目，其核心诉求是获取项目建设期利润，而对于项目全寿命周期的运营既不专业，也不关心，不利于实现 PPP 模式利用社会资本专业能力提升公共服务和基础设施品质的目标。

正是基于我国 PPP 实践过程中的上述问题，国家发展改革委、财政部于 2023 年底发布了《关于规范实施政府和社会资本合作新机制的指导意见》，从准确把握新机制的总体要求、规范推进建设实施、切实加强运营监管、加大政策保障力度等方面，对政府和社会资本合作新机制作了系统规范，确保政府和社会资本合作规范发展、阳光运行。一是准确把握新机制的总体要求。明确新机制聚焦使用者付费项目，全部采取特许经营模式，合理把握重点领域，优先选择民营企业参与，明确管理责任分工，稳妥推进新机制实施。二是规范推进建设实施。严格审核特许经营方案，公平选择特许经营者，规范签订特许经营协议，严格履行投资管理程序，做好项目建设实施管理。三是切实加强运营监管。定期开展项目运营评价，规范开展特许经营协议变更和项目移交等工作，建立常态化信息披露机制，惩戒违法违规和失信行为。四是加大政策保障力度。加强组织实施，做好要素保障和融资支持，支持创新项目实施方式。

2.PPP 新机制的操作流程

为规范基础设施和公用事业特许经营活动，鼓励和引导社会资本参与基础设施和公用事业建设运营，提高公共服务质量和效率，保护特许经营者合法权益，激发民间投资活力，国家发展改革委会同财政部、住房城乡建设部、交通运输部、水利部、人民银行对标《关于规范实施政府和社会资本合作新机制的指导意见》，对 2015 年版《基础设施和公用事业特许经营管理办法》进行了修订，自 2024 年 5 月 1 日起施行。修订后的《基础设施和公用事业特许经营管理办法》是现阶段指导我国 PPP 新机制的主要政策文件。

（1）实施机构的确定。地方各级人民政府应当规范推进本级政府事权范围内的特许经营项目，依法依规授权有关行业主管部门、事业单位等作为基础设施和公用事业特许经营项目实施机构，负责特许经营项目筹备、实施及监管，并明确其授权内容和范围。

PPP 新机制下基础设施和公用事业特许经营可以采取以下方式：

①在一定期限内，政府授予特许经营者投资新建或改扩建、运营基础设施和公用事业，期限届满移交政府；

②在一定期限内，政府授予特许经营者投资新建或改扩建、拥有并运营基础设施和公用事业，期限届满移交政府；

③在一定期限内，政府将已经建成的基础设施和公用事业项目转让特许经营者运营，期限届满移交政府；

④国家规定的其他方式。

（2）编制特许经营方案。实施机构根据授权，参照可行性研究报告编写规范，牵头编制特许经营方案。特许经营方案应当包括以下内容：项目名称及概述，建设背景和必要性；项目建设规模、投资总额、实施进度，以及提供公共产品或公共服务的标准等基本经济技术指标；投资回报、价格及其测算；项目可行性及特许经营可行性论证；特许经营者应当具备的条件及选择方式；政府承诺和保障；特许经营涉及的国有资产管理要求，以及特许经营期限届满后资产处置方式；应当明确的其他事项。具体可根据《政府和社会资本合作项目特许经营方案编写大纲》的要求进行编制。

（3）选择特许经营者。实施机构根据经审定的特许经营方案，应当通过招标、谈判等公开竞争方式选择特许经营者。实施机构应当在招标文件、谈判文件等公开选择特许经营者的文件中载明是否要求成立特许经营项目公司。

（4）签订特许经营协议。需要成立项目公司的，实施机构应当与依法选定的特许经营者签订初步协议，约定其在规定期限内注册成立项目公司，并与项目公司签订特许经营协议。

特许经营协议应当主要包括以下内容：项目名称、内容；特许经营方式、区域、范围和期限；如成立项目公司，明确项目公司的经营范围、注册资本、股东出资方式、出资比例、股权转让等；所提供产品或者服务的数量、质量和标准；特许经营项目建设、运营期间的资产权属，以及相应的维护和更新改造；监测评估；投融资期限和方式；收益取得方式，价格和收费标准的确定方法以及调整程序；履约担保；特许经营期内的风险分担；因法律法规、标准规范、国家政策等管理要求调整变化对特许经营者提出的相应要求，以及成本承担方式；政府承诺和保障；应急预案和临时接管预案；特许经营期限届满后，项目及资产移交方式、程序和要求等；实施环境变化、重大技术变化、市场价格重大变化等协议变更情形，提前终止及补偿；违约责任；争议解决方式；需要明确的其他事项。

（5）特许经营协议履行。特许经营协议各方当事人应当遵循诚实信用原则，按照约定全面履行义务。实施机构应当全面、按期履行签订特许经营协议、协调开展价格调整、支付代收的用户付费、监测验收等义务；特许经营者应当按照特许经营协议约定的数量、质量、标准、期限等，提供公共产品和公共服务，并履行协议约定的其他义务。

（6）特许经营协议变更及终止。特许经营期限原则上不超过40年，投资规模大、回报周期长的特许经营项目可以根据实际情况适当延长。在特许经营协议有效期内，协议内容确需变更的，协议当事人应当在协商一致基础上签订补充协议。特许经营期限届满后确有必要延长的，按照有关规定经充分评估论证，协商一致并报批准后，可以延长。

在线练习

4 建设工程市场准入与监管

/ 本章导读 /

工程法重要的功能之一就是规范建筑市场主体交易行为，具体方式包括对于建设工程从业企业和从业人员实施准入限制；依法对于规定事项实施行政许可并在项目实施各阶段进行行政监管。应从“放管服”行政体制改革理论，感知我国建筑业市场准入条件的变化。

4.1 建设工程从业单位的市场准入

4.1.1 建设工程从业单位

《建筑法》第十三条规定：从事建筑活动的建筑施工企业、勘察单位、设计单位和工程监理单位，按照其拥有的注册资本、专业技术人员、技术装备和已完成的建筑工程业绩等资质条件，划分为不同的资质等级，经资质审查合格，取得相应等级的资质证书后，方可在其资质等级许可的范围内从事建筑活动。据此，我国参与工程建设各类主体中，需要对其资质进行市场准入许可的主要包括房地产开发企业、建筑业企业、工程勘察设计企业、工程监理企业等。

国家实施“放管服”、简政放权行政审批制度改革以来，已先后取消了招标代理机构、工程造价咨询企业等资质许可，改为加强事中事后监管，推进信用体系建设，支持行业协会提升自律水平。

1.房地产开发企业

房地产开发企业是指在城市及村镇从事土地开发、房屋及基础设施和配套设备开发经营业务，具有企业法人资格的经济实体。房地产开发企业有专营和兼营两类。专营企业是指以房地产开发经营为主的企业；兼营企业是指以其他经营项目为主，兼有房地产开发经营业务的企业。

2.工程勘察设计企业

工程勘察设计企业是指依法取得资格，从事工程勘察、工程设计活动的企业。工程勘察分为岩土工程、工程测量和勘探测试共 3 个专业。

工程设计按专业分为建筑、市政、公路、铁路、港口与航道、民航、水利、电力、煤炭、冶金建材、化工石化医药、电子通信广电、机械军工、轻纺农林商物粮等 14 个行业。

3.工程监理企业

工程监理企业是指取得监理资质证书，具有法人资格的企业。工程监理企业资质分为综合资质和专业资质。其中专业资质按照工程性质和技术特点，又划分为房屋建筑工程、冶炼工程、矿山工程、化工及石油工程、电力工程、铁路工程、航天航空工程、通信工程、市政公用工程、机电安装工程等 10 类。每一个工程监理企业可以同时申请一类或多类工程监理资质。

4.建筑业企业

建筑业企业是指从事土木工程，建筑工程，线路、管道及设备安装工程，装修工程等新建、扩建、改建活动的企业。分为施工总承包企业、专业承包企业和专业作业企业三类。

施工总承包企业是指从事工程施工阶段总承包活动的企业。它可对工程实行施工总承包或者对主体工程实行施工承包。对其所承包的工程，它可全部自行施工，也可将主体工程以外的其他工程及劳务作业分包给具有相应专业承包资质或劳务分包资质的其他建筑业企业。根据专业范围，施工总承包企业又分为建筑工程、公路工程、铁路工程、港口与航道工程、水利水电工程、电力工程、矿山工程、冶金工程、石油化工工程、通信工程、机电工程、民航工程等 12 类。一个施工总承包企业在获得一类工程施工资质作为本企业的主项资质的同时，还可再申请其他工程种类的施工总承包资质或专业承包资质,但其他工程种类的资质级别不得高于主项资质的级别。

专业承包企业是指从事工程施工中的专业分包活动的企业。对其承接的专业工程，它可全部自行施工，也可将劳务作业分包给具有相应劳务分包资质的劳务分包企业，但不得进行工程施工总承包活动。

根据专业范围，专业承包企业分为 18 个类别，包括：建筑装修装饰工程专业、建筑机电工程专业、公路工程类专业、港口与航道工程类专业、铁路电务电气化工程专业、水利水电工程类专业、通用专业、地基基础工程专业、起重设备安装工程专业、预拌混凝土专业、模板脚手架专业、防水防腐保温工程专业、桥梁工程专业、隧道工程专业、消防设施工程专业、古建筑工程专业、输变电工程专业、核工程专业。

专业承包企业在获得一类主项资质的同时，还可在各自资质序列内申请类别相近的其他专业承包资质，但其他工程种类的资质级别不得高于主项资质的级别。

专业作业企业主要是指从事工程施工活动中劳务作业的企业。它只能进行劳务分包，不得从事工程施工总承包及专业分包活动。专业作业企业不再划分资质类别。

4.1.2 建设工程从业单位的资质等级及其标准

建设工程从业单位以其拥有的注册资本、科技进步水平、专业技术人员数量和等级、技术装备和已完成的建筑工程的业绩等方面的标准，划分为不同资质等级。目前我国各类工程建设从业单位资质等级的划分情况如下：

（1）房地产开发企业。按照企业条件分为一、二两个资质等级。

（2）工程勘察企业。工程勘察企业的资质等级按综合类、专业类分别设置。其综合类资质不分等级；专业类资质原则上只设甲、乙两个级别。

（3）工程设计企业。工程设计企业的资质等级按综合类资质、行业类资质、专业和事务所资质分别设置。其中综合、事务所资质不分等级。行业类资质、专业资质设甲、乙两个级别，部分资质只设甲级。

（4）施工总承包企业。10 类施工总承包企业具有施工综合资质，可承担各行业、各等级施工总承包业务。另有 12 类施工总承包资质。综合资质不分等级；施工总承包资质分为甲、乙两级，其中，施工总承包甲级资质在本行业内承揽业务规模不受限制。

（5）专业承包企业。专业承包企业在资质等级上设为甲、乙两级，部分专业承包资质不分等级。

（6）劳务分包企业。劳务分包企业为专业作业资质，并实行备案制。

（7）工程监理企业。综合资质不分级别，专业资质分为甲、乙两级。

4.1.3 建设工程企业资质管理制度改革

2019 年 8 月 1 日，国务院办公厅印发《全国深化“放管服”改革优化营商环境电视电话会议重点任务分工方案》，方案要求大幅压减企业资质资格认定事项，力争 2020 年年底前将工程建设、测绘等领域企业资质类别、等级压减三分之一以上，凡是能由市场机制调节的一律取消，对保留的事项要精简资质类别、归并等级设置。探索对部分资质资格实行告知承诺管理。

2020 年 11 月 30 日住房城乡建设部发布《建设工程企业资质管理制度改革方案》，方案明确深化建筑业“放管服”改革，做好工程勘察、设计、施工、监理企业等建设工程企业资质认定事项压减工作。

（1）工程勘察资质。保留综合资质；将 4 类专业资质及劳务资质整合为岩土工程、工程测量、勘探测试等 3 类专业资质。综合资质不分等级，专业资质等级压减为甲、乙两级。

（2）工程设计资质。保留综合资质；将 21 类行业资质整合为 14 类行业资质；将 151 类专业资质、8 类专项资质、3 类事务所资质整合为 70 类专业和事务所资质。

综合资质、事务所资质不分等级；行业资质、专业资质等级原则上压减为甲、乙两级（部分资质只设甲级）。

（3）施工资质。将10类施工总承包企业特级资质调整为施工综合资质，可承担各行业、各等级施工总承包业务；保留12类施工总承包资质，将民航工程的专业承包资质整合为施工总承包资质；将36类专业承包资质整合为18类；将施工劳务企业资质改为专业作业资质，由审批制改为备案制。综合资质和专业作业资质不分等级；施工总承包资质、专业承包资质等级原则上压减为甲、乙两级，部分专业承包资质不分等级。其中，施工总承包甲级资质在本行业内承揽业务规模不受限制。

（4）工程监理资质。保留综合资质；取消专业资质中的水利水电工程、公路工程、港口与航道工程、农林工程资质，保留其余10类专业资质；取消事务所资质。综合资质不分等级，专业资质等级压减为甲、乙两级。

2021年5月19日，国务院下发《国务院关于深化"证照分离"改革进一步激发市场主体发展活力的通知》（国发〔2021〕7号），在全国范围内取消68项涉企经营许可事项，其中包括工程勘察3类专业资质、工程设计1类行业资质、18类专业资质和1类专项资质，建筑业企业12类施工总承包资质、20类专业承包资质，工程监理6类专业资质和事务所资质的部分等级。

4.2 建设工程从业人员市场准入

4.2.1 建设工程从业人员执业资格制度

从事建筑活动的专业技术人员，是指直接在建筑工程的勘察、设计、施工工艺、工程监理等专业技术岗位上工作的技术人员。建筑工程技术要求比较复杂，其质量问题直接涉及公众人身、财产安全，关系重大。因此，《建筑法》规定：从事建筑活动的专业技术人员，应当依法取得相应的执业资格证书，并在执业资格证书许可的范围内从事建筑活动。目的在于保证专业技术人员的素质条件，当然也是充分重视了专业技术人员在建筑活动中的关键性作用，以人的素质、人的工作质量来保证建筑工程的质量。

4.2.2 建设工程从业人员执业资格的规制体系

从立法技术上讲，我国现行法对于建设行业从业人员的市场准入和执业资格管理，采取了统一立法和单行立法相结合的方式。首先，《建筑法》在宏观层面明确要求从事建筑活动的专业技术人员，应当依法取得相应的执业资格证书，并在执业资格证书许可的范围内从事建筑活动。然后，国务院及其职能部门通过行政法规或者部门规章等对具体执业资格进行管理。目前，建设领域较为重要或广泛的执业资格如下：

1.注册建筑师

注册建筑师，是指依法取得注册建筑师证书并从事房屋建筑设计及相关业务的人员。注册建筑师分为一级注册建筑师和二级注册建筑师。注册建筑师的考试、注册和执业由《中华人民共和国注册建筑师条例》进行规范，该条例 1995 年发布，于 2019 年进行修订。

（1）考试和注册

国家实行注册建筑师全国统一考试制度。注册建筑师考试合格，取得相应的注册建筑师资格的，可以申请注册。注册建筑师注册的有效期为 2 年。

（2）执业

注册建筑师执行业务，应当加入建筑设计单位。一级注册建筑师的执业范围不受建筑规模和工程复杂程度的限制。二级注册建筑师的执业范围不得超越国家规定的建筑规模和工程复杂程度。

注册建筑师的执业范围：

①建筑设计；

②建筑设计技术咨询；

③建筑物调查与鉴定；

④对本人主持设计的项目进行施工指导和监督；

⑤国务院建设行政主管部门规定的其他业务。

2.注册建造师

注册建造师，是指通过考核认定或考试合格取得中华人民共和国建造师资格证书，并按照《注册建造师管理规定》注册，取得中华人民共和国建造师注册证书和执业印章，担任施工单位项目负责人及从事相关活动的专业技术人员。注册建造师的注册、执业、继续教育和监督管理由2007年开始施行的《注册建造师管理规定》进行规范，该文件于2016年进行修改。注册建造师的具体执业范围按照《注册建造师执业工程规模标准》执行。

（1）注册

注册建造师实行注册执业管理制度，注册建造师分为一级注册建造师和二级注册建造师。取得资格证书的人员，经过注册方能以注册建造师的名义执业。未取得注册证书和执业印章的，不得担任大中型建设工程项目的施工单位项目负责人，不得以注册建造师的名义从事相关活动。

取得一级建造师资格证书并受聘于一个建设工程勘察、设计、施工、监理、招标代理、造价咨询等单位的人员，应当通过聘用单位提出注册申请，并可以向单位工商注册所在地的省、自治区、直辖市人民政府住房城乡建设主管部门提交注册申请材料。

注册证书和执业印章是注册建造师的执业凭证，由注册建造师本人保管、使用。注册证书与执业印章有效期为3年。在注册有效期内，注册建造师变更执业单位，应当与原聘用单位解除劳动关系，并办理变更注册手续，变更注册后仍延续原注册有效期。

（2）执业

一级注册建造师可在全国范围内以一级注册建造师名义执业。

通过二级建造师资格考核认定，或参加全国统考取得二级建造师资格证书并经注册人员，可在全国范围内以二级注册建造师名义执业。

注册建造师可以从事建设工程项目总承包管理或施工管理，建设工程项目管理服务，建设工程技术经济咨询，以及法律、行政法规和国务院住房城乡建设主管部门规定的其他业务。取得资格证书的人员应当受聘于一个具有建设工程勘察、设计、施工、监理、招标代理、造价咨询等一项或者多项资质的单位，经注册后方可从事相应的执业活动。

担任施工单位项目负责人的，应当受聘并注册于一个具有施工资质的企业。注册建造师不得同时在两个及两个以上的建设工程项目上担任施工单位项目负责人。

大中型工程施工项目负责人必须由本专业注册建造师担任。一级注册建造师可担任大、中、小型工程施工项目负责人，二级注册建造师可以承担中、小型工程施工项目负责人。建设工程施工活动中形成的有关工程施工管理文件，应当由注册建造师签字并加盖执业印章。施工单位签署质量合格的文件上，必须有注册建造师的签字盖章。

3.注册监理工程师

注册监理工程师，是指经考试取得中华人民共和国监理工程师资格证书，经注册取得中华人民共和国注册监理工程师注册执业证书和执业印章，从事工程监理及相关业务活动的专业技术人员。注册监理工程师的注册、执业、继续教育和监督管理，由2006年10月开始施行的《注册监理工程师管理规定》进行规范，该文件于2016年进行修改。

（1）注册

注册监理工程师实行注册执业管理制度。取得资格证书的人员，经过注册方能以注册监理工程师的名义执业。

注册监理工程师依据其所学专业、工作经历、工程业绩，按照《工程监理企业资质管理规定》划分的工程类别，按专业注册。每人最多可以申请两个专业注册。

取得资格证书的人员申请注册，由国务院住房城乡建设主管部门审批。取得资格证书并受聘于一个建设工程勘察、设计、施工、监理、招标代理、造价咨询等单位的人员，应当通过聘用单位提出注册申请，并可以向单位工商注册所在地的省、自治区、直辖市人民政府住房城乡建设主管部门提交申请材料。初始注册者，可自资格证书签发之日起3年内提出申请。逾期未申请者，须符合继续教育的要求后方可申请初始注册。

注册证书和执业印章是注册监理工程师的执业凭证，由注册监理工程师本人保管、使用。注册证书和执业印章的有效期为3年。在注册有效期内，注册监理工程师变更执业单位，应当与原聘用单位解除劳动关系，并按规定程序办理变更注册手续，变更注册后仍延续原注册有效期。

（2）执业

取得资格证书的人员，应当受聘于一个具有建设工程勘察、设计、施工、监理、招标代理、造价咨询等一项或者多项资质的单位，经注册后方可从事相应的执业活动。从事工程监理执业活动的，应当受聘并注册于一个具有工程监理资质的单位。

注册监理工程师可以从事工程监理、工程经济与技术咨询、工程招标与采购咨询、工程项目管理服务以及国务院有关部门规定的其他业务。

工程监理活动中形成的监理文件由注册监理工程师按照规定签字盖章后方可生效。修改经注册监理工程师签字盖章的工程监理文件，应当由该注册监理工程师进行；因特殊情况，该注册监理工程师不能进行修改的，应当由其他注册监理工程师修改，并签字、加盖执业印章，对修改部分承担责任。

因工程监理事故及相关业务造成的经济损失，聘用单位应当承担赔偿责任；聘用单位承担赔偿责任后，可依法向负有过错的注册监理工程师追偿。

4.注册造价工程师

注册造价工程师，是指通过土木建筑工程或者安装工程专业造价工程师职业资格考试取得造价工程师职业资格证书或者通过资格认定、资格互认，并按照《注册造价工程师管理办法》注册后，从事工程造价活动的专业人员。注册造价工程师的注册、执业、继续教育和监督管理，由2007年3月开始施行的《注册造价工程师管理办法》进行规范，该文件分别于2016年和2020年进行了修改。

（1）注册

注册造价工程师分为一级注册造价工程师和二级注册造价工程师。国务院住房城乡建设主管部门对全国注册造价工程师的注册、执业活动实施统一监督管理，负责实施全国一级注册造价工程师的注册，并负责建立全国统一的注册造价工程师注册信息管理平台；国务院有关专业部门按照国务院规定的职责分工，对本行业注册造价工程师的执业活动实施监督管理。

省、自治区、直辖市人民政府住房城乡建设主管部门对本行政区域内注册造价工程师的执业活动实施监督管理，并实施本行政区域二级注册造价工程师的注册。

未取得注册证书和执业印章的人员，不得以注册造价工程师的名义从事工程造价活动。

取得职业资格证书的人员，可自职业资格证书签发之日起1年内申请初始注册。逾期未申请者，须符合继续教育的要求后方可申请初始注册。初始注册的有效期为4年。

在注册有效期内，注册造价工程师变更执业单位的，应当与原聘用单位解除劳动合同，并按照规定的程序，到新聘用单位工商注册所在地的省、自治区、直辖市人民政府住房城乡建设主管部门或者国务院有关专业部门办理变更注册手续。变更注册后延续原注册有效期。

（2）执业

一级注册造价工程师执业范围包括建设项目全过程的工程造价管理与工程造价咨询等，具体工作内容包括：

①项目建议书、可行性研究投资估算与审核，项目评价造价分析；

②建设工程设计概算、施工预算编制和审核；

③建设工程招标投标文件工程量和造价的编制与审核；

④建设工程合同价款、结算价款、竣工决算价款的编制与管理；

⑤建设工程审计、仲裁、诉讼、保险中的造价鉴定，工程造价纠纷调解；

⑥建设工程计价依据、造价指标的编制与管理；

⑦与工程造价管理有关的其他事项。

二级注册造价工程师协助一级注册造价工程师开展相关工作，并可以独立开展以下工作：

①建设工程工料分析、计划、组织与成本管理，施工图预算、设计概算编制；

②建设工程量清单、最高投标限价、投标报价编制；

③建设工程合同价款、结算价款和竣工决算价款的编制。

注册造价工程师应当根据执业范围，在本人形成的工程造价成果文件上签字并加盖执业印章，并承担相应的法律责任。最终出具的工程造价成果文件应当由一级注册造价工程师审核并签字盖章。

4.3 建设工程行政许可

依据现行的法律法规，在工程建设的过程中，从工程项目的批准立项、工程建设土地利用、工程施工到工程交付使用等环节，涉及发展和改革、自然资源、住房和城乡建设、生态环境、应急管理等多个行政主管部门。工程行政许可的事项繁多、程序复杂。其中，规划行政主管部门的工程规划许可，住房城乡建设行政主管部门的建设施工许可、工程安全生产许可较具代表性。

4.3.1 工程规划许可制度

建设项目直接涉及有限自然资源的开发利用、公共资源配置，并且与国家安全、公共安全和经济宏观调控、生态环境保护等关系密切。各国都将土地资源的规划和利用作为行政许可的事项在相关法律中予以明确规定，在学理上称为土地规划行政许可。

广义上的工程建设规划许可主要是指“一书两证”，即“建设项目选址意见书”“建设用地规划许可证”和“建设工程规划许可证”。这“一书两证”是城乡规划行政许可制度的核心，是保证城乡规划有效实施的重要管理手段，也是城乡规划区内土地利用和工程建设的重要法律凭证。其中，“建设项目选址意见书”是规划行政主管部门审核建设项目选址的法定凭证，也是土地部门提供土地，计划部门项目立项的依据。“建设用地规划许可证”则是建设单位在向土地管理部门申请征用、划拨土地前，经规划行政主管部门确认建设项目位置和范围符合城市规划的法定凭证，是建设单位用地的法律凭证。“建设用地规划许可证”核发的目的是确保土地利用符合城乡规划，维护建设单位按照城市规划使用土地的合法权益。按照有关规定，相关建设单位如未取得建设用地规划许可证而占用土地，其建设用地批准文件无效。

1.建设项目选址意见书

依据《城乡规划法》《政府投资条例》的相关规定，实施审批制或者核准制的建设项目，以划拨方式提供国有土地使用权的，建设单位应当向城乡规划主管部门申请核发选址意见书，其他建设项目不需要申请选址意见书。建设项目选址意见书的核发程序和要求主要包括：

（1）选址申请。建设单位在编制建设项目设计任务书时，应向建设项目所在地的县、市、直辖市人民政府城乡规划行政主管部门提出建设项目选址申请。

（2）参加选址。城乡规划行政主管部门与计划部门、建设单位等有关部门一同进行建设项目的选址工作，包括现场勘探，共同商讨，对不同的拟建地址进行比较分析，听取有关部门、单位的意见。

（3）选址审查。城乡规划行政主管部门经过调查研究，分析和多方案比较论证，根据城市规划要求对该建设项目选址进行审查。必要时应组织专家论证会或听证会进行慎重研究或者听取公众意见。

（4）核发选址意见书。城乡规划主管部门经过选址审查后，核发选址意见书，核发选址意见书实行分级管理规划。

建设项目选址意见书应当包括建设项目地址和用地范围的附图以及明确有关问题的附件。附图和附件是建设项目选址意见书的配套证件，具有同等的法律效力。

2.建设用地规划许可证

以划拨方式提供国有土地使用权的建设项目，建设单位在取得建设用地规划许可证后方可申请用地，经审批后由土地主管部门划拨土地；而以出让方式取得国有土地使用权的建设项目，建设单位则是在签订国有土地使用权出让合同后，领取建设用地规划许可证。申请建设用地规划许可证的一般程序如下：

（1）建设单位持国家批准、核准、备案建设项目的有关文件，向城乡规划行政主管部门提出定点申请；

（2）城乡规划行政主管部门根据用地项目的性质、规模等，按照城乡规划的要求，初步选定用地项目的具体位置和界限；

（3）根据需要，征求有关行政主管部门对用地位置和界限的具体意见；

（4）城乡规划行政主管部门根据城乡规划的要求向用地单位提供规划设计条件；

（5）审核用地单位提供的规划设计总图；

（6）核发建设用地规划许可证。

建设用地规划许可证应当包括标有建设用地具体界限的附图和明确具体规划要求的附件。附图和附件是建设用地规划许可证的配套证件，具有同等的法律效力。

3.建设工程规划许可证

《城乡规划法》第四十条第二款规定：申请办理建设工程规划许可证，应当提交使用土地的有关证明文件、建设工程设计方案等材料。需要建设单位编制修建性详细规划的建设项目，还应当提交修建性详细规划。申请建设工程规划许可证的一般程序如下：

（1）建设单位须持有关批准文件向城乡规划行政主管部门提出建设申请；

（2）城乡规划行政主管部门根据城乡规划提出建设工程规划设计要求；

（3）城乡规划行政主管部门征求并综合协调有关行政主管部门对建设工程设计方案的意见，审定建设工程初步设计方案；

（4）城乡规划行政主管部门审核建设单位或个人提供的工程施工图后，核发建设工程规划许可证。

建设工程规划许可证所包括的附图和附件，由发证单位根据法律法规规定和实际情况制定。附图和附件是建设工程规划许可证的配套证件，具有同等法律效力。

4.3.2 工程施工许可制度

对建筑工程实行施工许可制度，是许多国家对建筑活动实施监督管理所采用的做法，不少国家在其建筑立法中对此作了规定。这项制度是指由国家授权有关行政主管部门，在建筑工程施工开始以前，对该项工程是否符合法定的开工必备条件进行审查，对符合条件的建筑工程颁发施工许可证，允许该工程开工建设的制度。在我国对有关建筑工程实行施工许可制度,有利于保证开工建设的工程符合法定条件,在开工后能够顺利进行；同时也便于有关行政主管部门全面了解和掌握其管辖范围内有关建筑工程的数量、规模、施工队伍等基本情况，及时对各个建筑工程依法进行监督和指导，保证建筑活动依法进行。

我国规范建筑施工许可行为的基本法律是《建筑法》，并由住房城乡建设部《建筑工程施工许可管理办法》具体规定，该办法自 2014 年 10 月 25 日起施行，并经多次修订。

1.建设施工许可的实施范围

《建筑法》第七条规定："建筑工程开工前，建设单位应当按照国家有关规定向工程所在地县级以上人民政府建设行政主管部门申请领取施工许可证；但是，国务院建设行政主管部门确定的限额以下的小型工程除外。按照国务院规定的权限和程序批准开工报告的建筑工程，不再领取施工许可证。"

按照本条规定，并不是所有的建筑工程在开工前都要向国务院住房城乡建设主管部门申请领取施工许可证，主管部门确定的限额以下的小型工程不需要领取施工许可证。由于小型建筑工程具有投资少、建设规模小、施工相对简单等特点，没有必要都向建设行政主管部门申请领取施工许可证。因此，该法授权国务院住房城乡建设主管部门根据实际情况确定一个限额，限额以下小型工程的施工不需要申请领取施工许可证。

《建筑工程施工许可管理办法》进一步明确了应当申领建设施工许可证的建设工程范围。该办法第二条要求，在中华人民共和国境内从事各类房屋建筑及其附属设施的建造、装修装饰和与其配套的线路、管道、设备的安装，以及城镇市政基础设施工程的施工，建设单位在开工前应当依照本办法的规定，向工程所在地的县级以上地方人民政府住房城乡建设主管部门申请领取施工许可证。同时该条对何谓"限额以下的小型工程"加以了明确，工程投资额在 30 万元以下或者建筑面积在 300 平方米以下的建筑工程，可以不申请办理施工许可证。《建筑工程施工许可管理办法》同时规定省、自治区、直辖市人民政府建设行政主管部门可以根据当地的实际情况，对限额进行调整，并报国务院建设行政主管部门备案。

此外，根据《建筑工程施工许可管理办法》第十八条的规定，抢险救灾工程、临时性建筑工程、农民自建低层住宅工程等工程建设项目，不适用施工许可制度。而军事房屋建筑工程施工许可的管理，按国务院、中央军事委员会制定的办法执行，不适用《建筑工程施工许可管理办法》的规定。

2.申领施工许可证的条件

施工许可的申请条件，是指申请领取施工许可证应当达到的要求。施工许可证申请条件的确定是为了保证建设工程开工后，组织施工能够顺利进行。根据《建筑法》第八条的规定，申请领取施工许可证，应当具备下列条件：（一）已经办理该建筑工程用地批准手续；（二）在城市规划区的建筑工程，已经取得规划许可证；（三）需要拆迁的，其拆迁进度符合施工要求；（四）已经确定建筑施工企业；（五）有满足施工需要的施工图纸及技术资料；（六）有保证工程质量和安全的具体措施。

除上述规定之外，《建筑工程施工许可管理办法》对施工许可的条件作出了更为细化的规定。该办法第四条规定，建设单位申请领取施工许可证，应当具备下列条件，并提交相应的证明文件：（一）依法应当办理用地批准手续的，已经办理该建筑工程用地批准手续。（二）依法应当办理建设工程规划许可证的，已经取得建设工程规划许可证。（三）施工场地已经基本具备施工条件，需要征收房屋的，其进度符合施工要求。（四）已经确定施工企业。按照规定应当招标的工程没有招标，应当公开招标的工程没有公开招标，或者肢解发包工程，以及将工程发包给不具备相应资质条件的企业的，所确定的施工企业无效。（五）有满足施工需要的资金安排、施工图纸及技术资料，建设单位应当提供建设资金已经落实承诺书，施工图设计文件已按规定审查合格。（六）有保证工程质量和安全的具体措施。施工企业编制的施工组织设计中有根据建筑工程特点制定的相应质量、安全技术措施。建立工程质量安全责任制并落实到人。专业性较强的工程项目编制了专项质量、安全施工组织设计，并按照规定办理了工程质量、安全监督手续。县级以上地方人民政府住房城乡建设主管部门不得违反法律法规规定，增设办理施工许可证的其他条件。申请人在向主管机关提出申请之时，应当具备法定的条件，提交相关的材料。

3.施工许可证的有效期

根据《建筑工程施工许可管理办法》的规定，施工许可证的有效期限为三个月。建设单位在领取施工许可证之日起三个月内应当开工，这里的“开工”不应包括为建筑工程开工而做的前期准备工作，如勘察设计、平整场地、前期拆迁、修建的临时建筑和道路以及水、电等工程。建设单位因故不能按期开工的，应当向发证机关申请延期；延期以两次为限，每次不超过三个月。既不开工又不申请延期或者超过延期时限的，施工许可证自行废止。

《建筑工程施工许可管理办法》同时规定了许可有效期内的中止施工与恢复施工的报告制度。在建的建筑工程因故中止施工的，建设单位应当自中止施工之日起一个月内，向发证机关报告，并按照规定做好建筑工程的维护管理工作。建筑工程恢复施工时，应当向发证机关报告；中止施工满一年的工程恢复施工前，建设单位应当报发证机关核验施工许可证。此外，按照国务院有关规定批准开工报告的建筑工程，因故不能按期开工或者中止施工的，应当及时向批准机关报告情况。因故不能按期开工超过六个月的，应当重新办理开工报告的批准手续。

依《建筑法》第六十四条的规定，未取得施工许可证或者开工报告未经批准擅自施工的，责令改正，对不符合开工条件的责令停止施工，可以处以罚款。

4.3.3 建设工程安全生产许可制度

2004 年 1 月颁布施行的《安全生产许可证条例》是规范安全生产许可的专门行政法规。依据该条例第二条的规定，国家对矿山企业、建筑施工企业和危险化学品、烟花爆竹、民用爆炸物品生产企业实行安全生产许可制度。企业未取得安全生产许可证的，不得从事生产活动。据此，原建设部于 2004 年 6 月公布实施了《建筑施工企业安全生产许可证管理规定》，该文件于 2015 年进行了修订。

1.工程安全许可的实施范围与主体

《建筑施工企业安全生产许可证管理规定》第二条规定："国家对建筑施工企业实行安全生产许可制度。建筑施工企业未取得安全生产许可证的，不得从事建筑施工活动。"其中，建筑施工企业，是指从事土木工程、建筑工程、线路管道和设备安装工程及装修工程的新建、扩建、改建和拆除等有关活动的企业。

《建筑施工企业安全生产许可证管理规定》第三条规定：国务院住房城乡建设主管部门负责对全国建筑施工企业安全生产许可证的颁发和管理工作进行监督指导。省、自治区、直辖市人民政府住房城乡建设主管部门负责本行政区域内建筑施工企业安全生产许可证的颁发和管理工作。可见，安全生产许可的实施主体是省级的住房城乡建设行政主管部门。

2. 安全生产条件

建筑施工企业取得安全生产许可证，应当具备下列安全生产条件：

（1）建立、健全安全生产责任制，制定完备的安全生产规章制度和操作规程；

（2）保证本单位安全生产条件所需资金的投入；

（3）设置安全生产管理机构，按照国家有关规定配备专职安全生产管理人员；

（4）主要负责人、项目负责人、专职安全生产管理人员经建设主管部门或者其他有关部门考核合格；

（5）特种作业人员经有关业务主管部门考核合格，取得特种作业操作资格证书；

（6）管理人员和作业人员每年至少进行一次安全生产教育培训并考核合格；

（7）依法参加工伤保险，依法为施工现场从事危险作业的人员办理意外伤害保险，为从业人员缴纳保险费；

（8）施工现场的办公、生活区及作业场所和安全防护用具、机械设备、施工机具及配件符合有关安全生产法律法规、标准和规程的要求；

（9）有职业危害防治措施，并为作业人员配备符合国家标准或者行业标准的安全防护用具和安全防护服装；

（10）有对危险性较大的分部分项工程及施工现场易发生重大事故的部位、环节的预防、监控措施和应急预案；

（11）有生产安全事故应急救援预案、应急救援组织或者应急救援人员，配备必要的应急救援器材、设备；

（12）法律法规规定的其他条件。

3.安全生产许可证的申请与颁发

（1）申请

建筑施工企业从事建筑施工活动前，应当向企业注册所在地省、自治区、直辖市人民政府住房城乡建设主管部门申请领取安全生产许可证。

建筑施工企业申请安全生产许可证时，应当向住房城乡建设主管部门提供书面的建筑施工企业安全生产许可证申请表、企业法人营业执照以及符合安全生产条件的相关证明文件与材料。建筑施工企业申请安全生产许可证，应当对申请材料实质内容的真实性负责，不得隐瞒有关情况或者提供虚假材料。

（2）颁证

《建筑施工企业安全生产许可证管理规定》规定：住房城乡建设主管部门应当自受理建筑施工企业的申请之日起45日内审查完毕。经审查符合安全生产条件的，颁发安全生产许可证；不符合安全生产条件的，不予颁发安全生产许可证，书面通知企业并说明理由。

4.安全生产许可证的有效期

根据《建筑施工企业安全生产许可证管理规定》的规定，安全生产许可证有效期为3年。安全生产许可证有效期满需要延期的，企业应当于期满前3个月向原安全生产许可证颁发管理机关申请办理延期手续。企业在安全生产许可证有效期内，严格遵守有关安全生产的法律法规，未发生死亡事故的，安全生产许可证有效期届满时，经原安全生产许可证颁发管理机关同意，不再审查，安全生产许可证有效期延期3年。

对于安全生产许可证的变更，《建筑施工企业安全生产许可证管理规定》规定：建筑施工企业变更名称、地址、法定代表人等，应当在变更后十日内，到原安全生产许可证颁发管理机关办理安全生产许可证变更手续。建筑施工企业破产、倒闭、撤销的，应当将安全生产许可证交回原安全生产许可证颁发管理机关予以注销。

对于安全生产许可证的撤销，根据《建筑施工企业安全生产许可证管理规定》第十六条的规定，安全生产许可证颁发管理机关或者其上级行政机关发现有下列情形之一的，可以撤销已经颁发的安全生产许可证：（一）安全生产许可证颁发管理机关工作人员滥用职权、玩忽职守颁发安全生产许可证的；（二）超越法定职权颁发安全生产许可证的；（三）违反法定程序颁发安全生产许可证的；（四）对不具备安全生产条件的建筑施工企业颁发安全生产许可证的；（五）依法可以撤销已经颁发的安全生产许可证的其他情形。

4.4 建设工程行政监管

4.4.1 工程行政监管的属性

行政监管（Administrative Supervision）并非行政法学上的概念，而是经济学和行政学上的术语。在特定语境下，行政监管与政府监管、政府管制同义，都强调政府主体运用行政权力对市场主体的行为与活动进行规范和制约。本书使用“行政监管”一词，主要是为了将政府行政监管机制与工程建设行业市场机制相对应，突出强调政府监管主体对工程建设市场的众多参与主体的行为与活动进行规范和制约。

所谓“工程行政监管”，顾名思义，是指工程监管行政主体依法对公民、法人或其他组织参与工程建设活动进行监督和管理的行为过程。在动态意义上，工程行政监管是指行政主体对工程活动的监督管理过程与行为。工程建设的法律关系比较复杂。在工程建设的勘察、设计、施工、监理、运营和维护阶段存在着横向的民事法律关系，即民事性质的工程关系，其最显著特点是主体之间的平等性，即工程关系主体之间在法律地位上的平等。除此之外，工程建设过程中的行政审批关系，行政规划关系，以及行政主管部门对工程建设主体、过程、建设质量与安全生产等的监督与管理关系，是一种纵向的行政法律关系，即行政性质的工程关系。工程行政监管是体现行政性质工程法律关系的行为的总称。工程行政监管具有如下法律属性：

首先，工程行政监管主体是行政主体，且主体多元。工程行政监管主体系指依法享有外部行政职权、承担行政职责的工程监督管理主体，即行政法意义上的行政主体。基于行政职能的分工，行政监管的主体具有多元性。一个工程建设全寿命周期的不同阶段，分别由不同的行政主体进行管辖。如立项、决策阶段由政府或政府的发展改革部门行使审批权，规划阶段则由不同行政层级的城乡规划行政部门行使规划权，建设阶段则由住房城乡建设主管部门、交通部门、安全监督部门等分别行使监督管理职权。

其次，工程行政监管对象是工程行政相对人，监管重心是相对人的工程建设行为。工程行政监管的对象是处于行政相对人地位的参与工程建设活动的公民、法人或其他组织，如建设方、设计方、施工方等。工程行政监管重在监督检查工程建设活动参与人是否具备相应活动资格与能力，行政相对人的工程建设行为是否符合法律法规的有关规定，工程建设程序与活动是否符合相关要求。

再次，工程行政监管贯穿于工程建设活动的全过程。这种监管包括事前监管、事中监管和事后监管。工程行政监管包括工程行政许可、工程行政处罚、工程行政检查等多种监管执法手段。这些监督手段既有对参与工程建设活动的行政相对人主体资格、活动能力的事前准许，也有工程建设活动过程中行政主体依法实施的事中、事后的监督管理。

最后，工程行政监管依据工程建设行政法律规范进行。工程行政监管系依据工程行政法律规范所进行的监管活动。相关行政法律法规规定了行政监管主体的行政职权和职责，相关行政监管主体必须依据行政法律规范进行监管。

结合我国工程法律制度及工程行政监管实践，我们认为，我国的工程行政监管还具备如下实践属性：

第一，工程行政监管以工程建设过程为监管核心，区别于工程行政许可的事前监管。从广义上讲，工程行政监管包括工程行政许可等在内的执法手段，但是，由于工程行政许可系对参与工程活动的行政相对人主体资格、活动能力的事前准许，与工程建设活动过程中行政主体依法实施的事中、事后监督管理仍然存在区别，因此我们将工程行政监管与工程行政许可予以区分，着力于过程性的工程行政监管法律问题。

第二，工程行政监管以行政相对人的行为适法为监管重心。工程行政监管着力于监督工程活动参与人是否具备相应活动能力、工程活动是否符合相关法律要求，因此系以行政相对人工程活动的适法为监管重心。在此意义上，工程行政监管系对工程行政许可主体从事被许可活动的监督管理，对于实现工程法律制度的立法目的而言，更具重要性。

第三，工程行政监管系工程监管环节中的重要一环。在我国，工程监管主体众多，既可以是基于刑事法律规范依据的司法机关，也可以是基于党纪政纪要求的纪律监察机关，还可以是基于民事法律规范依据的工程监理单位。因此，工程行政监管主体属于众多工程监管主体中的一个，对于实现工程监管目标而言，需要与其他监管主体共同配合，方能完成。当然，由于工程行政监管系对工程活动进行常态法律监管，属于工程监管环节中的重要一环。

4.4.2 工程行政监管的种类

工程行政监管贯穿于建设工程的各个环节。一般而言，工程监管涉及市场准入监管、执业资格监管、企业资质监管、招投标监管、工程质量监管、工程安全监管、工程建设资金监管、工程合同监管等内容。若以工程建设参与各方为标准，主要包括工程发包与承包监管、工程勘察设计监管、工程监理监管等。

1.工程勘察设计行政监管

工程勘察，是指根据建设工程的要求，查明、分析、评价建设场地的地质地理环境特征和岩土工程条件，编制建设工程勘察文件的活动。工程设计，则是指根据建设工程的要求，对建设工程所需的技术、经济、资源、环境等条件进行综合分析、论证，编制建设工程设计文件的活动。为了促进工程勘察设计质量，行政主管部门对于工程勘察设计的各个环节，依法实施监督管理，构成工程勘察设计行政监管的核心。

工程勘察设计行政监管主体包括建设行政主管部门、交通行政主管部门、水利行政主管部门等。不过，在中央一级，由国务院建设行政主管部门即住房城乡建设部对全国的建设工程勘察、设计活动实施统一监督管理，国务院铁路、交通、水利等有关部门按照国务院规定的职责分工，负责全国的有关专业建设工程勘察、设计活动的监督管理。

工程勘察设计的行政监管制度主要有工程招投标制度、禁止工程违法分包转包制度、施工图强制审查制度。

2.工程招投标行政监管

为了保证工程建设项目质量，依照相关法律规定，我国实施工程招投标制度，而工程招投标行政监管则是依法对招投标活动实施监督，依法查处招投标活动中的行政违法行为。

工程招投标行政监管主体根据《招标投标法》第七条第三款规定，由国务院确定。2000 年 5 月 3 日，中央机构编制委员会办公室制定、国务院办公厅颁发了《国务院办公厅印发国务院有关部门实施招标投标活动行政监督的职责分工意见的通知》。这是当前规定我国招标投标行政监管体制的重要依据。按该通知的职责分工，招投标过程的监督执法，分别由有关行政主管部门负责并受理投标人和其他利害关系人的投诉。也就是说，工业（含内贸）、经贸、水利、交通、铁道、民航、信息产业等行业和产业项目的招标投标活动的监督执法，分别由其行政主管部门负责。建设行政主管部门负责各类房屋建筑及其附属设施的建造和与其配套的线路、管道、设备的安装项目和市政工程项目的招标投标活动的监督执法；其他项目招投标活动的监督执法，分别由经贸、水利、交通、铁道、民航、信息产业等行政主管部门负责；国家发展改革委负责组织国家重大建设项目稽查特派员，对国家重大建设项目的工程招标投标进行监督检查。

3.工程施工行政监管

为了保证工程施工质量与安全生产，我国依法实行工程施工质量和安全生产行政监管，由法定的监督行政主管部门对参与工程施工的各方主体实施行政监督。

（1）工程质量监管

工程施工行政监管主体主要包括建设行政主管部门及其他行业主管部门。根据《建设工程质量管理条例》第四十三条规定，由国务院建设行政主管部门对全国的建设工程质量实施统一监督管理，国务院铁路、交通、水利等有关部门按照国务院规定的职责分工，负责对全国的有关专业建设工程质量的监督管理。在地方上，则由县级以上地方人民政府建设行政主管部门对本行政区域内的建设工程质量实施监督管理，县级以上地方人民政府交通、水利等有关部门在各自的职责范围内，负责对本行政区域内的专业建设工程质量的监督管理。

政府建设工程质量监督的主要目的是保证建设工程使用安全和环境质量，主要依据是法律法规和强制性标准，主要方式是政府认可的第三方强制监督，主要内容是地基基础、主体结构、环境质量和与此相关的工程建设各方主体的质量行为，主要手段是施工许可制度和竣工验收备案制度。

建设工程质量监督管理具有以下几个特点：

第一，具有权威性，建设工程质量监督体现的是国家意志，任何从事工程建设活动的单位和个人都应当服从这种监督管理。

第二，具有综合性，这种监督管理并不局限于某一个阶段或某一个方面，而是贯穿于工程建设全过程，并适用于建设单位、勘察单位、设计单位、监理单位和施工单位。

工程质量监督也不局限于某一个工程建设项目，工程质量监督管理部门可以对本区域内的所有建设工程项目进行监督。

政府有关主管部门履行监督检查职责时，有权采取下列措施：

①要求被检查的单位提供有关工程质量的文件和资料；

②进入被检查的施工现场进行检查；

③发现有影响工程质量的问题时，责令改正。

由于建设工程质量监督具有专业性强、周期长、程序繁杂等特点，政府部门通常不宜亲自进行日常检查工作。这就需要通过委托由政府认可的第三方，即建设工程质量监督机构，来依法履行工程质量监督职能，并对委托的政府部门负责。《建设工程质量管理条例》第四十六条规定：建设工程质量监督管理，可以由建设行政主管部门或者其他有关部门委托的建设工程质量监督机构具体实施。政府部门主要对建设工程质量监督机构进行业务指导和管理，不进行具体工程质量监督。

（2）安全生产监管

依据《安全生产法》相关规定，国务院应急管理部门对全国安全生产工作实施综合监督管理；县级以上地方各级人民政府应急管理部门对本行政区域内安全生产工作实施综合监督管理。

国务院交通运输、住房和城乡建设、水利、民航等有关部门在各自的职责范围内对有关行业、领域的安全生产工作实施监督管理；县级以上地方各级人民政府有关部门在各自的职责范围内对有关行业、领域的安全生产工作实施监督管理。对新兴行业、领域的安全生产监督管理职责不明确的，由县级以上地方各级人民政府按照业务相近的原则确定监督管理部门。

应急管理部门和对有关行业、领域的安全生产工作实施监督管理的部门，统称负有安全生产监督管理职责的部门。负有安全生产监督管理职责的部门应当相互配合、齐抓共管、信息共享、资源共用，依法加强安全生产监督管理工作。

建设工程领域的安全生产，由国务院建设行政主管部门对全国建设工程安全生产实施监督管理。国务院铁路、交通、水利等有关部门按照国务院的职责分工，负责有关专业建设工程安全生产的监督管理。

另据《建设工程安全生产管理条例》第四十四条的规定，建设行政主管部门或者其他有关部门可以将施工现场的监督检查委托给建设工程安全监督机构具体实施。

在线练习

5　政府采购与工程招投标

/ 本章导读 /

《政府采购法》和《招标投标法》是规范建设项目采购的基本法律。其中以招标方式采购工程的应适用《招标投标法》，亦是订立建设工程合同的重要方式。应掌握强制招标项目范围、招标方式，熟悉招标、投标、开标、评标与授标各环节法律规定。

5.1 政府采购制度

5.1.1 政府采购的概念

政府采购制度是公共财政管理的重要内容，也是政府调控经济的有效手段。依《政府采购法》第二条的规定，政府采购是指各级国家机关、事业单位和团体组织，使用财政性资金采购依法制定的集中采购目录以内的或者采购限额标准以上的货物、工程和服务的行为。

结合《政府采购法实施条例》第二条的规定，前述规定中所称“采购”，是指以合同方式有偿取得货物、工程和服务的行为，包括购买、租赁、委托、雇用等。所称“货物”，是指各种形态和种类的物品，包括原材料、燃料、设备、产品等。所称“工程”，是指建设工程，包括建筑物和构筑物的新建、改建、扩建、装修、拆除、修缮等。所称“服务”，是指除货物和工程以外的其他政府采购对象，包括政府自身需要的服务和政府向社会公众提供的公共服务。

财政性资金是指纳入预算管理的资金。以财政性资金作为还款来源的借贷资金，视同财政性资金。国家机关、事业单位和团体组织的采购项目既使用财政性资金又使用非财政性资金的，使用财政性资金采购的部分，适用政府采购法及其实施条例；财政性资金与非财政性资金无法分割采购的，统一适用政府采购法及其实施条例。

在政府采购法与招标投标法的关系上，虽两法规定各有侧重，但是随着严格限缩强制招标范围的立法趋势，学界倾向于认同招标投标法为我国政府采购法之特别法。招投标法律制度是规范我国境内招投标活动的一般法律制度，《招标投标法》第二条规定：在中华人民共和国境内进行招标投标活动，适用本法。政府采购法律制度则主要规范我国的政府采购活动，对政府采购中的招投标活动也作了规定。《政府采购法》第四条规定：政府采购工程进行招标投标的，适用招标投标法。

5.1.2 政府采购当事人

政府采购当事人是指在政府采购活动中享有权利和承担义务的各类主体，包括采购人、供应商和采购代理机构等。

1.采购人

《政府采购法》第十五条规定：采购人是指依法进行政府采购的国家机关、事业单位、团体组织。在国际上，采购人一般统称为采购实体或采购机构，在我国实践中也有采购单位、采购用户等多种称谓，政府采购法中统称为采购人。其中国家机关包括立法机关、行政机关、司法机关。国有投资参股或控股的公司属于企业法人，其采购属于一般民事主体的采购，不是政府采购。

2.供应商或供应商联合体

《政府采购法》第二十一条规定：供应商是指向采购人提供货物、工程或者服务的法人、其他组织或者自然人。根据法律规定，供应商除了法人、其他组织等组织实体外，在法定情形下，自然人也可以成为政府采购的供应商。供应商应当具备的一般条件包括：具有独立承担民事责任的能力，无民事行为能力人及限制民事行为能力人被排除在外；具有良好的商业信誉和健全的财务会计制度；具有履行合同所必需的设备和专业技术能力；具有依法缴纳税收和社会保障资金的良好记录；参加政府采购活动前三年内，在经营活动中没有重大违法记录；法律、行政法规规定的其他条件。以上基本条件主要是基于政府采购的特殊性，根据一般诚实信用的标准，对供应商提出的基本入围要求。该规定表明，政府采购比一般采购提高了对供应商的诚信要求。采购人可以根据采购项目的特殊要求，规定供应商的特定条件，但不得以不合理的条件对供应商实行差别待遇或者歧视待遇。差别待遇是指对不同的供应商采用不同标准的要求；歧视待遇是指特别针对某供应商不具备的条件提出不合理要求，以排除该供应商。

供应商联合体是指供应商的联合。两个以上的自然人、法人或者其他组织可以组成一个联合体，以一个供应商的身份共同参加政府采购。以联合体形式进行政府采购的，参加联合体的供应商均应当具备法律规定的合格供应商条件，并应当向采购人提交联合协议，载明联合体各方承担的工作和义务。联合体各方应当共同与采购人签订采购合同，就采购合同约定的事项对采购人承担连带责任。政府采购法对供应商的规制全部适用于供应商联合体。《政府采购法实施条例》第二十二条规定：联合体中有同类资质的供应商按照联合体分工承担相同工作的，应当按照资质等级较低的供应商确定资质等级。以联合体形式参加政府采购活动的，联合体各方不得再单独参加或者与其他供应商另外组成联合体参加同一合同项下的政府采购活动。

3.政府采购代理机构

《政府采购法实施条例》第十二条规定：政府采购法所称采购代理机构，是指集中采购机构和集中采购机构以外的采购代理机构。

集中采购机构应当根据采购人委托制定集中采购项目的实施方案，明确采购规程，组织政府采购活动，不得将集中采购项目转委托。集中采购机构为采购代理机构。设区的市、自治州以上人民政府根据本级政府采购项目组织集中采购的需要设立集中采购机构。集中采购机构是非营利事业法人，根据采购人的委托办理采购事宜。集中采购机构进行政府采购活动，应当符合采购价格低于市场平均价格、采购效率更高、采购质量优良和服务良好的要求。

采购人采购纳入集中采购目录的政府采购项目，必须委托集中采购机构代理采购；采购未纳入集中采购目录的政府采购项目，可以自行采购，也可以委托集中采购机构在委托的范围内代理采购。纳入集中采购目录属于通用的政府采购项目的，应当委托集中采购机构代理采购；属于本部门、本系统有特殊要求的项目，应当实行部门集中采购；属于本单位有特殊要求的项目，经省级以上人民政府批准，可以自行采购。

采购人可以委托集中采购机构以外的采购代理机构，在委托的范围内办理政府采购事宜。采购人有权自行选择采购代理机构，任何单位和个人不得以任何方式为采购人指定采购代理机构。采购人依法委托采购代理机构办理采购事宜的，应当由采购人与采购代理机构签订委托代理协议，依法确定委托代理的事项，约定双方的权利和义务。

集中采购机构以外的采购代理机构，是从事采购代理业务的社会中介机构。采购代理机构应当建立完善的政府采购内部监督管理制度，具备开展政府采购业务所需的评审条件和设施。

采购代理机构应当提高确定采购需求，编制招标文件、谈判文件、询价通知书，拟订合同文本和优化采购程序的专业化服务水平，根据采购人委托在规定的时间内及时组织采购人与中标或者成交供应商签订政府采购合同，及时协助采购人对采购项目进行验收。

采购代理机构不得以不正当手段获取政府采购代理业务，不得与采购人、供应商恶意串通操纵政府采购活动。采购代理机构工作人员不得接受采购人或者供应商组织的宴请、旅游、娱乐活动，不得收受礼品、现金、有价证券等，不得向采购人或者供应商报销应当由个人承担的费用。

5.1.3 政府采购的方式

《政府采购法》第二十六条规定：政府采购方式包括公开招标、邀请招标、竞争性谈判、单一来源采购、询价以及国务院政府采购监督管理部门认定的其他采购方式。例如，财政部作为政府采购监督管理部门，为了规范政府采购行为，制定了政府采购竞争性磋商采购方式。

1.公开招标

公开招标是政府采购的主要方式。公开招标通过公告邀请所有符合条件的供应商参加投标，这种方式被普遍认为能最有效地促进竞争、节约费用和实现高效率和其他采购目标，因而各国的政府采购立法都将公开招标列为其首选的采购方法。《政府采购协议》《关于货物、工程和服务采购示范法》《国际复兴开发银行贷款和国际开发协会贷款采购指南》《欧盟采购指令》均鼓励使用公开招标程序进行竞争性采购。

采购人采购货物或者服务，采用公开招标方式的具体数额标准，属于中央预算的政府采购项目，由国务院规定；属于地方预算的政府采购项目，由省、自治区、直辖市人民政府规定。因特殊情况需要采用公开招标以外的采购方式的，应当在采购活动开始前获得设区的市、自治州以上人民政府采购监督管理部门的批准。采购人不得将应当以公开招标方式采购的货物或者服务化整为零或者以其他任何方式规避公开招标采购的法定程序。

2.邀请招标

政府采购货物或服务若采取邀请招标方式，必须具备的条件包括：①采购的货物或服务具有特殊性，客观上能够提供该等货物或服务的供应商数量有限。②公开招标方式所需费用占政府采购项目总价值的比例过高，不符合合理经济性的要求。法律并未规定具体量化的过高比例标准。③不适宜公开招标的国家重点项目和地方重点项目。国家重点项目与地方重点项目分别由国家发展改革委和省级人民政府确定，其项目性质如果不适宜公开招标，经过该重点项目确定部门批准，可以邀请招标。政府采购工程的邀请招标条件详见后续招投标制度部分的介绍。

3.竞争性谈判

竞争性谈判是指工程招标人或政府采购人在满足法定条件的情况下，与特定的几家供应商分别谈判，并根据各供应商开出的竞争性价格或综合条件，逐步确定成交商或中标人的程序。法定可以进行竞争性谈判的条件包括：招标后没有供应商投标或者没有合格标的或者重新招标未能成立的；技术复杂或者性质特殊，不能确定详细规格或者具体要求的；用户需要紧急，采用招标客观所需最少的合理时间内不能满足的；招标人或采购人客观上不能事先计算出价格总额的。其中，采用招标所需时间不能满足用户紧急需要的情形，应当是采购人不可预见的或者非因采购人拖延导致的；不能事先算出价格总额的情形，必须是因为采购艺术品或者因专利、专有技术或者因服务的时间事先不能确定等。

竞争性谈判的程序具体为：其一，组织谈判小组。谈判小组由采购人的授权代表和有关专家共 3 人以上的单数组成。其中专家人数法定不得少于成员总数的 2/3。其二，制定谈判文件。文件应明确谈判程序、谈判内容、合同文本以及评定成交的标准。其三，确定邀请不少于 3 家的供应商名单，并向其提供谈判文件。其四，谈判。谈判小组所有成员集中与单一供应商分别进行谈判，谈判的任何一方不得透露与谈判有关的其他供应商的技术资料、价格和其他信息。谈判文件有实质性变动的，谈判小组应当以书面形式通知所有参加谈判的供应商。其五，确定成交供应商。谈判结束后，谈判小组应当要求所有参加谈判的供应商在规定时间内进行最后报价，采购人从谈判小组提出的成交候选人中根据符合采购需求、质量和服务相等且报价最低的原则，以最低价中标的方式确定成交供应商，并将结果告知所有参加谈判的未成交供应商。

4.单一来源方式采购

单一来源方式采购，是指工程招标人或政府采购人在满足法定条件的情况下，与特定的唯一的一家供应商就技术条件和商业条件进行谈判，从而确定成交商或中标人的程序。根据法律规定，采用单一来源方式采购的条件包括：第一，客观上，货物或服务的供应商具有唯一性，所需货物或服务只能从该供应商处采购，《政府采购法实施条例》对此条件作了进一步的规定，即此情形是指因货物或者服务使用不可替代的专利、专有技术，或者公共服务项目具有特殊要求，导致只能从某一特定供应商处采购；第二，虽然货物或服务的供应商存在数家，但因不可预见的紧急情况不能从其他供应商处采购的，如不可抗的大型灾害、交通中断等；第三，原有采购项目客观上存在一致性或者配套的要求，需要继续从原供应商处添购，且添购资金总额不超过原合同采购金额 10%的。

采用此种方式时应注意，在这种情况下，供应商一般处于交易中的优势地位。供应商不应滥用其单一供应商地位，需遵循法律规定的公平原则，保证采购项目的质量和公平合理的价格。

5.询价采购

在一般的政府采购活动中，如果政府采购的标的具备货物规格标准统一、现货货源充足、价格变化幅度较小等条件，如一些一般种类物，可以采用询价方式采购。采用询价采购方式的具体程序为：第一步，成立询价小组。询价小组由采购人的授权代表和有关专家共 3 人以上的单数组成，其中专家的人数不得少于成员总数的 2/3（同竞争性谈判小组的组成要求）。询价小组应当对采购项目的价格构成和评定成交的标准等事项作出规定。第二步，确定被询价的供应商名单。询价小组根据采购需求，从符合相应资格条件的供应商名单中确定不少于 3 家的供应商，并向其发出询价通知书让其报价。第三步，询价。询价小组要求被询价的供应商一次报出不得更改的价格。第四步，确定成交供应商。采购人根据符合采购需求、质量和服务相等且报价最低的原则确定成交供应商，并将结果通知所有被询价的未成交的供应商。但由于工程技术系统复杂，不同企业之间的经营管理能力也存在较大差异，因此询价采购在工程招投标中使用得不是太多。

6.竞争性磋商

竞争性磋商采购方式，是指采购人、政府采购代理机构通过组建竞争性磋商小组与符合条件的供应商就采购货物、工程和服务事宜进行磋商，供应商按照磋商文件的要求提交文件和报价，采购人从磋商小组评审后提出的候选供应商名单中确定成交供应商的采购方式。

符合下列情形的项目，可以采用竞争性磋商方式开展采购：①政府购买服务项目；②技术复杂或者性质特殊，不能确定详细规格或者具体要求的；③因艺术品采购、专利、专有技术或者服务的时间、数量事先不能确定等原因不能事先计算出价格总额的；④市场竞争不充分的科研项目，以及需要扶持的科技成果转化项目；⑤按照招标投标法及其实施条例必须进行招标的工程建设项目以外的工程建设项目。

为推行政府和社会资本合作（PPP）模式，《政府和社会资本合作项目政府采购管理办法》第四条规定：PPP 项目采购方式包括公开招标、邀请招标、竞争性谈判、竞争性磋商和单一来源采购。项目实施机构应当根据 PPP 项目的采购需求特点，依法选择适当的采购方式。达到公开招标数额标准的货物、服务采购项目，拟采用竞争性磋商采购方式的，采购人应当在采购活动开始前，报经主管预算单位同意后，依法向设区的市、自治州以上人民政府财政部门申请批准。

5.1.4 政府采购的原则

政府采购的基本原则是指贯穿并指导政府采购的立法、司法、执法过程并起指导作用的政府采购法的基本理念与价值取向。政府采购的法律规范是政府采购基本原则的具体体现。

1.公平原则

公平原则是政府采购活动的重要原则。政府采购的公平原则主要是指政府采购的各参与方主体地位一律平等，采购人对任何供应商都不得采取歧视或差别待遇的方式。《政府采购法实施条例》第二十条规定，采购人或者采购代理机构有下列情形之一的，属于以不合理的条件对供应商实行差别待遇或者歧视待遇：就同一采购项目向供应商提供有差别的项目信息；设定的资格、技术、商务条件与采购项目的具体特点和实际需要不相适应或者与合同履行无关；采购需求中的技术、服务等要求指向特定供应商、特定产品；以特定行政区域或者特定行业的业绩、奖项作为加分条件或者中标、成交条件；对供应商采取不同的资格审查或者评审标准；限定或者指定特定的专利、商标、品牌或者供应商；非法限定供应商的所有制形式、组织形式或者所在地；以其他不合理条件限制或者排斥潜在供应商。

为确保政府采购活动的公平性，在政府采购活动中，采购人员及相关人员与供应商有利害关系的，必须主动回避。供应商认为采购人员及相关人员与其他供应商有利害关系的，有权申请相关人员回避，这些相关人员包括但不限于招标采购中评标委员会的组成人员、竞争性谈判采购中谈判小组的组成人员、询价采购中询价小组的组成人员等，这里的利害关系应理解为有可能影响政府采购公正的各种关系。《政府采购法实施条例》第九条对这里的"利害关系"作了明确的列举，即在政府采购活动中，采购人员及相关人员与供应商有下列利害关系之一的，应当回避：参加采购活动前 3 年内与供应商存在劳动关系；参加采购活动前 3 年内担任供应商的董事、监事；参加采购活动前 3 年内是供应商的控股股东或者实际控制人；与供应商的法定代表人或者负责人有夫妻、直系血亲、三代以内旁系血亲或者近姻亲关系；与供应商有其他可能影响政府采购活动公平、公正进行的关系。

2.公开原则

公开原则，也称公开透明原则，是指政府采购的法律、政策、程序和具体活动除特别规定外都要公示公开。只有充分公开，才能保护和促进工程招投标及政府采购程序的竞争性，提高资金使用的经济性与合理性。公开程度高的招标与采购程序具有更高的可预测性，投标人或供应商才能充分预估和评价其参加招投标活动的成本和收益，从而也才能提出最有竞争力的价格，避免合同签约后就未公开、未明确的事项产生履约过程中的争议。政府采购事项之所以更需要公开，是因为政府工程采购主要涉及的是公共财政资金的使用。公共财政资金的所有者是全体公民，公民理当有权了解和监督该资金的使用过程和效果。只有“阳光政府采购”才能有效地抑制和杜绝腐败。我国《政府采购法实施条例》第八条规定，政府采购项目信息应当在省级以上人民政府财政部门指定的媒体上发布。采购项目预算金额达到国务院财政部门规定标准的，政府采购项目信息应当在国务院财政部门指定的媒体上发布。同时，《政府采购法实施条例》第十条规定：国家实行统一的政府采购电子交易平台建设标准，推动利用信息网络进行电子化政府采购活动。

3.公正原则

公正原则主要是针对政府采购程序所提出的要求。公正原则是指在具体的招投标过程中，拥有一定决定权的招标人、评标委员会、评标委员会组成人员以及有关工程招投标和政府采购的监管部门，在处理招投标活动及政府采购事项以及相关争议的过程中，必须保持公平正直，杜绝出现徇私舞弊、假公济私、贪污受贿等行为，以保证政府采购活动的公正廉洁，保证招投标程序，尤其是其中的评标程序，中标结果、招投标争议处理等事项的公正。因政府采购一般都涉及巨大的经济利益，只有贯彻公正原则，才能充分体现工程招投标，尤其是政府工程采购的社会效益功能和目标。

4.诚实信用原则

诚实信用原则，是指在政府采购程序、工程招投标程序的招标、投标、开标、评标及定标程序，乃至中标后的签约、履约过程中的各个阶段中，及至合同关系终止后，合同当事人行使权利、履行义务应当讲诚实、守信用，相互协作配合，不得违反信用和承诺，损害他人的合法利益和社会公共利益。诚实信用原则，在大陆法系中被尊为民法中的最高指导原则，有“君王规则”之地位，它适用于物权、债权等各种民事法律关系，尤其在合同法律关系中是一项非常重要的原则。无论是政府工程采购还是工程招投标，其实都是订立工程合同的前置要约邀请、要约、承诺程序，所以诚实信用原则是工程招投标与政府采购的重要原则。

5.1.5 国际政府采购的主要文本

国际政府采购，又称跨国政府采购，从本质上看是国际贸易的一个重要组成部分。

现有国际政府采购方面的法律规则主要有四个文本，分别为：世界贸易组织（WTO）的《政府采购协议（GPA）》、联合国国际贸易法委员会的《关于货物、工程和服务采购示范法》以及《欧盟采购指令》和世界银行的《国际复兴开发银行贷款和国际开发协会信贷采购指南》。这四个文本在宗旨和基本目标上，由于其各自所属组织宗旨的差异而存在一定区别。

1.世贸组织《政府采购协议（GPA）》

（1）GPA内容及成员

GPA是WTO框架下的一项诸边协议，即其不是加入WTO时必须签署的协议，由WTO成员自愿加入，只对签署方具有约束力。GPA的文本由正文和附录两大部分组成。GPA共有40多个成员，主要由发达国家和地区组成，2008年1月中国政府签署了加入GPA的申请书。中国也已将申请书和中国加入GPA的初步出价清单递交给WTO秘书处。

（2）GPA适用范围

GPA适用范围是谈判的主要内容。由于国际上没有统一的政府采购定义，GPA中也没有用列举方式反映政府采购内容，因此，每个成员的GPA适用范围都是通过谈判确定的。这些成员在谈判中遵循的主要原则是，将政府为履行公共职能进行的货物、服务和工程采购项目列入GPA附录一。附录一的设计以及相应的谈判内容，就是从采购主体、采购标的、采购的模式和方式等方面确定具体的开放项目，形成开放清单。在采购主体上，根据GPA和谈判情况看，这些采购实体都是省级以上行使公共职能的机构。其中，中央和省级的采购实体基本上都是政府机构（含事业单位），其他采购实体主要是提供公共服务的公用事业单位和国有企业。在采购标的的适用范围上，采购实体确定后，需要进一步明确开放的货物、服务和工程项目，具体的开放项目同样要通过谈判确定。主要做法是设置门槛价，门槛价以上的项目才对成员开放。政府级次和采购对象不同，门槛价也不一样。门槛价不是协议本身的规定，而是通过谈判确定。目前，GPA成员的门槛价基本统一。在采购方式上，协议规定只要是采购实体以合同形式获得货物、服务、工程的行为，都属于政府采购范围，无论是否有购买选择权，是否先租后买。具体采购方式都包括购买、租赁、置换等方式或这些方式的结合。对于具体采购实体和采购项目是否列入开放清单，允许有例外。GPA 成员的开放清单可以根据 GPA 第 24 条的规定，申请修改，包括从中撤出实体、调整项目等，但前提是必须得到各成员一致同意，否则不得修改。

（3）发展中国家的特殊和差别待遇

为了鼓励广大发展中国家及不发达国家开放政府采购市场，GPA 规定了对发展中国家的特殊和差别待遇。按照 GPA 规定，协议成员应考虑发展中国家产业发展、贸易收支平衡、经济发展状况、扶持完全依赖政府采购的企业等需要，允许其享受特别待遇，实行特惠政策。还应允许发展中国家加入协议后，根据国内产业发展、市场化等情况，调整开放清单，但仍需要提交 GPA 政府采购委员会批准。GPA 专门规定，允许发展中国家在加入协议时，就补偿交易进行谈判。补偿交易是指由外商中标的，可要求中标人就拿走本国商业机会作出补偿，包括要求使用一定比例的本地产品、转让技术、按合同额一定比例投资、出口产品等。

2.联合国国际贸易法委员会《关于货物、工程和服务采购示范法》

联合国国际贸易法委员会在成立后，一直以通过制定国际协定或示范法等形式促进国际贸易规则的规范和统一作为其组织宗旨和目标。但政府采购及招投标规则由于涉及不同成员国家和地区不同的对外贸易政策、不同的民商事法律规定，而较难很快地达成一致意见。在此情况下，为了促进各成员政府关于政府采购及招投标立法的尽量统一和给一些立法技术欠缺的国家提供立法示范，联合国国际贸易法委员会于 1994 年在其第 27 届年会上通过了《关于货物、工程和服务采购示范法》。该示范法的主要目的，即在于提供一个尽可能科学、经济但同时有效的最低标准和保障措施，供成员国在进行相关立法时参考。

3.《欧盟采购指令》

欧盟的大多数国家历来具有优秀的立法技术传统，这一特点使得欧盟在国际政府采购及招投标的立法方面比 GPA 早了 10 年左右。欧盟由欧共体发展而来。为了实现在欧共体地区范围内消除贸易壁垒，促进货物、资本和人员的自由流动这一欧共体条约中的经济目标，欧共体在 20 世纪 60 年代即在相关条约中对欧盟跨国政府采购问题作了专门规定。此后，又相继出台若干分别关于公共服务、公共供应品、公共工程等实体和程序方面的指令。现在这些指令统称《欧盟采购指令》。

4.世界银行《国际复兴开发银行贷款和国际开发协会信贷采购指南》

世界银行为了保证其贷款资金的有效利用和监控借款国的采购行为，于 1985 年颁布了《国际复兴开发银行贷款和国际开发协会信贷采购指南》。该指南的特点在于对借款国使用贷款资金进行政府采购进行了非常严密的监管。与前述三部国际政府采购法令的不同之处在于，该部法令的主要目标是监管贷款资金在国内的有效、廉洁使用，而前三部法令则侧重于促进国际政府采购及招投标活动的国际发展。

5.2 工程招投标法律制度

5.2.1 招标投标法律体系

《中华人民共和国招标投标法》由第九届全国人民代表大会常务委员会第十一次会议于 1999 年 8 月 30 日通过，自 2000 年 1 月 1 日起施行，并于 2017 年修正。

《招标投标法》的立法目的在于规范招标投标活动，保护国家利益、社会公共利益和招标投标活动当事人的合法权益，提高经济效益，保证项目质量。

《招标投标法》共包括六十八条，分别从招标、投标、开标、评标和中标等各主要阶段对招标投标活动作出了规定。

依据《招标投标法》，我国陆续发布了一系列规范招标投标活动的行政法规和部门规章。随着招投标体制改革，其中部分文件已经废止或进行了修正。现行有效的法律文件主要有：

（1）2012 年 2 月 1 日起施行的《中华人民共和国招标投标法实施条例》，根据 2017 年 3 月 1 日《国务院关于修改和废止部分行政法规的决定》第一次修订；根据 2018 年 3 月 19 日《国务院关于修改和废止部分行政法规的决定》第二次修订；根据 2019 年 3 月 2 日《国务院关于修改部分行政法规的决定》第三次修订。

（2）2017 年 5 月 1 日起施行的《建筑工程设计招标投标管理办法》，该办法适用于依法必须进行设计招标的各类房屋建筑工程。

（3）2001 年 6 月 1 日起施行的《房屋建筑和市政基础设施工程施工招标投标管理办法》，该办法适用于依法必须进行招标的房屋建筑和市政基础设施工程施工招标投标活动。

（4）2003 年 5 月 1 日起施行的《工程建设项目施工招标投标办法》，该办法适用于在中华人民共和国境内进行工程施工的招标投标活动。

（5）2004 年 4 月 1 日起施行的《房屋建筑和市政基础设施工程施工分包管理办法》，该办法适用于在中华人民共和国境内从事房屋建筑和市政基础设施工程施工分包活动。

（6）2005 年 3 月 1 日起施行的《工程建设项目货物招标投标办法》，该办法适用于在中华人民共和国境内工程建设项目货物招标投标活动。

（7）2018 年 6 月 1 日起施行的经国务院批准的《必须招标的工程项目规定》对必须招标的工程项目作出重新规定。

（8）2018 年 6 月 6 日起施行的经国务院批准的《必须招标的基础设施和公用事业项目范围规定》对必须招标的大型基础设施和公用事业项目范围作出重新规定。

（9）2020 年 10 月 19 日起施行的《国家发展改革委办公厅关于进一步做好〈必须招标的工程项目规定〉和〈必须招标的基础设施和公用事业项目范围规定〉实施工作的通知》，对进一步做好《必须招标的工程项目规定》和《必须招标的基础设施和公用事业项目范围规定》实施工作及有关事项作出通知。

5.2.2　招标

招标，是指招标人依法提出招标项目及其相应的要求和条件，通过发布招标公告或发出投标邀请书吸引潜在投标人参加投标的行为。

投标，是指投标人响应招标文件的要求，参加投标竞争的行为。

1.招标投标活动所应遵循的基本原则

《招标投标法》第五条规定：“招标投标活动应当遵循公开、公平、公正和诚实信用的原则。”

（1）公开原则

公开原则，是指招标活动信息公开、开标活动公开、评标标准公开及定标结果公开。

①招标活动信息公开。招标人应将项目的资格预审公告、招标公告、中标候选人公示、中标结果公示等信息向潜在投标人或投标人进行公开。《招标公告和公示信息发布管理办法》第三条规定：“依法必须招标项目的招标公告和公示信息，除依法需要保密或者涉及商业秘密的内容外，应当按照公益服务、公开透明、高效便捷、集中共享的原则，依法向社会公开。”招标人就同一招标项目向潜在投标人或者投标人提供有差别的项目信息属于以不合理条件限制、排斥潜在投标人或者投标人。

②开标活动公开。《招标投标法》第三十四条规定："开标应当在招标文件确定的提交投标文件截止时间的同一时间公开进行；开标地点应当为招标文件中预先确定的地点。"

③评标标准公开。《招标投标法实施条例》第四十九条规定："评标委员会成员应当依照招标投标法和本条例的规定，按照招标文件规定的评标标准和方法，客观、公正地对投标文件提出评审意见。招标文件没有规定的评标标准和方法不得作为评标的依据。"

④定标结果公开。《招标投标法实施条例》第五十四条规定："依法必须进行招标的项目，招标人应当自收到评标报告之日起 3 日内公示中标候选人，公示期不得少于 3 日。"

（2）公平原则

公平原则，一般理解为要求招标人给予所有投标人平等竞争的机会，使其享有同等的权利并履行相应的义务，不允许出现歧视待遇。同时，投标人亦不得串通投标，损害其他投标人的公平竞争以及招标人的合法权益。

①招标人应遵守的公平原则。依据《招标投标法》第六条规定："依法必须进行招标的项目，其招标投标活动不受地区或者部门的限制。任何单位和个人不得违法限制或者排斥本地区、本系统以外的法人或者其他组织参加投标，不得以任何方式非法干涉招标投标活动。"第十八条第二款规定："招标人不得以不合理的条件限制或者排斥潜在投标人，不得对潜在投标人实行歧视待遇。"

②投标人应遵循的公平原则。依据《招标投标法》的相关规定，投标人应遵守的公平原则主要体现为投标人不得相互串通投标报价，不得排挤其他投标人的公平竞争，损害招标人或者其他投标人的合法权益。投标人不得与招标人串通投标，损害国家利益、社会公共利益或者他人的合法权益。禁止投标人以向招标人或者评标委员会成员行贿的手段谋取中标。同时，投标人不得以低于成本的报价竞标，也不得以他人名义投标或者以其他方式弄虚作假，骗取中标。

（3）公正原则

公正原则，主要体现在招标投标活动中的客观性、合理性、合法性以及遵守科学规律性。从资格预审开始到开标、评标直至最后确定中标单位的过程中每一项活动都需要公正。这一原则在评标活动中尤为重要。

评标委员会成员应当客观、公正地履行职务，遵守职业道德，对所提出的评审意见承担个人责任。评标委员会成员应当依照《招标投标法》和《招标投标法实施条例》的规定，按照招标文件规定的评标标准和方法，客观、公正地对投标文件提出评审意见。招标文件没有规定的评标标准和方法不得作为评标的依据。

评标委员会成员不得私下接触投标人，不得收受投标人的财物或者其他好处。评标委员会成员和参与评标的有关工作人员不得透露对投标文件的评审和比较、中标候选人的推荐情况以及与评标有关的其他情况。不得向招标人征询确定中标人的意向，不得接受任何单位或者个人明示或者暗示提出的倾向或者排斥特定投标人的要求，不得有其他不客观、不公正履行职务的行为。

（4）诚实信用原则

诚实信用原则，是我国民事活动所应当遵循的一项重要基本原则。我国《民法典》第七条规定："民事主体从事民事活动，应当遵循诚信原则，秉持诚实，恪守承诺。"招标投标活动作为订立合同的一种特殊方式，同样应当遵循诚实信用原则。例如，在招标过程中，招标人不得发布虚假的招标信息，不得擅自终止招标。在投标过程中，投标人不得以他人名义投标，不得与招标人或其他投标人串通投标。中标通知书发出后，招标人不得擅自改变中标结果，中标人不得擅自放弃中标项目。

2.必须招标的项目范围和规模标准

（1）必须招标的工程建设项目范围

根据《招标投标法》第三条规定，在中华人民共和国境内进行下列工程建设项目包括项目的勘察、设计、施工、监理以及与工程建设有关的重要设备、材料等的采购，必须进行招标：大型基础设施、公用事业等关系社会公共利益、公众安全的项目；全部或者部分使用国有资金投资或者国家融资的项目；使用国际组织或者外国政府贷款、援助资金的项目。

为了确定必须进行招标的工程建设项目的具体范围和规模标准，规范招标投标活动，根据《招标投标法》第三条的规定，国家发展和改革委员会发布了于2018年6月1日开始施行的《必须招标的工程项目规定》(国家发展改革委2018年第16号令)、于2018年6月6日开始施行的《国家发展改革委关于印发〈必须招标的基础设施和公用事业项目范围规定〉的通知》(发改法规〔2018〕843号)，明确规定：

①不属于《必须招标的工程项目规定》第二条、第三条规定情形的大型基础设施、公用事业等关系社会公共利益、公众安全的项目，必须招标的具体范围包括：煤炭、石油、天然气、电力、新能源等能源基础设施项目；铁路、公路、管道、水运，以及公共航空和A1级通用机场等交通运输基础设施项目；电信枢纽、通信信息网络等通信基础设施项目；防洪、灌溉、排涝、引（供）水等水利基础设施项目；城市轨道交通等城建项目。

②全部或者部分使用国有资金投资或者国家融资的项目包括：使用预算资金200万元人民币以上，并且该资金占投资额10%以上的项目；使用国有企业事业单位资金，并且该资金占控股或者主导地位的项目。

根据《国家发展改革委办公厅关于进一步做好〈必须招标的工程项目规定〉和〈必须招标的基础设施和公用事业项目范围规定〉实施工作的通知》（发改办法规〔2020〕770号）相关规定，关于使用国有资金的项目：16号令第二条第（一）项中“预算资金”，是指《预算法》规定的预算资金，包括一般公共预算资金、政府性基金预算资金、国有资本经营预算资金、社会保险基金预算资金。第（二）项中“占控股或者主导地位”，参照《公司法》第二百一十六条关于控股股东和实际控制人的理解执行，即“其出资额占有限责任公司资本总额百分之五十以上或者其持有的股份占股份有限公司股本总额百分之五十以上的股东；出资额或者持有股份的比例虽然不足百分之五十，但依其出资额或者持有的股份所享有的表决权已足以对股东会、股东大会的决议产生重大影响的股东”；国有企业事业单位通过投资关系、协议或者其他安排，能够实际支配项目建设的，也属于占控股或者主导地位。项目中国有资金的比例，应当按照项目资金来源中所有国有资金之和计算。

③使用国际组织或者外国政府贷款、援助资金的项目包括：使用世界银行、亚洲开发银行等国际组织贷款、援助资金的项目；使用外国政府及其机构贷款、援助资金的项目。

（2）必须招标项目的规模标准

《国家发展改革委关于印发〈必须招标的基础设施和公用事业项目范围规定〉的通知》规定的上述范围内的项目，其勘察、设计、施工、监理以及与工程建设有关的重要设备、材料等的采购达到下列标准之一的，必须招标：

①施工单项合同估算价在400万元人民币以上；②重要设备、材料等货物的采购，单项合同估算价在200万元人民币以上；③勘察、设计、监理等服务的采购，单项合同估算价在100万元人民币以上。

同一项目中可以合并进行的勘察、设计、施工、监理以及与工程建设有关的重要设备、材料等的采购，合同估算价合计达到前款规定标准的，必须招标。

（3）可以不进行招标的工程建设项目

如果建设项目不属于必须招标的范围，则发包人可以自行选择发包方式。此外，对于符合必须招标项目的条件但是属于某些特殊情形的，也是可以不招标的。

《招标投标法》第六十六条规定：“涉及国家安全、国家秘密、抢险救灾或者属于利用扶贫资金实行以工代赈、需要使用农民工等特殊情况，不适宜进行招标的项目，按照国家有关规定可以不进行招标。”

《招标投标法实施条例》第九条规定：“除招标投标法第六十六条规定的可以不进行招标的特殊情况外，有下列情形之一的，可以不进行招标：（一）需要采用不可替代的专利或者专有技术；（二）采购人依法能够自行建设、生产或者提供；（三）已通过招标方式选定的特许经营项目投资人依法能够自行建设、生产或者提供；（四）需要向原中标人采购工程、货物或者服务，否则将影响施工或者功能配套要求；（五）国家规定的其他特殊情形。招标人为适用前款规定弄虚作假的，属于招标投标法第四条规定的规避招标。”

《工程建设项目施工招标投标办法》第十二条规定：“依法必须进行施工招标的工程建设项目有下列情形之一的，可以不进行施工招标：（一）涉及国家安全、国家秘密、抢险救灾或者属于利用扶贫资金实行以工代赈需要使用农民工等特殊情况，不适宜进行招标；（二）施工主要技术采用不可替代的专利或者专有技术；（三）已通过招标方式选定的特许经营项目投资人依法能够自行建设；（四）采购人依法能够自行建设；（五）在建工程追加的附属小型工程或者主体加层工程，原中标人仍具备承包能力，并且其他人承担将影响施工或者功能配套要求；（六）国家规定的其他情形。”

3.招标组织形式

招标组织形式包括自行招标和委托招标。其中，自行招标是指招标人自身具有编制招标文件和组织评标能力，依法可以自行办理招标；而委托招标是指招标人委托招标代理机构办理招标事宜。

根据《招标投标法》第十二条的规定，招标人依法可以自行招标的，任何单位和个人不得强制其委托招标代理机构办理招标事宜；招标人委托招标的，招标人有权自行选择招标代理机构，任何单位和个人不得以任何方式为招标人指定招标代理机构。

《招标投标法》虽然在一定程度上赋予了招标人选择招标组织形式的权利，但由于招标工作的复杂性和专业性要求，招标人只有在满足法定条件，即“具有编制招标文件和组织评标能力”的前提下，才可以自行招标。对此，原国家计委2000年7月1日颁布并经发展改革委于2013年修订的《工程建设项目自行招标试行办法》第四条进一步规定了招标人自行办理招标事宜所应当具备的具体条件：具有项目法人资格或者法人资格；具有与招标项目规模和复杂程度相适应的工程技术、概预算、财务和工程管理等方面专业技术力量；有从事同类工程建设项目招标的经验；拥有

3 名以上取得招标职业资格的专职招标业务人员；熟悉和掌握招标投标法及有关法规规章。

同时，《招标投标法》还规定，依法必须进行招标的项目，招标人自行办理招标事宜的，应当向有关行政监督部门备案。

4.招标代理机构

招标人不具备自行招标能力，或者不愿自行招标的，应当委托具有相应资格条件的专业招标代理机构，由其代理招标人进行招标。

《招标投标法》第十三条规定，“招标代理机构是依法设立、从事招标代理业务并提供相关服务的社会中介组织”。招标代理机构与行政机关和其他国家机关不得存在隶属关系或者其他利益关系。

招标代理机构与招标人之间，是代理人和被代理人的关系，因此应当遵守《民法典》中有关代理的法律规定。《招标投标法》第十五条规定：招标代理机构应当在招标人委托的范围内办理招标事宜，并遵守本法关于招标人的规定。

同时，根据《招标投标法》的规定，招标代理机构应当具备下列条件：有从事招标代理业务的营业场所和相应资金；有能够编制招标文件和组织评标的相应专业力量。

根据住房城乡建设部于 2017 年 12 月 28 日发布的《住房城乡建设部办公厅关于取消工程建设项目招标代理机构资格认定加强事中事后监管的通知》，自 2017 年 12 月 28 日起，各级住房城乡建设部门不再受理招标代理机构资格认定申请，停止招标代理机构资格审批。此外，住房城乡建设部于 2018 年 3 月 8 日发布《住房城乡建设部关于废止〈工程建设项目招标代理机构资格认定办法〉的决定》。

5.招标应当具备的条件

《招标投标法》第九条对招标项目应当满足的基本条件作出了总体规定：①招标项目按照国家有关规定需要履行项目审批手续的，应当先履行审批手续，取得批准。②招标人应当有进行招标项目的相应资金或者资金来源已经落实，并应当在招标文件中如实载明。

工程建设项目的招标应当满足法律规定的前提条件方能进行。《工程建设项目施工招标投标办法》第八条进一步规定，依法必须招标的工程建设项目，应当具备下列条件才能进行施工招标：①招标人已经依法成立；②初步设计及概算应当履行审批手续的，已经批准；③有相应资金或资金来源已经落实；④有招标所需的设计图纸及技术资料。

根据《工程建设项目货物招标投标办法》第八条规定，依法必须招标的工程建设项目，应当具备下列条件才能进行货物招标：①招标人已经依法成立；②按照国家有关规定应当履行项目审批、核准或者备案手续的，已经审批、核准或者备案；③有相应资金或者资金来源已经落实；④能够提出货物的使用与技术要求。

6.招标方式

根据《招标投标法》第十条规定，招标方式分为公开招标和邀请招标。《招标投标法实施条例》还规定了工程总承包招标和两阶段招标。

（1）公开招标

公开招标，也称无限竞争招标，是指招标人以招标公告的方式邀请不特定的法人或者其他组织投标。采用公开招标方式，可以为所有符合投标条件的潜在投标人提供一个平等参与和充分竞争的机会，这样有利于招标人选择最优的中标人。并不是所有依法必须进行招标的工程建设项目都要采取公开招标方式。根据《招标投标法》第十一条和《招标投标法实施条例》第八条的规定，下列招标项目应当公开招标：国务院发展计划部门确定的国家重点项目；省、自治区、直辖市人民政府确定的地方重点项目；国有资金占控股或者主导地位的依法必须进行招标的项目。

对于以上属于应当公开招标的工程建设项目，其招标信息发布应当符合法律规定的形式。根据《招标投标法》第十六条第一款的规定，招标人采用公开招标方式的，应当发布招标公告。依法必须进行招标的项目的招标公告，应当通过国家指定的报刊、信息网络或者其他媒介发布。

（2）邀请招标

邀请招标，也称有限竞争招标，是指招标人以投标邀请书的方式邀请特定的法人或者其他组织投标。采用这种招标方式，由于被邀请参加竞争的潜在投标人数量有限，而且事先已经进行了调查了解，因此不仅可以节省招标人的招标成本，而且能提高投标人的中标概率，潜在投标人的投标积极性会较高。当然，由于邀请招标的对象被限定在特定范围内，可能使其他优秀的潜在投标人被排斥在外。

《招标投标法》第十一条规定："国务院发展计划部门确定的国家重点项目和省、自治区、直辖市人民政府确定的地方重点项目不适宜公开招标的，经国务院发展计划部门或者省、自治区、直辖市人民政府批准，可以进行邀请招标。"

《招标投标法实施条例》第八条规定："国有资金占控股或者主导地位的依法必

须进行招标的项目，应当公开招标；但有下列情形之一的，可以邀请招标：（一）技术复杂、有特殊要求或者受自然环境限制，只有少量潜在投标人可供选择；（二）采用公开招标方式的费用占项目合同金额的比例过大。有前款第二项所列情形，属于本条例第七条规定的项目，由项目审批、核准部门在审批、核准项目时作出认定；其他项目由招标人申请有关行政监督部门作出认定。”

邀请招标的对象虽然被具体化了，但为了保证邀请招标的竞争性，我国法律对邀请招标的对象，有最低数量的规定。根据《招标投标法》第十七条第一款的规定，“招标人采用邀请招标方式的，应当向三个以上具备承担招标项目的能力、资信良好的特定的法人或者其他组织发出投标邀请书”。

（3）工程总承包招标和两阶段招标

①工程总承包招标。《招标投标法实施条例》第二十九条规定：招标人可以依法对工程以及与工程建设有关的货物、服务全部或者部分实行总承包招标。以暂估价形式包括在总承包范围内的工程、货物、服务属于依法必须进行招标的项目范围且达到国家规定规模标准的，应当依法进行招标。前款所称暂估价，是指总承包招标时不能确定价格而由招标人在招标文件中暂时估定的工程、货物、服务的金额。

《房屋建筑和市政基础设施项目工程总承包管理办法》第八条规定：建设单位依法采用招标或者直接发包等方式选择工程总承包单位。工程总承包项目范围内的设计、采购或者施工中，有任一项属于依法必须进行招标的项目范围且达到国家规定规模标准的，应当采用招标的方式选择工程总承包单位。

②两阶段招标。《招标投标法实施条例》第三十条规定：对技术复杂或者无法精确拟定技术规格的项目，招标人可以分两阶段进行招标。

第一阶段，投标人按照招标公告或者投标邀请书的要求提交不带报价的技术建议，招标人根据投标人提交的技术建议确定技术标准和要求，编制招标文件。

第二阶段，招标人向在第一阶段提交技术建议的投标人提供招标文件，投标人按照招标文件的要求提交包括最终技术方案和投标报价的投标文件。

招标人要求投标人提交投标保证金的，应当在第二阶段提出。

7.资格审查

资格审查是招标人的一项重要权利。资格审查的主要内容是审查潜在投标人或者投标人的资质、业绩、经验，以及信誉、财务状况、人员、设备、分包、诉讼等履约标准，其根本目的是审查潜在投标人或投标人是否具有承担招标项目的能力，以保证投标人中标后，能切实履行合同义务，完成招标项目。根据规定，招标人可以根据招标项目本身的特点和需要，要求潜在投标人或者投标人提供满足其资格要求的文件，对潜在投标人或者投标人进行资格审查。

（1）资格审查的种类

根据《工程建设项目施工招标投标办法》《工程建设项目货物招标投标办法》的有关规定，资格审查分为资格预审和资格后审。

①资格预审

资格预审，是指在投标前对潜在投标人进行的资格审查。资格预审一般适用于潜在投标人较多或者大型、技术复杂货物的招标。采取资格预审的，招标人应当发布资格预审公告，资格预审公告符合有关招标公告的规定。招标人应当在资格预审文件中载明资格预审的条件、标准和方法。招标人不得改变载明的资格条件或者以没有载明的资格条件对潜在投标人进行资格预审。

经资格预审后，招标人应当向资格预审合格的潜在投标人发出资格预审合格通知书，告知获取招标文件的时间、地点和方法，并同时向资格预审不合格的潜在投标人告知资格预审结果。资格预审不合格的潜在投标人不得参加投标。

②资格后审

资格后审，是指在开标后对投标人进行的资格审查。《工程建设项目施工招标投标办法》规定，进行资格预审的，一般不再进行资格后审，但招标文件另有规定的除外。

采取资格后审的，招标人应当在招标文件中预先明确对投标人资格要求的条件、标准和方法，不得改变载明的资格条件或者以没有载明的资格条件对投标人进行资格后审。经资格后审不合格的投标人的投标应予否决。

（2）资格审查的主要内容和要求

根据《工程建设项目施工招标投标办法》第二十条的规定，资格审查主要审查潜在投标人或者投标人是否符合下列条件：具有独立订立合同的权利；具有履行合同的能力，包括专业、技术资格和能力，资金、设备和其他物质设施状况，管理能力，经验、信誉和相应的从业人员；没有处于被责令停业，投标资格被取消，财产被接管、冻结，破产状态；在最近三年内没有骗取中标和严重违约及重大工程质量问题；国家规定的其他资格条件。

资格审查时，招标人不得以不合理的条件限制、排斥潜在投标人或者投标人，不得对潜在投标人或者投标人实行歧视待遇。任何单位和个人不得以行政手段或者其他不合理方式限制投标人的数量。

8.招标文件

（1）招标文件的出售

根据《招标投标法实施条例》第十六条的规定，招标人应当按照资格预审公告、招标公告或者投标邀请书规定的时间、地点发售资格预审文件或者招标文件。资格预审文件或者招标文件的发售期不得少于5日。招标人发售资格预审文件、招标文件收取的费用应当限于补偿印刷、邮寄的成本支出，不得以营利为目的。根据《工程建设项目施工招标投标办法》第十五条和《工程建设项目货物招标投标办法》第十四条的规定，招标人在发布招标公告、发出投标邀请书后或者售出招标文件或资格预审文件后不得终止招标。

（2）招标文件的内容

《招标投标法》第十九条规定：招标人应当根据招标项目的特点和需要编制招标文件。招标文件应当包括招标项目的技术要求、对投标人资格审查的标准、投标报价要求和评标标准等所有实质性要求和条件以及拟签订合同的主要条款。这是原则上的规定，对于不同的招标对象，其具体内容因招标内容而不同。招标人应当在招标文件中规定实质性要求和条件，并用醒目的方式标明。没有标明的要求和条件在评标时不得作为实质性要求和条件。对于非实质性要求和条件，应规定允许偏差的最大范围、最高项数，以及对这些偏差进行调整的方法。

（3）对招标文件的编制要求

为了规范招标人的行为，保证招标文件的公正合理，我国《招标投标法》及其相关规定还要求招标人编制招标文件应当遵守如下规定：

①招标文件的内容要体现公平

《招标投标法》第二十条规定：招标文件不得要求或者标明特定的生产供应者以及含有倾向或者排斥潜在投标人的其他内容。《招标投标法实施条例》第三十二条进一步明确，招标人有下列行为之一的，属于以不合理条件限制、排斥潜在投标人或者投标人：（一）就同一招标项目向潜在投标人或者投标人提供有差别的项目信息；（二）设定的资格、技术、商务条件与招标项目的具体特点和实际需要不相适应或者与合同履行无关；（三）依法必须进行招标的项目以特定行政区域或者特定行业的业绩、奖项作为加分条件或者中标条件；（四）对潜在投标人或者投标人采取不同的资格审查或者评标标准；（五）限定或者指定特定的专利、商标、品牌、原产地或者供应商；（六）依法必须进行招标的项目非法限定潜在投标人或者投标人的所有制形式或者组织形式；（七）以其他不合理条件限制、排斥潜在投标人或者投标人。

②招标文件的澄清、修改和答疑

《招标投标法》第二十三条规定：招标人对已发出的招标文件进行必要的澄清或者修改的，应当在招标文件要求提交投标文件截止时间至少十五日前，以书面形式通知所有招标文件收受人。该澄清或者修改的内容为招标文件的组成部分。

③确定编制投标文件的合理时间

《招标投标法》第二十四条规定：在招标文件中，招标人应当确定投标人编制投标文件所需要的合理时间，但是，依法必须进行招标的项目，自招标文件开始发出之日起至投标人提交投标文件截止之日止，最短不得少于二十日。

④确定投标有效期

投标有效期，是招标文件中规定的投标文件有效期，从提交投标文件截止日起计算。在投标有效期内，招标人要完成评标、定标和与中标人签订合同等工作。从法律意义上来说，在投标有效期内，投标人的投标文件对投标人具有法律约束力，投标人不得对其补充、修改、撤回；如果投标人在投标有效期内补充、修改、撤回投标文件，招标人有权没收其投标保证金并要求其赔偿损失。

9.标底

根据我国现行《招标投标法》及有关规定，编制标底并不是强制性的，招标人可以不设标底，进行无标底招标。《招标投标法实施条例》第二十七条规定：招标人可以自行决定是否编制标底。一个招标项目只能有一个标底。标底必须保密。接受委托编制标底的中介机构不得参加受托编制标底项目的投标，也不得为该项目的投标人提供咨询或者编制投标文件。随着我国造价体制改革趋向深入，采用“最高投标限价”更能够兼顾招标人的采购需求和投标人的合理报价，《招标投标法实施条例》第二十七条第三款规定：招标人设有最高投标限价的，应当在招标文件中明确最高投标限价或者最高投标限价的计算方法。招标人不得规定最低投标限价。

在我国工程建设领域，标底在招标投标活动中始终得到较为普遍的应用。《工程建设项目施工招标投标办法》规定：招标项目编制标底的，应根据批准的初步设计、投资概算，依据有关计价办法，参照有关工程定额，结合市场供求状况，综合考虑投资、工期和质量等方面的因素合理确定。标底由招标人自行编制或委托中介机构编制。一个工程只能编制一个标底。任何单位和个人不得强制招标人编制或报审标底，或干预其确定标底。招标人设有标底的，标底在评标中应当作为参考，但不得作为评标的唯一依据。《招标投标法实施条例》第五十条规定：招标项目设有标底的，招标人应当在开标时公布。标底只能作为评标的参考，不得以投标报价是否接近标底作为中标条件，也不得以投标报价超过标底上下浮动范围作为否决投标的条件。

5.2.3 投标

1.投标人的资格要求

根据《招标投标法》第二十六条的规定，投标人应当具备承担招标项目的能力；国家有关规定对投标人资格条件或者招标文件对投标人资格条件有规定的，投标人应当具备规定的资格条件。

对于投标人资格的限制条件，《招标投标法实施条例》第三十四条规定：与招标人存在利害关系可能影响招标公正性的法人、其他组织或者个人，不得参加投标。单位负责人为同一人或者存在控股、管理关系的不同单位，不得参加同一标段投标或者未划分标段的同一招标项目投标。违反前两款规定的，相关投标均无效。

《工程建设项目施工招标投标办法》第三十五条规定：招标人的任何不具有独立法人资格的附属机构（单位），或者为招标项目的前期准备或者监理工作提供设计、咨询服务的任何法人及其任何附属机构（单位），都无资格参加该招标项目的投标。根据《工程建设项目货物招标投标办法》第三十二条的规定，法定代表人为同一个人的两个及两个以上法人，母公司、全资子公司及其控股公司，都不得在同一货物招标中同时投标。

2.投标文件

（1）投标文件的编制

根据《招标投标法》第二十七条的规定，投标人应当按照招标文件的要求编制投标文件。投标文件应当对招标文件的实质性要求和条件作出响应。招标项目属于建设施工的,投标文件的内容应当包括拟派出的项目负责人与主要技术人员的简历、业绩和拟用于完成招标项目的机械设备等。

（2）投标保证金

①投标保证金的概念

所谓投标保证金，是为防止投标人不审慎投标而由招标人在招标文件中设定的一种担保形式。招标人通常不希望投标人在投标有效期内随意撤回标书或中标后不能提交履约保证金和签署合同。因此，为了约束投标人的投标行为，保护招标人的利益，维护招标投标活动的正常秩序，招标人通常会要求投标人提供投标保证金。在发生下列情形时，招标人有权没收投标保证金：

（一）投标截止后投标人撤销投标文件的；

（二）中标人无正当理由不与招标人订立合同，在签订合同时向招标人提出附加条件，或者不按照招标文件要求提交履约保证金的。

②投标保证金的额度和有效期限

《招标投标法实施条例》第二十六条规定：招标人在招标文件中要求投标人提交投标保证金的，投标保证金不得超过招标项目估算价的 2%。投标保证金有效期应当与投标有效期一致。

③投标文件的提交

根据《招标投标法》第二十八条的规定，投标人应当在招标文件要求提交投标文件的截止时间前，将投标文件送达投标地点；在截止时间后送达的投标文件，招标人应当拒收。招标人收到投标文件后，应当签收保存，不得开启。投标人少于三个的，招标人应当依法重新招标。

④投标文件的补充、修改、替代或撤回

根据《招标投标法》第二十九条的规定，投标人在招标文件要求提交投标文件的截止时间前，可以补充、修改或者撤回已提交的投标文件，并书面通知招标人。补充、修改的内容为投标文件的组成部分。《工程建设项目施工招标投标办法》第四十条规定，在提交投标文件截止时间后到招标文件规定的投标有效期终止之前，投标人不得撤销其投标文件，否则招标人可以不退还其投标保证金。

3.联合体投标

联合体投标指的是某承包单位为了承揽不适于自己单独承包的工程项目而与其他单位联合，以一个投标人的身份去投标的建设行为。《招标投标法》第三十一条规定：联合体各方均应当具备承担招标项目的相应能力；国家有关规定或者招标文件对投标人资格条件有规定的，联合体各方均应当具备规定的相应资格条件。由同一专业的单位组成的联合体，按照资质等级较低的单位确定资质等级。联合体各方应当签订共同投标协议，明确约定各方拟承担的工作和责任，并将共同投标协议连同投标文件一并提交招标人。联合体中标的，联合体各方应当共同与招标人签订合同，就中标项目向招标人承担连带责任。招标人不得强制投标人组成联合体共同投标，不得限制投标人之间的竞争。

《招标投标法实施条例》进一步规定：招标人应当在资格预审公告、招标公告或者投标邀请书中载明是否接受联合体投标。招标人接受联合体投标并进行资格预审的，联合体应当在提交资格预审申请文件前组成。资格预审后联合体增减、更换成员的，其投标无效。联合体各方在同一招标项目中以自己名义单独投标或者参加其他联合体投标的，相关投标均无效。

4.禁止投标人实施不正当竞争行为的规定

结合《招标投标法》相关的规定，投标人不得实施以下不正当竞争行为。

（1）投标人相互串通投标

《招标投标法实施条例》第三十九条规定，下列情形均属于投标人相互串通投标：（一）投标人之间协商投标报价等投标文件的实质性内容；（二）投标人之间约定中标人；（三）投标人之间约定部分投标人放弃投标或者中标；（四）属于同一集团、协会、商会等组织成员的投标人按照该组织要求协同投标；（五）投标人之间为谋取中标或者排斥特定投标人而采取的其他联合行动。

《招标投标法实施条例》第四十条规定，下列情形均视为投标人相互串通投标：（一）不同投标人的投标文件由同一单位或者个人编制；（二）不同投标人委托同一单位或者个人办理投标事宜；（三）不同投标人的投标文件载明的项目管理成员为同一人；（四）不同投标人的投标文件异常一致或者投标报价呈规律性差异；（五）不同投标人的投标文件相互混装；（六）不同投标人的投标保证金从同一单位或者个人的账户转出。

（2）投标人与招标人串通投标

《招标投标法实施条例》第四十一条规定，下列情形均属于招标人与投标人串通投标：（一）招标人在开标前开启投标文件并将有关信息泄露给其他投标人；（二）招标人直接或者间接向投标人泄露标底、评标委员会成员等信息；（三）招标人明示或者暗示投标人压低或者抬高投标报价；（四）招标人授意投标人撤换、修改投标文件；（五）招标人明示或者暗示投标人为特定投标人中标提供方便；（六）招标人与投标人为谋求特定投标人中标而采取的其他串通行为。

（3）以向招标人或者评委会成员行贿的手段谋取中标

《招标投标法》第三十二条第三款规定：禁止投标人以向招标人或者评标委员会成员行贿的手段谋取中标。

投标人以行贿的手段谋取中标是严重违背招标投标法基本原则的违法行为，对其他投标人是不公平的。投标人以行贿手段谋取中标的法律后果是中标无效，有关责任人和单位应当承担相应的行政责任或刑事责任，给他人造成损失的，还应当承担民事赔偿责任。

（4）以低于成本的报价竞标

《招标投标法》第三十三条规定：“投标人不得以低于成本的报价竞标”。在这里，所谓“成本”，应指投标人的个别成本，该成本一般应根据投标人的企业定额测定。同时，低于成本竞标也易导致承包单位的偷工减料。

（5）以他人名义投标或以其他方式弄虚作假，骗取中标

《招标投标法》第三十三条规定：“投标人不得以低于成本的报价竞标，也不得以他人名义投标或者以其他方式弄虚作假，骗取中标”。《招标投标法实施条例》第四十二条规定：使用通过受让或者租借等方式获取的资格、资质证书投标的，属于招标投标法第三十三条规定的以他人名义投标。

投标人有下列情形之一的，属于招标投标法第三十三条规定的以其他方式弄虚作假的行为：（一）使用伪造、变造的许可证件；（二）提供虚假的财务状况或者业绩；（三）提供虚假的项目负责人或者主要技术人员简历、劳动关系证明；（四）提供虚假的信用状况；（五）其他弄虚作假的行为。

5.2.4 评标

1.开标程序

根据《招标投标法》及相关规定，开标应当遵守如下程序：

开标应当在招标文件确定的提交投标文件截止时间的同一时间公开进行；开标地点应当为招标文件中预先确定的地点。

开标由招标人主持，邀请所有投标人参加。开标时，由投标人或者其推选的代表检查投标文件的密封情况，也可以由招标人委托的公证机构检查并公证；经确认无误后，由工作人员当众拆封，宣读投标人名称、投标价格和投标的其他主要内容。开标过程应当记录，并存档备查。

投标文件有下列情形之一的，招标人应当拒收：

（1）未通过资格预审的申请人提交的；

（2）在招标文件要求提交投标文件的截止时间后送达的；

（3）未按招标文件要求密封的。

2.评标委员会

（1）评标委员会的组成

根据《招标投标法》第三十七条的规定，评标由招标人依法组建的评标委员会负责。依法必须进行招标的项目，其评标委员会由招标人的代表和有关技术、经济等方面的专家组成，成员人数为五人以上单数，其中技术、经济等方面的专家不得少于成员总数的三分之二。评标委员会成员的名单在中标结果确定前应当保密。

（2）评标专家的选取

根据《招标投标法》和《评标委员会和评标方法暂行规定》的有关规定，评标专家应当从事相关领域工作满八年并具有高级职称或者具有同等专业水平，由招标人从国务院有关部门或者省、自治区、直辖市人民政府有关部门提供的专家名册或者招标代理机构的专家库内的相关专业的专家名单中确定；一般项目，可以采取随机抽取的方式；技术复杂、专业性强或者国家有特殊要求的招标项目，采取随机抽取方式确定的专家难以保证胜任的，可以由招标人直接确定。

（3）评标专家应当符合的条件

《评标委员会和评标方法暂行规定》第十一条规定，评标专家应符合下列条件：从事相关专业领域工作满八年并具有高级职称或者同等专业水平；熟悉有关招标投标的法律法规，并具有与招标项目相关的实践经验；能够认真、公正、诚实、廉洁地履行职责。

（4）不得担任评标委员会成员的情形

《招标投标法》第三十七条还规定：与投标人有利害关系的人不得进入相关项目的评标委员会，已经进入的应当更换。《评标委员会和评标方法暂行规定》第十二条则进一步规定，有下列情形之一的，不得担任评标委员会成员，并应主动提出回避：（一）投标人或者投标主要负责人的近亲属；（二）项目主管部门或者行政监督部门的人员；（三）与投标人有经济利益关系，可能影响对投标公正评审的；（四）曾因在招标、评标以及其他与招标投标有关活动中从事违法行为而受过行政处罚或刑事处罚的。

3.评标

（1）评标的标准和方法

招标人应当采取必要的措施，保证评标在严格保密的情况下进行。任何单位和个人不得非法干预、影响评标的过程和结果。评标委员会应当按照招标文件确定的评标标准和方法，对投标文件进行评审和比较；设有标底的，应当参考标底。招标文件没有规定的评标标准和方法不得作为评标的依据。

（2）评标委员会否决其投标的情形

根据《招标投标法实施条例》第五十一条规定，有下列情形之一的，评标委员会应当否决其投标：（一）投标文件未经投标单位盖章和单位负责人签字；（二）投标联合体没有提交共同投标协议；（三）投标人不符合国家或者招标文件规定的资格条件；（四）同一投标人提交两个以上不同的投标文件或者投标报价，但招标文件要求提交备选投标的除外；（五）投标报价低于成本或者高于招标文件设定的最高投标限价；（六）投标文件没有对招标文件的实质性要求和条件作出响应；（七）投标人有串通投标、弄虚作假、行贿等违法行为。

根据《招标投标法》第四十二条的规定，“评标委员会经评审，认为所有投标都不符合招标文件要求的，可以否决全部投标。依法必须进行招标的项目的所有投标被否决的，招标人应当依法重新招标”。

（3）投标文件的澄清、说明和补正

《招标投标法》第三十九条规定：评标委员会可以要求投标人对投标文件中含义不明确的内容作必要的澄清或者说明，但是澄清或者说明不得超出投标文件的范围或者改变投标文件的实质性内容。

评标委员会可以书面方式要求投标人对投标文件中含义不明确、对同类问题表述不一致或者有明显文字和计算错误的内容作必要的澄清、说明或补正。评标委员会不得向投标人提出带有暗示性或诱导性的问题，或向其明确投标文件中的遗漏和错误。

评标委员会在对实质上响应招标文件要求的投标进行报价评估时，除招标文件另有约定外，应当按下述原则进行修正：用数字表示的数额与用文字表示的数额不一致时，以文字数额为准；单价与工程量的乘积与总价之间不一致时，以单价为准。若单价有明显的小数点错位，应以总价为准，并修改单价。按前面规定调整后的报价经投标人确认后产生约束力。

（4）评标报告和中标候选人

①评标报告

评标委员会完成评标工作后，应当向招标人提出书面评标报告，并抄送有关行政监督部门。

评标报告由评标委员会全体成员签字。对评标结论持有异议的评标委员会成员可以书面方式阐述其不同意见和理由。评标委员会成员拒绝在评标报告上签字且不陈述其不同意见和理由的，视为同意评标结论。评标委员会应当对此作出书面说明并记录在案。

②中标候选人

评标委员会推荐的中标候选人应当限定在一至三人，并标明排列顺序。中标人的投标，应当符合下列条件之一：能够最大限度满足招标文件中规定的各项综合评价标准；能够满足招标文件的实质性要求，并且经评审的投标价格最低；但是投标价格低于成本的除外。

5.2.5 中标

1.确定中标人

根据《招标投标法》以及其他法规的有关规定，确定中标人应当遵守如下程序：

（1）依法必须进行招标的项目，招标人应当自收到评标报告之日起 3 日内公示中标候选人，公示期不得少于 3 日。

（2）招标人应当接受评标委员会推荐的中标候选人，不得在评标委员会推荐的中标候选人之外确定中标人。

（3）国有资金占控股或者主导地位的依法必须进行招标的项目，招标人应当确定排名第一的中标候选人为中标人。排名第一的中标候选人放弃中标、因不可抗力不能履行合同、不按照招标文件要求提交履约保证金，或者被查实存在影响中标结果的违法行为等情形，不符合中标条件的，招标人可以按照评标委员会提出的中标候选人名单排序依次确定其他中标候选人为中标人，也可以重新招标。

（4）招标人可以授权评标委员会直接确定中标人。

2.中标通知书

根据《招标投标法》的有关规定，招标人发出中标通知书应当遵守如下规定：

（1）中标人确定后，招标人应当向中标人发出中标通知书，并同时将中标结果通知所有未中标的投标人。

（2）中标通知书对招标人和中标人具有法律效力。中标通知书发出后，招标人改变中标结果的，或者中标人放弃中标项目的，应当依法承担法律责任。

3.签订合同

根据《招标投标法》第四十六条第一款的有关规定，招标人和中标人应当自中标通知书发出之日起三十日内，按照招标文件和中标人的投标文件订立书面合同。招标人和中标人不得再行订立背离合同实质性内容的其他协议。

《招标投标法实施条例》第五十八条规定："招标文件要求中标人提交履约保证金的，中标人应当按照招标文件的要求提交。履约保证金不得超过中标合同金额的10%。"

《招标投标法实施条例》第五十七条第二款规定："招标人最迟应当在书面合同签订后5日内向中标人和未中标的投标人退还投标保证金及银行同期存款利息。"

根据《招标投标法》的有关规定，依法必须进行招标的项目，招标人应当自确定中标人之日起十五日内，向有关行政监督部门提交招标投标情况书面报告。

5.2.6 异议与投诉

《招标投标法实施条例》确立了招投标活动的异议与投诉制度，有效地完善了招投标监督制度，切实地保障了招投标利害关系人的合法权益。

1.异议前置

投标人或者其他利害关系人拟就以下事项进行投诉的，应当先向招标人提出异议，异议答复期间不计算在规定的期限内。

（1）潜在投标人或者其他利害关系人对资格预审文件有异议的，应当在提交资格预审申请文件截止时间2日前提出；对招标文件有异议的，应当在投标截止时间10日前提出。招标人应当自收到异议之日起3日内作出答复；作出答复前，应当暂停招标投标活动。

（2）投标人对开标有异议的，应当在开标现场提出，招标人应当当场作出答复，并制作记录。

（3）投标人或者其他利害关系人对依法必须进行招标的项目的评标结果有异议的，应当在中标候选人公示期间提出。招标人应当自收到异议之日起3日内作出答复；作出答复前，应当暂停招标投标活动。

2.投诉及处理

投标人或者其他利害关系人认为招标投标活动不符合法律、行政法规规定的，可以自知道或者应当知道之日起10日内向有关行政监督部门投诉。投诉应当有明确的请求和必要的证明材料。

投诉人投诉时应当提交投诉书。投诉书应当包括下列内容：

（1）投诉人的名称、地址及有效联系方式；

（2）被投诉人的名称、地址及有效联系方式；

（3）投诉事项的基本事实；

（4）相关请求及主张；

（5）有效线索和相关证明材料。

对招标投标法实施条例规定应先提出异议的事项进行投诉的，应当附提出异议的证明文件。已向有关行政监督部门投诉的，应当一并说明。投诉人就同一事项向两个以上有权受理的行政监督部门投诉的，由最先收到投诉的行政监督部门负责处理。

行政监督部门应当自收到投诉之日起 3 个工作日内决定是否受理投诉，并自受理投诉之日起 30 个工作日内作出书面处理决定。

在线练习

6 建设工程质量管理

/ 本章导读 /

保障建设工程质量是建设法的核心目标之一。工程质量管理由纵向的法律法规、技术标准、管理体系和横向项目参与各方的质量责任构成了纵横交织的复杂网络，并贯穿从企业内部质量文件到进场材料设备质量保证、施工质量检查、竣工验收和质量保修的全寿命周期。

6.1 建设工程质量规制体系

6.1.1 建设工程质量相关立法

1.工程质量相关法律法规

建设工程质量是工程项目适用性和投资效果的直接体现，更关乎人民群众的生命财产安全。《建筑法》将保障工程质量与安全作为其立法目的。《建设工程质量管理条例》作为规范建设工程质量行为的重要法规，于2000年1月30日实施，分别于2017年和2019年进行了两次修订，其立法目的为加强对建设工程质量的管理，保证建设工程质量，保护人民生命和财产安全。包含八十二个条文，分别对建设单位、施工单位、工程监理单位和勘察、设计单位质量责任和义务作出了规定。

《建设工程质量管理条例》第二条规定：凡在中华人民共和国境内从事建设工程的新建、扩建、改建等有关活动及实施对建设工程质量监督管理的，必须遵守本条例。本条例所称建设工程，是指土木工程、建筑工程、线路管道和设备安装工程及装修工程。

我国《产品质量法》第二条规定：在中华人民共和国境内从事产品生产、销售活动，必须遵守本法。本法所称产品是指经过加工、制作，用于销售的产品。建设工程不适用本法规定；但是，建设工程使用的建筑材料、建筑构配件和设备，属于前款规定的产品范围的，适用本法规定。

2.工程质量相关规范性文件

鉴于《建设工程质量管理条例》的规范对象为“建设工程”， 包括土木工程、建筑工程、线路管道和设备安装工程及装修工程等，因此其适用范围要大于《建筑法》。建设领域各行业均发布了系列部门规章或者规范性文件。如水利部发布的《水利工程质量管理规定》、住房城乡建设部发布的《建设工程勘察质量管理办法》、交通运输部发布的《农村公路建设质量管理办法》、住房城乡建设部与财政部联合发布的《建设工程质量保证金管理办法》等。另外，建设工程具有鲜明的技术性特征，因此我国建立了完备的技术标准体系。以上的法律法规、规范文件和技术标准共同构成了保障我国建设工程质量的规制体系。

6.1.2 建设工程技术标准

《标准化法》第二条规定："本法所称标准（含标准样品），是指农业、工业、服务业以及社会事业等领域需要统一的技术要求。"

标准包括国家标准、行业标准、地方标准和团体标准、企业标准。国家标准分为强制性标准、推荐性标准，行业标准、地方标准是推荐性标准。

强制性标准必须执行。国家鼓励采用推荐性标准。

1.工程建设国家标准的范围和类型

原建设部《工程建设国家标准管理办法》规定，对需要在全国范围内统一的下列技术要求，应当制定国家标准：（一）工程建设勘察、规划、设计、施工（包括安装）及验收等通用的质量要求；（二）工程建设通用的有关安全、卫生和环境保护的技术要求；（三）工程建设通用的术语、符号、代号、量与单位、建筑模数和制图方法；（四）工程建设通用的试验、检验和评定等方法；（五）工程建设通用的信息技术要求；（六）国家需要控制的其他工程建设通用的技术要求。

工程建设国家标准分为强制性标准和推荐性标准。《标准化法》第十条规定：对保障人身健康和生命财产安全、国家安全、生态环境安全以及满足经济社会管理基本需要的技术要求，应当制定强制性国家标准。第十一条规定：对满足基础通用、与强制性国家标准配套、对各有关行业起引领作用等需要的技术要求，可以制定推荐性国家标准。推荐性国家标准由国务院标准化行政主管部门制定。

下列标准属于强制性标准：①工程建设勘察、规划、设计、施工（包括安装）及验收等通用的综合标准和重要的通用的质量标准；②工程建设通用的有关安全、卫生和环境保护的标准；③工程建设重要的通用的术语、符号、代号、量与单位、建筑模数和制图方法标准；④工程建设重要的通用的试验、检验和评定方法等标准；⑤工程建设重要的通用的信息技术标准；⑥国家需要控制的其他工程建设通用的标准。

国家标准实施后，应当根据科学技术的发展和工程建设的需要，由该国家标准的管理部门适时组织有关单位进行复审。复审一般在国家标准实施后 5 年进行 1 次。

2.工程建设行业标准的范围和类型

《标准化法》第十二条规定：对没有推荐性国家标准、需要在全国某个行业范围内统一的技术要求，可以制定行业标准。行业标准由国务院有关行政主管部门制定，报国务院标准化行政主管部门备案。

《工程建设行业标准管理办法》规定：对没有国家标准而需要在全国某个行业范围内统一的下列技术要求，可以制定行业标准：①工程建设勘察、规划、设计、施工（包括安装）及验收等行业专用的质量要求；②工程建设行业专用的有关安全、卫生和环境保护的技术要求；③工程建设行业专用的术语、符号、代号、量与单位和制图方法；④工程建设行业专用的试验、检验和评定等方法；⑤工程建设行业专用的信息技术要求；⑥其他工程建设行业专用的技术要求。

工程建设行业标准也分为强制性标准和推荐性标准。下列标准属于强制性标准：①工程建设勘察、规划、设计、施工（包括安装）及验收等行业专用的综合性标准和重要的行业专用的质量标准；②工程建设行业专用的有关安全、卫生和环境保护的标准；③工程建设重要的行业专用的术语、符号、代号、量与单位和制图方法标准；④工程建设重要的行业专用的试验、检验和评定方法等标准；⑤工程建设重要的行业专用的信息技术标准；⑥行业需要控制的其他工程建设标准。强制性标准以外的标准是推荐性标准。

行业标准不得与国家标准相抵触。行业标准的某些规定与国家标准不一致时，必须有充分的科学依据和理由，并经国家标准的审批部门批准。行业标准在相应的国家标准实施后，应当及时修订或废止。

工程建设行业标准实施后，根据科学技术的发展和工程建设的实际需要，该标准的批准部门应当适时进行复审，确认其继续有效或予以修订、废止。一般也是5年复审1次。

3.工程建设地方标准

《标准化法》第十三条规定：为满足地方自然条件、风俗习惯等特殊技术要求，可以制定地方标准。对没有国家标准和行业标准而又需要在省、自治区、直辖市范围内统一的工业产品的安全、卫生要求，可以制定地方标准。在公布国家标准或者行业标准之后，该项地方标准即行废止。

工程建设地方标准中，对直接涉及人民生命财产安全、人体健康、环境保护和公共利益的条文，经国务院建设行政主管部门确定后，可作为强制性条文。在不违反国家标准和行业标准的前提下，工程建设地方标准可以独立实施。

4.工程建设团体标准

《标准化法》第十八条规定：国家鼓励学会、协会、商会、联合会、产业技术联盟等社会团体协调相关市场主体共同制定满足市场和创新需要的团体标准，由本团体成员约定采用或者按照本团体的规定供社会自愿采用。

制定团体标准，应当遵循开放、透明、公平的原则，保证各参与主体获取相关信息，反映各参与主体的共同需求，并应当组织对标准相关事项进行调查分析、实验、论证。国务院标准化行政主管部门会同国务院有关行政主管部门对团体标准的制定进行规范、引导和监督。

5.工程建设企业标准

《标准化法》第十九条规定：企业可以根据需要自行制定企业标准，或者与其他企业联合制定企业标准。企业生产的产品没有国家标准和行业标准的，应当制定企业标准，作为组织生产的依据。已有国家标准或者行业标准的，国家鼓励企业制定严于国家标准或者行业标准的企业标准，在企业内部适用。

推荐性国家标准、行业标准、地方标准、团体标准、企业标准的技术要求不得低于强制性国家标准的相关技术要求。国家鼓励社会团体、企业制定高于推荐性标准相关技术要求的团体标准、企业标准。

6.工程建设强制性标准的实施

（1）建设项目规划审查机关应当对工程建设规划阶段执行强制性标准的情况实施监督；

（2）施工图设计文件审查单位应当对工程建设勘察、设计阶段执行强制性标准的情况实施监督；

（3）建筑安全监督管理机构应当对工程建设施工阶段执行施工安全强制性标准的情况实施监督；

（4）工程质量监督机构应当对工程建设施工、监理、验收等阶段执行强制性标准的情况实施监督；

（5）工程建设标准批准部门应当对工程项目执行强制性标准情况进行监督检查。监督检查可以采取重点检查、抽查和专项检查的方式。

6.2 建设工程各方质量责任

6.2.1 建设单位的质量责任

1.依法对工程进行发包的责任

《建设工程质量管理条例》第七条规定：建设单位应当将工程发包给具有相应资质等级的单位，不得将建设工程肢解发包。

2.依法对材料设备招标的责任

《建设工程质量管理条例》第八条规定：建设单位应当依法对工程建设项目的勘察、设计、施工、监理以及与工程建设有关的重要设备、材料等的采购进行招标。

建设单位对于满足法定条件需实施的工程建设项目采购行为，应当符合《招标投标法》及其相关规定。

3.提供原始资料的责任

《建设工程质量管理条例》第九条规定：建设单位必须向有关的勘察、设计、施工、工程监理等单位提供与建设工程有关的原始资料。原始资料必须真实、准确、齐全。

《建设工程安全生产管理条例》对此有类似规定。

4.不得干预投标人的责任

《建设工程质量管理条例》第十条规定：建设工程发包单位不得迫使承包方以低于成本价格竞标。

在这里，承包方主要指勘察、设计和施工单位。《招标投标法》从规范投标人竞标行为的角度，在第三十三条规定“投标人不得以低于成本的报价竞标”。建设单位迫使施工单位实施违法的建设行为自然是法律所不允许的。

《建设工程质量管理条例》第十条还规定：建设单位不得任意压缩合理工期，不得明示或者暗示设计单位或者施工单位违反工程建设强制性标准，降低建设工程质量。《建设工程安全生产管理条例》也有类似规定。

5. 送审施工图的责任

《建设工程质量管理条例》第十一条规定：施工图设计文件审查的具体办法，由国务院建设行政主管部门、国务院其他有关部门制定。施工图设计文件未经审查批准的，不得使用。

根据这一规定，施工图设计文件审查成为基本建设必须进行的一道程序，建设单位应当严格执行。关于施工图设计文件审查的主要内容，《建设工程勘察设计管理条例》第三十三条进一步明确规定：县级以上人民政府有关行政主管部门"应当对施工图设计文件中涉及公共利益、公众安全、工程建设强制性标准的内容进行审查"。施工图设计文件未经审查或者审查不合格，建设单位擅自施工的，建设单位除被责令整改外，还应当承担罚款的行政责任。

6.委托监理的责任

建设工程监理，是指具有相应资质条件的工程监理单位依法接受建设单位的委托，依照法律法规以及有关技术标准、设计文件和建设工程承包合同，对建设工程质量、建设工期和建设资金使用等实施的专业化监督管理。

《建筑法》第三十条第一款规定：国家推行建筑工程监理制度。建设单位与其委托的工程监理单位应当订立书面委托合同。工程监理单位应当根据建设单位的委托，客观、公正地执行监理业务。

根据《建设工程质量管理条例》第十二条的规定，实行监理的建设工程，建设单位应当委托具有相应资质等级的工程监理单位进行监理，也可以委托具有工程监理相应资质等级并与被监理工程的施工承包单位没有隶属关系或者其他利害关系的该工程的设计单位进行监理。下列建设工程必须实行监理：

（1）国家重点建设工程；

（2）大中型公用事业工程；

（3）成片开发建设的住宅小区工程；

（4）利用外国政府或者国际组织贷款、援助资金的工程；

（5）国家规定必须实行监理的其他工程。

7.确保提供的材料设备符合要求的责任

《建设工程质量管理条例》第十四条规定：按照合同约定，由建设单位采购建筑材料、建筑构配件和设备的，建设单位应当保证建筑材料、建筑构配件和设备符合设计文件和合同要求。

建设单位提供的建筑材料、建筑构配件和设备不符合设计文件和合同要求，属于违约行为，应当向施工单位承担违约责任，施工单位有权拒绝接收这些货物。

我国《建设工程施工合同（示范文本）》（GF—2017—0201）也对此作出了相关约定：

第 8.3.1 项：发包人按一览表约定的内容提供材料和工程设备，并向承包人提供产品合格证明及出厂证明，对其质量负责。发包人应提前 24 小时以书面形式通知承包人、监理人材料和工程设备到货时间，承包人负责材料和工程设备的清点、检验和接收。

发包人提供的材料和工程设备的规格、数量或质量不符合合同约定的，或因发包人原因导致交货日期延误或交货地点变更等情况的，按照发包人违约约定办理。

第 8.4.1 项：发包人供应的材料和工程设备使用前，由承包人负责检验，检验费用由发包人承担，不合格的不得使用。

8.不得擅自改变主体和承重结构进行装修的责任

《建设工程质量管理条例》第十五条规定：涉及建筑主体和承重结构变动的装修工程，建设单位应当在施工前委托原设计单位或者具有相应资质等级的设计单位提出设计方案；没有设计方案的，不得施工。

9.依法组织竣工验收的责任

《建设工程质量管理条例》第十六条第一款规定：建设单位收到建设工程竣工报告后，应当组织设计、施工、工程监理等有关单位进行竣工验收。

建设工程竣工验收是施工全过程的最后一道程序，是建设投资成果转入生产或使用的标志，也是全面考核投资效益、检验设计和施工质量的重要环节。根据该条例的规定，建设工程竣工验收应当具备下列条件：

（1）完成建设工程设计和合同约定的各项内容；

（2）有完整的技术档案和施工管理资料；

（3）有工程使用的主要建筑材料、建筑构配件和设备的进场试验报告；

（4）有勘察、设计、施工、工程监理等单位分别签署的质量合格文件；

（5）有施工单位签署的工程保修书。

在工程实践中，部分建设单位忽视竣工验收的重要性，未经竣工验收或验收不合格，即将工程提前交付使用。这种不规范的行为很容易产生质量问题，并会在发承包双方之间就质量责任归属问题产生争议。《建设工程质量管理条例》第十六条第三款明确规定："建设工程经验收合格的，方可交付使用。"

此外，根据最高人民法院的有关司法解释规定，建设工程未经竣工验收，发包人擅自使用后，又以使用部分质量不符合约定为由主张权利的，人民法院不予支持，但是承包人应当在建设工程的合理使用寿命内对地基基础工程和主体结构质量承担民事责任。

10.移交建设项目档案的责任

根据《建设工程质量管理条例》第十七条规定，建设单位应当严格按照国家有关档案管理的规定，向建设行政主管部门或者其他有关部门移交建设项目档案。

6.2.2 勘察、设计单位的质量责任

1.勘察、设计单位共同的责任

（1）依法承揽工程的责任

《建设工程质量管理条例》强调了勘察、设计单位的资质等级许可制度。第十八条规定：从事建设工程勘察、设计的单位应当依法取得相应等级的资质证书，并在其资质等级许可的范围内承揽工程。

禁止勘察、设计单位超越其资质等级许可的范围或者以其他勘察、设计单位的名义承揽工程。禁止勘察、设计单位允许其他单位或者个人以本单位的名义承揽工程。

勘察、设计单位不得转包或者违法分包所承揽的工程。

（2）执行强制性标准的责任

《建设工程质量管理条例》第十九条规定：勘察、设计单位必须按照工程建设强制性标准进行勘察、设计，并对其勘察、设计的质量负责。注册建筑师、注册结构工程师等注册执业人员应当在设计文件上签字，对设计文件负责。

2.勘察单位的质量责任

《建设工程质量管理条例》第二十条规定：勘察单位提供的地质、测量、水文

等勘察成果必须真实、准确。

3.设计单位的质量责任

（1）科学设计的责任

《建设工程质量管理条例》第二十一条规定：设计单位应当根据勘察成果文件进行建设工程设计。

设计文件应当符合国家规定的设计深度要求，注明工程合理使用年限。

（2）选择材料设备的责任

《建设工程质量管理条例》第二十二条规定：设计单位在设计文件中选用的建筑材料、建筑构配件和设备，应当注明规格、型号、性能等技术指标，其质量要求必须符合国家规定的标准。

除有特殊要求的建筑材料、专用设备、工艺生产线等外，设计单位不得指定生产厂、供应商。

（3）设计交底的责任

《建设工程质量管理条例》第二十三条规定：设计单位应当就审查合格的施工图设计文件向施工单位作出详细说明。

由于施工图是设计单位设计的，设计单位对施工图会有更深刻的理解，由其对施工单位作出说明是非常必要的，有助于施工单位理解施工图，保证工程质量。

《建设工程勘察设计管理条例》第三十条规定：建设工程勘察、设计单位应当在建设工程施工前，向施工单位和监理单位说明建设工程勘察、设计意图，解释建设工程勘察、设计文件。建设工程勘察、设计单位应当及时解决施工中出现的勘察、设计问题。

（4）参与质量事故分析的责任

《建设工程质量管理条例》第二十四条规定：设计单位应当参与建设工程质量事故分析，并对因设计造成的质量事故，提出相应的技术处理方案。

6.2.3 施工单位的质量责任

1.依法承揽工程的责任

《建设工程质量管理条例》第二十五条规定：施工单位应当依法取得相应等级的资质证书，并在其资质等级许可的范围内承揽工程。禁止施工单位超越本单位资质等级许可的业务范围或者以其他施工单位的名义承揽工程。禁止施工单位允许其他单位或者个人以本单位的名义承揽工程。施工单位不得转包或者违法分包工程。

2.建立质量保证体系的责任

《建设工程质量管理条例》第二十六条规定：施工单位对建设工程的施工质量负责。

施工单位应当建立质量责任制，确定工程项目的项目经理、技术负责人和施工管理负责人。

建设工程实行总承包的，总承包单位应当对全部建设工程质量负责；建设工程勘察、设计、施工、设备采购的一项或者多项实行总承包的，总承包单位应当对其承包的建设工程或者采购的设备的质量负责。

3.分包单位保证工程质量的责任

《建设工程质量管理条例》第二十七条规定：总承包单位依法将建设工程分包给其他单位的，分包单位应当按照分包合同的约定对其分包工程的质量向总承包单位负责，总承包单位与分包单位对分包工程的质量承担连带责任。

4.按图施工的责任

《建设工程质量管理条例》第二十八条规定：施工单位必须按照工程设计图纸和施工技术标准施工，不得擅自修改工程设计，不得偷工减料。

施工单位在施工过程中发现设计文件和图纸有差错的,应当及时提出意见和建议。

工程设计图纸和施工技术标准都属于合同文件的一部分，如果施工单位没有按照工程设计图纸施工，首先要对建设单位承担违约责任。同时，由于不按照工程设计图纸和工程技术标准施工存在潜在的巨大的社会危害性，法律又将其确定为违法行为。

如果施工单位在施工的过程中发现施工图中确实存在一定的问题，或者存在修改后可以提高施工图质量的情况，可以提出意见和建议，按照正常程序提请变更。

对于需要变更的情形，要依程序申请变更。

5.对建筑材料、构配件和设备进行检验的责任

《建设工程质量管理条例》第二十九条规定：施工单位必须按照工程设计要求、施工技术标准和合同约定，对建筑材料、建筑构配件、设备和商品混凝土进行检验，

检验应当有书面记录和专人签字；未经检验或者检验不合格的，不得使用。

施工单位对建筑材料、建筑构配件、设备和商品混凝土的检验是保证工程质量的重要环节。如果不能把住这道关口，就可能使劣质的建筑材料、构配件和设备用于工程，会留下质量和安全的隐患。

6.对施工质量进行检验的责任

《建设工程质量管理条例》第三十条规定：施工单位必须建立、健全施工质量的检验制度，严格工序管理，做好隐蔽工程的质量检查和记录。隐蔽工程在隐蔽前，施工单位应当通知建设单位和建设工程质量监督机构。

隐蔽工程具有不可逆性，对隐蔽工程的验收应当严格按照法律法规、强制性标准及合同约定进行。《民法典》第七百九十八条规定：隐蔽工程在隐蔽以前，承包人应当通知发包人检查。发包人没有及时检查的，承包人可以顺延工程日期，并有权请求赔偿停工、窝工等损失。

由于隐蔽工程将要被后一道工序所覆盖，所以要在覆盖之前进行验收。而且验收的数据作为最终验收的数据。对此，《建设工程施工合同（示范文本）》（GF—2017—0201）第5.3款进行了约定：工程具备隐蔽条件或达到专用条款约定的中间验收部位，工程隐蔽部位经承包人自检确认具备覆盖条件的，承包人应在共同检查前48小时书面通知监理人检查，通知中应载明隐蔽检查的内容、时间和地点，并应附有自检记录和必要的检查资料。监理人应按时到场并对隐蔽工程及其施工工艺、材料和工程设备进行检查。经监理人检查确认质量符合隐蔽要求，并在验收记录上签字后，承包人才能进行覆盖。经监理人检查质量不合格的，承包人应在监理人指示的时间内完成修复，并由监理人重新检查，由此增加的费用和（或）延误的工期由承包人承担。

7.见证取样的责任

《建设工程质量管理条例》第三十一条规定：施工人员对涉及结构安全的试块、试件以及有关材料，应当在建设单位或者工程监理单位监督下现场取样，并送具有相应资质等级的质量检测单位进行检测。

在工程施工过程中，为了控制工程总体或局部施工质量，需要依据有关技术标准和规定的方法，对用于工程的材料和构件抽取一定数量的样品进行检测，并根据检测结果判断其所代表部位的质量。为了加强对建设工程质量检测的管理，根据《建筑法》和《建设工程质量管理条例》，住房城乡建设部于2022年发布《建设工程质量检测管理办法》，该办法规定：①申请检测机构资质的单位应当是具有独立法人资格的企业、事业单位，或者依法设立的合伙企业，并具备相应的人员、仪器设备、检测场所、质量保证体系等条件。②检测机构与所检测建设工程相关的建设、施工、监理单位，以及建筑材料、建筑构配件和设备供应单位不得有隶属关系或者其他利害关系。检测机构及其工作人员不得推荐或者监制建筑材料、建筑构配件和设备。③建设单位委托检测机构开展建设工程质量检测活动的，建设单位或者监理单位应当对建设工程质量检测活动实施见证。见证人员应当制作见证记录，记录取样、制样、标识、封志、送检以及现场检测等情况，并签字确认。④提供检测试样的单位和个人，应当对检测试样的符合性、真实性及代表性负责。⑤检测机构在检测过程中发现建设、施工、监理单位存在违反有关法律法规规定和工程建设强制性标准等行为，以及检测项目涉及结构安全、主要使用功能检测结果不合格的，应当及时报告建设工程所在地县级以上地方人民政府住房和城乡建设主管部门。

8.缺陷维修和质量保修的责任

《建设工程质量管理条例》第三十二条规定：施工单位对施工中出现质量问题的建设工程或者竣工验收不合格的建设工程，应当负责返修。

在建设工程竣工验收合格前，施工单位应对质量问题履行返修义务；建设工程竣工验收合格后，施工单位应对保修期内出现的质量问题履行保修义务。《民法典》第八百零一条对施工单位的返修义务也有相应规定："因施工人的原因致使建设工程质量不符合约定的，发包人有权请求施工人在合理期限内无偿修理或者返工、改建。经过修理或者返工、改建后，造成逾期交付的，施工人应当承担违约责任。"返修包括修理和返工。

6.2.4 工程监理单位的质量责任

1.依法承揽业务的责任

《建设工程质量管理条例》第三十四条规定：工程监理单位应当依法取得相应等级的资质证书，并在其资质等级许可的范围内承担工程监理业务。

禁止工程监理单位超越本单位资质等级许可的范围或者以其他工程监理单位的名义承担工程监理业务。禁止工程监理单位允许其他单位或者个人以本单位的名义承担工程监理业务。

工程监理单位不得转让工程监理业务。

2.独立监理的责任

《建设工程质量管理条例》第三十五条规定：工程监理单位与被监理工程的施工承包单位以及建筑材料、建筑构配件和设备供应单位有隶属关系或者其他利害关系的，不得承担该项建设工程的监理业务。

独立是公正的前提条件，监理单位如果不独立是不可能保持公正的。

3.依法监理的责任

《建设工程质量管理条例》第三十六条规定：工程监理单位应当依照法律法规以及有关技术标准、设计文件和建设工程承包合同，代表建设单位对施工质量实施监理，并对施工质量承担监理责任。

《建设工程质量管理条例》第三十八条规定：监理工程师应当按照工程监理规范的要求，采取旁站、巡视和平行检验等形式，对建设工程实施监理。

4.确认质量的责任

《建设工程质量管理条例》第三十七条规定：工程监理单位应当选派具备相应资格的总监理工程师和监理工程师进驻施工现场。

未经监理工程师签字，建筑材料、建筑构配件和设备不得在工程上使用或者安装，施工单位不得进行下一道工序施工。未经总监理工程师签字，建设单位不拨付工程款，不进行竣工验收。

6.3　建设工程质量保修与缺陷责任期制度

6.3.1　建设工程质量保修制度

所谓建设工程质量保修，是指建设工程竣工验收后在保修期限内出现的质量缺陷或质量问题，由施工单位依照法律规定或合同约定予以修复。其中，质量缺陷是指建设工程的质量不符合工程建设强制性标准以及合同的约定。

建设工程实行质量保修制度，是《建筑法》确立的一项基本法律制度。《建设工程质量管理条例》则在建设工程的保修范围、保修期限和保修责任等方面，对该项制度作出了更具体的规定。

1.工程质量保修书

《建设工程质量管理条例》第三十九条第二款规定：建设工程承包单位在向建设单位提交工程竣工验收报告时，应当向建设单位出具质量保修书。质量保修书中应当明确建设工程的保修范围、保修期限和保修责任等。

《建设工程质量管理条例》第十六条规定的“有施工单位签署的工程保修书”是建设工程竣工验收应具备的条件之一。工程质量保修书也是一种合同，是发承包双方就保修范围、保修期限和保修责任等设立权利义务的协议，集中体现了承包单位对发包单位的工程质量保修承诺。

实践证明，一份完善的质量保修书，除了条例规定的保修范围、保修期限和保修责任等基本内容外，还应当包括保修金的有关约定，特别是应当明确保修金的具体返还期限。

2.保修范围和最低保修期限

《建设工程质量管理条例》第四十条规定了保修范围，及其在正常使用条件下各自对应的最低保修期限：

（1）基础设施工程、房屋建筑的地基基础工程和主体结构工程，为设计文件规定的该工程的合理使用年限；

（2）屋面防水工程、有防水要求的卫生间、房间和外墙面的防渗漏，为 5 年；

（3）供热与供冷系统，为两个采暖期、供冷期；

（4）电气管线、给排水管道、设备安装和装修工程，为 2 年。

上述保修范围属于法律强制性规定。超出该范围的其他项目的保修不是强制的，而是属于发承包双方意思自治的领域。在工程实践中，通常由发包方在招标文件中事先明确规定，或由双方在竣工验收前另行达成约定。最低保修期限同样属于法律强制性规定，发承包双方约定的保修期限不得低于条例规定的期限，但可以延长。

3.保修责任

《建设工程质量管理条例》第四十一条规定：建设工程在保修范围和保修期限内发生质量问题的，施工单位应当履行保修义务，并对造成的损失承担赔偿责任。

根据该条规定，质量问题应当发生在保修范围和保修期限以内，是施工单位承担保修责任的两个前提条件。《房屋建筑工程质量保修办法》规定了三种不属于保修范围的情况，分别是：

（1）因使用不当造成的质量缺陷；

（2）第三方造成的质量缺陷；

（3）不可抗力造成的质量缺陷。

根据国家有关规定及行业惯例，就工程质量保修事宜，建设单位和施工单位应遵守如下基本程序：

（1）建设工程在保修期限内出现质量缺陷，建设单位应当向施工单位发出保修通知。

（2）施工单位接到保修通知后，应当到现场核查情况，在保修书约定的时间内予以保修。发生涉及结构安全或者严重影响使用功能的紧急抢修事故，施工单位接到保修通知后，应当立即到达现场抢修。

（3）施工单位不按工程质量保修书约定保修的，建设单位可以另行委托其他单位保修，由原施工单位承担相应责任。

（4）保修费用由造成质量缺陷的责任方承担。如果质量缺陷是由于施工单位未按照工程建设强制性标准和合同要求施工造成的，则施工单位不仅要负责保修，还要承担保修费用。但是，如果质量缺陷是由于设计单位、勘察单位或建设单位、监理单位的原因造成的，施工单位仅负责保修，其有权对由此发生的保修费用向建设单位索赔。建设单位向施工单位承担赔偿责任后，有权向造成质量缺陷的责任方追偿。

6.3.2 建设工程缺陷责任期制度

2005 年 1 月 12 日，原建设部、财政部联合发布了《建设工程质量保证金管理暂行办法》，2016 年 12 月 27 日，住房城乡建设部、财政部联合发布了《建设工程质量保证金管理办法》，并于 2017 年 6 月对其进行了修订。该办法确立了我国建设工程缺陷责任期制度，完善了质量保修制度，尤其是质量保证金预留及返还安排制度。

1.质量保证金的含义

建设工程质量保证金（保修金）是指发包人与承包人在建设工程承包合同中约定，从应付的工程款中预留，用以保证承包人在缺陷责任期内对建设工程出现的缺陷进行维修的资金。

缺陷是指建设工程质量不符合工程建设强制性标准、设计文件，以及承包合同的约定。

2.缺陷责任期

缺陷责任期从工程通过竣（交）工验收之日起计。由于承包人原因导致工程无法按规定期限进行竣（交）工验收的，缺陷责任期从实际通过竣（交）工验收之日起计。由于发包人原因导致工程无法按规定期限进行竣（交）工验收的，在承包人提交竣（交）工验收报告90天后，工程自动进入缺陷责任期。

缺陷责任期一般为六个月、十二个月或二十四个月，具体可由发包、承包双方在合同中约定。

缺陷责任期内，由承包人原因造成的缺陷，承包人应负责维修，并承担鉴定及维修费用。如承包人不维修也不承担费用，发包人可按合同约定扣除保证金，并由承包人承担违约责任。承包人维修并承担相应费用后，不免除对工程的一般损失赔偿责任。

由他人原因造成的缺陷，发包人负责组织维修，承包人不承担费用，且发包人不得从保证金中扣除费用。

3.质量保证金的数额

发包人应当在招标文件中明确保证金预留、返还等内容，并与承包人在合同条款中对涉及保证金的下列事项进行约定：

（1）保证金预留、返还方式；

（2）保证金预留比例、期限；

（3）保证金是否计付利息，如计付利息，利息的计算方式；

（4）缺陷责任期的期限及计算方式；

（5）保证金预留、返还及工程维修质量、费用等争议的处理程序；

（6）缺陷责任期内出现缺陷的索赔方式。

建设工程竣工结算后，发包人应按照合同约定及时向承包人支付工程结算价款并预留保证金。

保证金总预留比例不得高于工程价款结算总额的3%。合同约定由承包人以银行保函替代预留保证金的，保函金额不得高于工程价款结算总额的3%。

采用工程质量保证担保、工程质量保险等其他保证方式的，发包人不得再预留保证金。

4.质量保证金的返还

缺陷责任期内，承包人认真履行合同约定的责任，到期后，承包人向发包人申请返还保证金。发包人在接到承包人返还保证金申请后，应于 14 日内会同承包人按照合同约定的内容进行核实。如无异议，发包人应当在核实后 14 日内将保证金返还给承包人，逾期支付的，从逾期之日起，按照同期银行贷款利率或全国银行间同业拆借中心公布的贷款市场报价利率计付利息，并承担违约责任。发包人在接到承包人返还保证金申请后 14 日内不予答复，经催告后 14 日内仍不予答复，视同认可承包人的返还保证金申请。

另据《最高人民法院关于审理建设工程施工合同纠纷案件适用法律问题的解释（一）》第十七条的规定，有下列情形之一，承包人请求发包人返还工程质量保证金的，人民法院应予支持：

（1）当事人约定的工程质量保证金返还期限届满；

（2）当事人未约定工程质量保证金返还期限的，自建设工程通过竣工验收之日起满二年；

（3）因发包人原因建设工程未按约定期限进行竣工验收的，自承包人提交工程竣工验收报告九十日后当事人约定的工程质量保证金返还期限届满；当事人未约定工程质量保证金返还期限的，自承包人提交工程竣工验收报告九十日后起满二年。

发包人返还工程质量保证金后，不影响承包人根据合同约定或者法律规定履行工程保修义务。

6.3.3 工程质量事故报告制度

根据《建设工程质量管理条例》第五十二条第一款的规定，建设工程发生质量事故，有关单位应当在 24 小时内向当地建设行政主管部门和其他有关部门报告。对重大质量事故，事故发生地的建设行政主管部门和其他有关部门应当按照事故类别和等级向当地人民政府和上级建设行政主管部门和其他有关部门报告。

根据国务院《生产安全事故报告和调查处理条例》，重大事故，是指造成 10 人以上 30 人以下死亡，或者 50 人以上 100 人以下重伤，或者 5000 万元以上 1 亿元以下直接经济损失的事故。

《建设工程质量管理条例》第五十二条第二款还规定：“特别重大质量事故的调

查程序按照国务院有关规定办理。”根据国务院《生产安全事故报告和调查处理条例》，特别重大事故，是指造成30人以上死亡，或者100人以上重伤（包括急性工业中毒，下同），或者1亿元以上直接经济损失的事故。对于特别重大质量事故的调查处理，应按国务院《生产安全事故报告和调查处理条例》及有关规定进行。

6.4 竣工验收备案制度

《建设工程质量管理条例》第四十九条规定：建设单位应当自建设工程竣工验收合格之日起15日内，将建设工程竣工验收报告和规划、公安消防、环保等部门出具的认可文件或者准许使用文件报建设行政主管部门或者其他有关部门备案。

据此，建设单位组织竣工验收合格，尚需报规划、消防、环保、节能相关部门，并报送建设工程档案。建设行政主管部门或者其他有关部门发现建设单位在竣工验收过程中有违反国家有关建设工程质量管理规定行为的，责令停止使用，重新组织竣工验收。

6.4.1 建设工程竣工规划验收

建设单位应当按照规划条件进行建设；确需变更的，必须向城市、县人民政府城乡规划主管部门提出申请。变更内容不符合控制性详细规划的，城乡规划主管部门不得批准。城市、县人民政府城乡规划主管部门应当及时将依法变更后的规划条件通报同级土地主管部门并公示。建设单位应当及时将依法变更后的规划条件报有关人民政府土地主管部门备案。

《城乡规划法》第四十五条规定：县级以上地方人民政府城乡规划主管部门按照国务院规定对建设工程是否符合规划条件予以核实。未经核实或者经核实不符合规划条件的，建设单位不得组织竣工验收。建设单位应当在竣工验收后六个月内向城乡规划主管部门报送有关竣工验收资料。

依据本条规定，第一，核实规划条件的主管部门是“县级以上地方人民政府城乡规划主管部门”，不包括国务院住房和城乡建设主管部门；第二，进行核实必须符合国务院规定；第三，核实的依据是“规划条件”。按照这一规定，建设单位在组织竣工验收前，报经主管部门核实。

如建设单位未在建设工程竣工验收后六个月内向城乡规划主管部门报送有关竣工验收资料的，由所在地城市、县人民政府城乡规划主管部门责令限期补报；逾期不补报的，处一万元以上五万元以下的罚款。

6.4.2 建设工程竣工消防验收

1.消防验收制度

《消防法》第十条规定：对按照国家工程建设消防技术标准需要进行消防设计的建设工程，实行建设工程消防设计审查验收制度。

《消防法》第十三条规定：“国务院住房和城乡建设主管部门规定应当申请消防验收的建设工程竣工，建设单位应当向住房和城乡建设主管部门申请消防验收。

前款规定以外的其他建设工程，建设单位在验收后应当报住房和城乡建设主管部门备案，住房和城乡建设主管部门应当进行抽查。

依法应当进行消防验收的建设工程，未经消防验收或者消防验收不合格的，禁止投入使用；其他建设工程经依法抽查不合格的，应当停止使用。”

2.需办理消防验收的工程范围

住房城乡建设部《建设工程消防设计审查验收管理暂行规定》第二十六条规定：对特殊建设工程实行消防验收制度。特殊建设工程竣工验收后，建设单位应当向消防设计审查验收主管部门申请消防验收；未经消防验收或者消防验收不合格的，禁止投入使用。

《建设工程消防设计审查验收管理暂行规定》第十四条规定：“具有下列情形之一的建设工程是特殊建设工程：

（一）总建筑面积大于二万平方米的体育场馆、会堂，公共展览馆、博物馆的展示厅；

（二）总建筑面积大于一万五千平方米的民用机场航站楼、客运车站候车室、客运码头候船厅；

（三）总建筑面积大于一万平方米的宾馆、饭店、商场、市场；

（四）总建筑面积大于二千五百平方米的影剧院，公共图书馆的阅览室，营业性室内健身、休闲场馆，医院的门诊楼，大学的教学楼、图书馆、食堂，劳动密集型企业的生产加工车间，寺庙、教堂；

（五）总建筑面积大于一千平方米的托儿所、幼儿园的儿童用房，儿童游乐厅等室内儿童活动场所，养老院、福利院，医院、疗养院的病房楼，中小学校的教学楼、图书馆、食堂，学校的集体宿舍，劳动密集型企业的员工集体宿舍；

（六）总建筑面积大于五百平方米的歌舞厅、录像厅、放映厅、卡拉OK厅、夜总会、游艺厅、桑拿浴室、网吧、酒吧，具有娱乐功能的餐馆、茶馆、咖啡厅；

（七）国家工程建设消防技术标准规定的一类高层住宅建筑；

（八）城市轨道交通、隧道工程，大型发电、变配电工程；

（九）生产、储存、装卸易燃易爆危险物品的工厂、仓库和专用车站、码头，易燃易爆气体和液体的充装站、供应站、调压站；

（十）国家机关办公楼、电力调度楼、电信楼、邮政楼、防灾指挥调度楼、广播电视楼、档案楼；

（十一）设有本条第一项至第六项所列情形的建设工程；

（十二）本条第十项、第十一项规定以外的单体建筑面积大于四万平方米或者建筑高度超过五十米的公共建筑。”

3.消防验收的申请与受理

（1）建设单位组织竣工验收时，应当对建设工程是否符合下列要求进行查验：①完成工程消防设计和合同约定的消防各项内容；②有完整的工程消防技术档案和施工管理资料（含涉及消防的建筑材料、建筑构配件和设备的进场试验报告）；③建设单位对工程涉及消防的各分部分项工程验收合格；施工、设计、工程监理、技术服务等单位确认工程消防质量符合有关标准；④消防设施性能、系统功能联调联试等内容检测合格。

经查验不符合前款规定的建设工程，建设单位不得编制工程竣工验收报告。

（2）建设单位申请消防验收，应当提交下列材料：①消防验收申请表；②工程竣工验收报告；③涉及消防的建设工程竣工图纸。

消防设计审查验收主管部门受理消防验收申请后，应当按照国家有关规定，对特殊建设工程进行现场评定。现场评定包括对建筑物防（灭）火设施的外观进行现场抽样查看；通过专业仪器设备对涉及距离、高度、宽度、长度、面积、厚度等可测量的指标进行现场抽样测量；对消防设施的功能进行抽样测试、联调联试消防设施的系统功能等内容。

消防设计审查验收主管部门应当自受理消防验收申请之日起十五日内出具消防验收意见。对符合条件的，应当出具消防验收合格意见；对不符合前款规定条件的，消防设计审查验收主管部门应当出具消防验收不合格意见，并说明理由。

6.4.3　建设工程环保与节能验收

1.建设工程环境保护设施验收

《环境保护法》第四十一条规定：建设项目中防治污染的设施，应当与主体工程同时设计、同时施工、同时投产使用。防治污染的设施应当符合经批准的环境影响评价文件的要求，不得擅自拆除或者闲置。

《建设项目环境保护管理条例》第十五条也规定：建设项目需要配套建设的环境保护设施，必须与主体工程同时设计、同时施工、同时投产使用。

《建设项目环境保护管理条例》明确，编制环境影响报告书、环境影响报告表的建设项目竣工后，建设单位应当按照国务院环境保护行政主管部门规定的标准和程序，对配套建设的环境保护设施进行验收，编制验收报告。分期建设、分期投入生产或者使用的建设项目，其相应的环境保护设施应当分期验收。

建设单位在环境保护设施验收过程中，应当如实查验、监测、记载建设项目环境保护设施的建设和调试情况，不得弄虚作假。除按照国家规定需要保密的情形外，建设单位应当依法向社会公开验收报告。

编制环境影响报告书、环境影响报告表的建设项目，其配套建设的环境保护设施经验收合格，方可投入生产或者使用；未经验收或者验收不合格的，不得投入生产或者使用。建设项目投入生产或者使用后，应当按照国务院环境保护行政主管部门的规定开展环境影响后评价。

2.建筑工程节能验收

《节约能源法》第三十五条规定：建筑工程的建设、设计、施工和监理单位应当遵守建筑节能标准。不符合建筑节能标准的建筑工程，建设主管部门不得批准开工建设；已经开工建设的，应当责令停止施工、限期改正；已经建成的，不得销售或者使用。

《民用建筑节能条例》第十七条进一步明确：建设单位组织竣工验收，应当对民用建筑是否符合民用建筑节能强制性标准进行查验；对不符合民用建筑节能强制性标准的，不得出具竣工验收合格报告。

《民用建筑节能条例》第二十条规定：对具备可再生能源利用条件的建筑，建设单位应当选择合适的可再生能源，用于采暖、制冷、照明和热水供应等；设计单位应当按照有关可再生能源利用的标准进行设计。

建设可再生能源利用设施，应当与建筑主体工程同步设计、同步施工、同步验收。

6.4.4 竣工验收备案及工程档案移交

1.竣工验收备案

根据《房屋建筑和市政基础设施工程竣工验收备案管理办法》的相关规定，建设单位应当自工程竣工验收合格之日起 15 日内，向工程所在地的县级以上地方人民政府住房和城乡建设主管部门备案。

建设单位办理工程竣工验收备案应当提交下列文件：

（1）工程竣工验收备案表。

（2）工程竣工验收报告。竣工验收报告应当包括工程报建日期，施工许可证号，施工图设计文件审查意见，勘察、设计、施工、工程监理等单位分别签署的质量合格文件及验收人员签署的竣工验收原始文件，市政基础设施的有关质量检测和功能性试验资料以及备案机关认为需要提供的有关资料。

（3）法律、行政法规规定应当由规划、环保等部门出具的认可文件或者准许使用文件。

（4）法律规定应当由公安消防部门出具的对大型的人员密集场所和其他特殊建设工程验收合格的证明文件。

（5）施工单位签署的工程质量保修书。

（6）法规、规章规定必须提供的其他文件。

住宅工程还应当提交《住宅质量保证书》和《住宅使用说明书》。

备案机关收到建设单位报送的竣工验收备案文件，验证文件齐全后，应当在工程竣工验收备案表上签署文件收讫。工程质量监督机构应当在工程竣工验收之日起 5 日内，向备案机关提交工程质量监督报告。

备案机关发现建设单位在竣工验收过程中有违反国家有关建设工程质量管理规定行为的，应当在收讫竣工验收备案文件 15 日内，责令停止使用，重新组织竣工验收。

2.报送建设工程档案

城建档案，是指在城乡规划、建设及其管理活动中直接形成的对国家和社会具有保存价值的文字、图纸、图表、声像等各种载体的文件材料。

《城市建设档案管理规定》第六条规定：建设单位应当在工程竣工验收后三个月内，向城建档案馆报送一套符合规定的建设工程档案。凡建设工程档案不齐全的，应当限期补充。

停建、缓建工程的档案，暂由建设单位保管。撤销单位的建设工程档案，应当向上级主管机关或者城建档案馆移交。

对改建、扩建和重要部位维修的工程，建设单位应当组织设计、施工单位据实修改、补充和完善原建设工程档案。凡结构和平面布置等改变的，应当重新编制建设工程档案，并在工程竣工后三个月内向城建档案馆报送。

列入城建档案馆档案接收范围的工程，建设单位在组织竣工验收前，应当提请城建档案管理机构对工程档案进行预验收。预验收合格后，由城建档案管理机构出具工程档案认可文件。

建设单位在取得工程档案认可文件后，方可组织工程竣工验收。建设行政主管部门在办理竣工验收备案时，应当查验工程档案认可文件。

在线练习

7 建设工程安全生产管理

/ 本章导读 /

安全生产责任制是最为基本的安全生产制度，是其他安全生产制度得以实施的基本保障。应落实项目参与各方的安全生产责任，并结合建设领域安全生产许可制度，依法组织生产经营、及时报告处理安全生产事故。学习中应主动将安全生产的相关法律规定，与安全生产相关技术规范要求相互关联。

7.1 安全生产法

《安全生产法》经第九届全国人民代表大会常务委员会第二十八次会议于2002年6月29日通过，自2002年11月1日起施行，至今已经过三次修正。

《安全生产法》的立法目的在于加强安全生产工作，防止和减少生产安全事故，保障人民群众生命和财产安全，促进经济社会持续健康发展。《安全生产法》包括七章，共一百一十九条。对生产经营单位的安全生产保障、从业人员的权利和义务、安全生产的监督管理、生产安全事故的应急救援与调查处理四个主要方面作出了规定。

在中华人民共和国领域内从事生产经营活动的单位的安全生产，适用安全生产法；有关法律、行政法规对消防安全和道路交通安全、铁路交通安全、水上交通安全、民用航空安全以及核与辐射安全、特种设备安全另有规定的，适用其规定。

7.1.1 生产经营单位的安全生产保障

1. 组织保障措施

（1）建立安全生产保障体系

生产经营单位必须要建立安全生产保障体系。《安全生产法》第二十四条在建立安全生产保障体系上进一步作出了规定："矿山、金属冶炼、建筑施工、运输单位和危险物品的生产、经营、储存、装卸单位，应当设置安全生产管理机构或者配备专职安全生产管理人员。前款规定以外的其他生产经营单位，从业人员超过一百人的，应当设置安全生产管理机构或者配备专职安全生产管理人员；从业人员在一百人以下的，应当配备专职或者兼职的安全生产管理人员。"

（2）明确岗位责任

①生产经营单位的主要负责人的职责

《安全生产法》第五条规定：生产经营单位的主要负责人是本单位安全生产第一责任人，对本单位的安全生产工作全面负责。其他负责人对职责范围内的安全生产工作负责。本条所称生产经营单位的主要负责人，对于不同组织形式的企业有所不同。生产经营单位的法定代表人和实际控制人同为安全生产的第一责任人。

生产经营单位的主要负责人对本单位安全生产工作负有下列职责:

（一）建立健全并落实本单位全员安全生产责任制，加强安全生产标准化建设;

（二）组织制定并实施本单位安全生产规章制度和操作规程;

（三）组织制定并实施本单位安全生产教育和培训计划;

（四）保证本单位安全生产投入的有效实施;

（五）组织建立并落实安全风险分级管控和隐患排查治理双重预防工作机制，督促、检查本单位的安全生产工作，及时消除生产安全事故隐患;

（六）组织制定并实施本单位的生产安全事故应急救援预案;

（七）及时、如实报告生产安全事故。

②安全生产管理机构以及安全生产管理人员的职责

生产经营单位的安全生产管理机构以及安全生产管理人员履行下列职责:

（一）组织或者参与拟订本单位安全生产规章制度、操作规程和生产安全事故应急救援预案;

（二）组织或者参与本单位安全生产教育和培训，如实记录安全生产教育和培训情况;

（三）组织开展危险源辨识和评估，督促落实本单位重大危险源的安全管理措施;

（四）组织或者参与本单位应急救援演练;

（五）检查本单位的安全生产状况，及时排查生产安全事故隐患，提出改进安全生产管理的建议;

（六）制止和纠正违章指挥、强令冒险作业、违反操作规程的行为;

（七）督促落实本单位安全生产整改措施。

生产经营单位可以设置专职安全生产分管负责人，协助本单位主要负责人履行安全生产管理职责。

（3）安全设施的设计施工及验收

生产经营单位新建、改建、扩建工程项目的安全设施，必须与主体工程同时设计、同时施工、同时投入生产和使用。安全设施投资应当纳入建设项目概算。

建设项目安全设施的设计人、设计单位应当对安全设施设计负责。

矿山、金属冶炼建设项目和用于生产、储存、装卸危险物品的建设项目的安全设施设计应当按照国家有关规定报经有关部门审查，审查部门及其负责审查的人员对审查结果负责。

矿山、金属冶炼建设项目和用于生产、储存、装卸危险物品的建设项目的施工单位必须按照批准的安全设施设计施工，并对安全设施的工程质量负责。矿山、金属冶炼建设项目和用于生产、储存、装卸危险物品的建设项目竣工投入生产或者使用前，应当由建设单位负责组织对安全设施进行验收；验收合格后，方可投入生产和使用。

2.管理保障措施

（1）人力资源管理

①对主要负责人和安全生产管理人员的管理

生产经营单位的主要负责人和安全生产管理人员必须具备与本单位所从事的生产经营活动相应的安全生产知识和管理能力。

危险物品的生产、经营、储存、装卸单位以及矿山、金属冶炼、建筑施工、运输单位的主要负责人和安全生产管理人员，应当由主管的负有安全生产监督管理职责的部门对其安全生产知识和管理能力考核合格。

②从业人员培训

生产经营单位应当对从业人员进行安全生产教育和培训，保证从业人员具备必要的安全生产知识，熟悉有关的安全生产规章制度和安全操作规程，掌握本岗位的安全操作技能，了解事故应急处理措施，知悉自身在安全生产方面的权利和义务。未经安全生产教育和培训合格的从业人员，不得上岗作业。

生产经营单位采用新工艺、新技术、新材料或者使用新设备，必须了解、掌握其安全技术特性，采取有效的安全防护措施，并对从业人员进行专门的安全生产教育和培训。

生产经营单位的特种作业人员必须按照国家有关规定经专门的安全作业培训，取得相应资格，方可上岗作业。

（2）设备及场所管理

生产经营单位应当在有较大危险因素的生产经营场所和有关设施、设备上，设置明显的安全警示标志。

国家对严重危及生产安全的工艺、设备实行淘汰制度，生产经营单位不得使用应当淘汰的危及生产安全的工艺、设备。

生产、经营、储存、使用危险物品的车间、商店、仓库不得与员工宿舍在同一座建筑物内，并应当与员工宿舍保持安全距离。生产经营场所和员工宿舍应当设有符合紧急疏散要求、标志明显、保持畅通的出口、疏散通道。禁止占用、锁闭、封堵生产经营场所或者员工宿舍的出口、疏散通道。

两个以上生产经营单位在同一作业区域内进行生产经营活动，可能危及对方生产安全的，应当签订安全生产管理协议，明确各自的安全生产管理职责和应当采取的安全措施，并指定专职安全生产管理人员进行安全检查与协调。

7.1.2 从业人员安全生产的权利和义务

生产经营单位的从业人员，是指该单位从事生产经营活动各项工作的所有人员，包括管理人员、技术人员和各岗位的工人，也包括生产经营单位临时聘用的人员。《安全生产法》第六条规定："生产经营单位的从业人员有依法获得安全生产保障的权利，并应当依法履行安全生产方面的义务。"

1. 安全生产中从业人员的权利

（1）保障劳动权益的权利

《安全生产法》第五十二条规定：生产经营单位与从业人员订立的劳动合同，应当载明有关保障从业人员劳动安全、防止职业危害的事项，以及依法为从业人员办理工伤保险的事项。

生产经营单位不得以任何形式与从业人员订立协议，免除或者减轻其对从业人员因生产安全事故伤亡依法应承担的责任。

（2）知情权

《安全生产法》第五十三条规定：生产经营单位的从业人员有权了解其作业场所和工作岗位存在的危险因素、防范措施及事故应急措施，有权对本单位的安全生产工作提出建议。

（3）批评权和检举、控告权

《安全生产法》第五十四条规定：从业人员有权对本单位安全生产工作中存在的问题提出批评、检举、控告。

同时，《安全生产法》第六十条规定：工会有权对建设项目的安全设施与主体工程同时设计、同时施工、同时投入生产和使用进行监督，提出意见。

工会对生产经营单位违反安全生产法律、法规，侵犯从业人员合法权益的行为，有权要求纠正；发现生产经营单位违章指挥、强令冒险作业或者发现事故隐患时，有权提出解决的建议，生产经营单位应当及时研究答复；发现危及从业人员生命安全的情况时，有权向生产经营单位建议组织从业人员撤离危险场所，生产经营单位必须立即作出处理。

工会有权依法参加事故调查，向有关部门提出处理意见，并要求追究有关人员的责任。

（4）拒绝权

《安全生产法》第五十四条同时规定：从业人员有权拒绝违章指挥和强令冒险作业。生产经营单位不得因从业人员对本单位安全生产工作提出批评、检举、控告或者拒绝违章指挥、强令冒险作业而降低其工资、福利等待遇或者解除与其订立的劳动合同。

（5）紧急避险权

《安全生产法》第五十五条规定：从业人员发现直接危及人身安全的紧急情况时，有权停止作业或者在采取可能的应急措施后撤离作业场所。

（6）请求赔偿权

《安全生产法》第五十六条规定：因生产安全事故受到损害的从业人员，除依法享有工伤保险外，依照有关民事法律尚有获得赔偿的权利的，有权提出赔偿要求。

（7）获得劳动防护用品的权利

《安全生产法》第四十五条规定：生产经营单位必须为从业人员提供符合国家标准或者行业标准的劳动防护用品，并监督、教育从业人员按照使用规则佩戴、使用。

2. 安全生产中从业人员的义务

（1）遵守安全生产规章制度的义务

《安全生产法》第五十七条规定：从业人员在作业过程中，应当严格落实岗位安全责任，遵守本单位的安全生产规章制度和操作规程，服从管理，正确佩戴和使用劳动防护用品。

（2）接受安全生产教育培训的义务

《安全生产法》第五十八条规定：从业人员应当接受安全生产教育和培训，掌握本职工作所需的安全生产知识，提高安全生产技能，增强事故预防和应急处理能力。

（3）危险报告义务

《安全生产法》第五十九条规定：从业人员发现事故隐患或者其他不安全因素，应当立即向现场安全生产管理人员或者本单位负责人报告；接到报告的人员应当及时予以处理。

7.1.3　安全生产的监督管理

1. 安全生产监督管理部门

根据《安全生产法》和《建设工程安全生产管理条例》的有关规定，国务院负责安全生产监督管理的部门对全国建设工程安全生产工作实施综合监督管理。国务院建设行政主管部门对全国建设工程安全生产实施监督管理。国务院铁路、交通、水利等有关部门按照国务院的职责分工，负责有关专业建设工程安全生产的监督管理。

根据《建设工程安全生产管理条例》第四十四条的规定，建设行政主管部门或者其他有关部门可以将施工现场的监督检查委托给建设工程安全监督机构具体实施。

2.安全生产监督管理措施

《安全生产法》第六十三条规定：负有安全生产监督管理职责的部门依照有关法律、法规的规定，对涉及安全生产的事项需要审查批准或者验收的，必须严格依照有关法律、法规和国家标准或者行业标准规定的安全生产条件和程序进行审查；不符合有关法律、法规和国家标准或者行业标准规定的安全生产条件的，不得批准或者验收通过。对未依法取得批准或者验收合格的单位擅自从事有关活动的，负责行政审批的部门发现或者接到举报后应当立即予以取缔，并依法予以处理。对已经依法取得批准的单位，负责行政审批的部门发现其不再具备安全生产条件的，应当撤销原批准。

依据该规定，《建设工程安全生产管理条例》第四十二条进一步规定：建设行政主管部门在审核发放施工许可证时，应当对建设工程是否有安全施工措施进行审查，对没有安全施工措施的，不得颁发施工许可证。

7.2 建设工程安全生产管理条例

《建设工程安全生产管理条例》于2003年11月12日经国务院第28次常务会议通过，于2003年11月24日以中华人民共和国国务院令第393号公布，自2004年2月1日起施行。

《建设工程安全生产管理条例》的立法目的在于加强建设工程安全生产监督管理，保障人民群众生命和财产安全。《建筑法》和《安全生产法》是制定该条例的基本法律依据。该条例是《建筑法》和《安全生产法》在工程建设领域的进一步细化与延伸。《建设工程安全生产管理条例》分为八章，共包括七十一条。分别对建设单位、施工单位、工程监理单位以及勘察、设计和其他有关单位的安全责任作出了规定。

《建设工程安全生产管理条例》第二条规定：“在中华人民共和国境内从事建设

工程的新建、扩建、改建和拆除等有关活动及实施对建设工程安全生产的监督管理，必须遵守本条例。本条例所称建设工程，是指土木工程、建筑工程、线路管道和设备安装工程及装修工程。”

7.2.1 建设工程安全生产管理基本制度

依据《建筑法》《安全生产法》的规定，《建设工程安全生产管理条例》进一步明确了建设工程安全生产管理基本制度。

1. 安全生产责任制度

安全生产责任制度是建筑生产中最基本的安全管理制度，是所有安全规章制度的核心。安全生产责任制度是指将各种不同的安全责任落实到负有安全管理责任的人员和具体岗位人员身上的一种制度。这一制度是“安全第一，预防为主”方针的具体体现，是建筑安全生产的基本制度。

安全生产责任制度的主要内容包括：

（1）从事建筑活动主体的负责人的责任制

施工单位主要负责人依法对本单位的安全生产工作全面负责。

（2）从事建筑活动主体的职能机构或职能处室负责人及其工作人员的安全生产责任制

建筑企业根据需要设置的安全处室或者专职安全人员要对安全负责。

（3）岗位人员的安全生产责任制

岗位人员必须对安全负责。从事特种作业的安全人员必须进行培训，经过考试合格后方能上岗作业。

2. 群防群治制度

群防群治制度是职工群众进行安全预防和治理的一种制度。这一制度要求建筑企业职工在施工中应当遵守有关生产的法律、法规和建筑行业安全规章、规程，不得违章作业；对于危及生命安全和身体健康的行为有权提出批评、检举和控告。

3. 安全生产教育培训制度

安全生产教育培训制度是对广大建筑干部职工进行安全教育培训、提高安全意识、增加安全知识和技能的制度。安全生产，人人有责。只有对广大职工进行安全教育、培训，才能使广大职工真正认识到安全生产的重要性、必要性，才能使广大职工掌握更多更有效的安全生产的科学技术知识，牢固树立“安全第一”的思想，自觉遵守各项安全生产规章制度。

4. 安全生产检查制度

安全生产检查制度是上级管理部门或企业自身对安全生产状况进行定期或不定期检查的制度。通过检查可以发现问题，查出隐患，从而采取有效措施，堵塞漏洞，把事故消灭在发生之前，做到防患于未然，是“预防为主”思想的具体体现。通过检查，还可总结出好的经验加以推广，为进一步搞好安全工作打下基础。安全检查制度是安全生产的保障。

5. 伤亡事故处理报告制度

施工中发生事故时，建筑企业应当采取紧急措施减少人员伤亡和事故损失，并按照国家有关规定及时向有关部门报告。事故处理必须遵循一定的程序，做到“三不放过”，即事故原因不清不放过、事故责任者和群众没有受到教育不放过、没有防范措施不放过。通过对事故的严格处理，可以总结出教训，为制定规程、规章提供第一手素材，做到亡羊补牢。

6. 安全责任追究制度

建设单位、设计单位、施工单位、监理单位，由于没有履行职责造成人员伤亡和事故损失的，视情节给予相应处理：情节严重的，责令停业整顿，降低资质等级或吊销资质证书；构成犯罪的，依法追究刑事责任。

7.2.2 建设单位的安全责任

1. 向施工单位提供资料的责任

《建设工程安全生产管理条例》第六条规定：建设单位应当向施工单位提供施工现场及毗邻区域内供水、排水、供电、供气、供热、通信、广播电视等地下管线资料，气象和水文观测资料，相邻建筑物和构筑物、地下工程的有关资料，并保证资料的真实、准确、完整。

建设单位因建设工程需要，向有关部门或者单位查询前款规定的资料时，有关部门或者单位应当及时提供。

建设单位提供的资料将成为施工单位后续工作的主要参考依据。这些资料如果不真实、不准确、不完整，并因此导致了施工单位的损失，施工单位可以就此向建设单位要求赔偿。

2. 依法履行合同的责任

《建设工程安全生产管理条例》第七条规定：建设单位不得对勘察、设计、施工、工程监理等单位提出不符合建设工程安全生产法律、法规和强制性标准规定的要求，不得压缩合同约定的工期。

建设单位与勘察、设计、施工、工程监理等单位都是完全平等的合同双方的关系，不存在建设单位是这些单位的管理单位的关系。建设单位对这些单位的要求必须要以合同为根据并不得触犯相关的法律、法规。

工期并非不可进行合理优化，此处的“不得压缩合同约定的工期”指的是不得单方面压缩工期。如果由于外界的原因不得不压缩工期的话，也要在不违背施工工艺的前提下，与合同另一方当事人协商并达成一致意见后方可压缩。

3. 提供安全生产费用的责任

《建设工程安全生产管理条例》第八条规定：建设单位在编制工程概算时，应当确定建设工程安全作业环境及安全施工措施所需费用。

安全生产需要资金的保证，而这笔资金的源头就是建设单位。只有建设单位提供了用于安全生产的费用，施工单位才可能有保证安全生产的资金。

4. 不得推销劣质材料设备的责任

《建设工程安全生产管理条例》第九条规定：建设单位不得明示或者暗示施工单位购买、租赁、使用不符合安全施工要求的安全防护用具、机械设备、施工机具及配件、消防设施和器材。

由于建设单位与施工单位的特殊关系，建设单位的明示或者暗示经常被施工单位理解为是强制性的命令。因此，法律明确规定了建设单位不得向施工单位推销劣质材料，以解除施工单位进退两难的处境。

5. 提供安全施工措施资料的责任

《建设工程安全生产管理条例》第十条规定：建设单位在申请领取施工许可证

时，应当提供建设工程有关安全施工措施的资料。

依法批准开工报告的建设工程，建设单位应当自开工报告批准之日起十五日内，将保证安全施工的措施报送建设工程所在地的县级以上地方人民政府建设行政主管部门或者其他有关部门备案。

6. 依法发包拆除工程的责任

《建设工程安全生产管理条例》第十一条规定：建设单位应当将拆除工程发包给具有相应资质等级的施工单位。建设单位应当在拆除工程施工十五日前，将规定的资料报送建设工程所在地的县级以上地方人民政府建设行政主管部门或者其他有关部门备案。

7.2.3 工程监理单位的安全责任

根据《建设工程安全生产管理条例》相关规定，工程监理单位的安全责任主要体现在：

1. 审查施工组织设计的责任

工程监理单位应当审查施工组织设计中的安全技术措施或者专项施工方案是否符合工程建设强制性标准。

施工组织设计是整个施工过程的指导文件，具有十分重要的作用。根据《建设工程安全生产管理条例》的相关规定，施工组织设计中必须包含安全技术措施和施工现场临时用电方案。对达到一定规模的危险性较大的分部分项工程，施工单位还应当编制专项施工方案。工程监理单位应当对这些安全技术措施和专项施工方案进行审查，审查的重点是其是否符合工程建设强制性标准。

2. 安全隐患报告的责任

工程监理单位在实施监理过程中，发现存在安全事故隐患的，应当要求施工单位整改；情况严重的，应当要求施工单位暂时停止施工，并及时报告建设单位。施工单位拒不整改或者不停止施工的，工程监理单位应当及时向有关主管部门报告。

3. 依法监理的责任

工程监理单位和监理工程师应当按照法律、法规和工程建设强制性标准实施监理，并对建设工程安全生产承担监理责任。

根据《建设工程安全生产管理条例》第五十七条的有关规定，工程监理单位违反有关法定义务，视情形将可能分别受到责令停业整顿并处罚款、降低资质等级、吊销资质证书等行政处罚；构成犯罪的，其直接责任人员要承担刑事责任；造成损失的，工程监理单位还要依法承担民事赔偿责任。

7.2.4 施工单位的安全责任

1.施工单位人员的安全责任

（1）主要负责人

加强对施工单位安全生产的管理，首先要明确责任人。《建设工程安全生产管理条例》第二十一条第一款规定：施工单位主要负责人依法对本单位的安全生产工作全面负责。在这里，“主要负责人”并不仅限于施工单位的法定代表人，而是指对施工单位全面负责，有生产经营决策权的人。

明确施工单位主要负责人对安全生产工作全面负责，是贯彻“安全第一、预防为主”方针的基本要求，也是被实践证明的行之有效的“管生产必须同时管安全”原则在法律制度上的具体体现。根据《建设工程安全生产管理条例》的有关规定，施工单位主要负责人的安全生产方面的主要职责包括：

①建立健全安全生产责任制度和安全生产教育培训制度。

②制定安全生产规章制度和操作规程。

③保证本单位安全生产条件所需资金的投入。

④对所承担的建设工程进行定期和专项安全检查，并做好安全检查记录。

（2）项目负责人

《建设工程安全生产管理条例》第二十一条第二款规定：施工单位的项目负责人应当由取得相应执业资格的人员担任，对建设工程项目的安全施工负责。

项目负责人的安全责任主要包括：

①落实安全生产责任制度、安全生产规章制度和操作规程；

②确保安全生产费用的有效使用；

③根据工程的特点组织制定安全施工措施，消除安全事故隐患；

④及时、如实报告生产安全事故。

（3）安全生产管理机构和专职安全生产管理人员

根据《建设工程安全生产管理条例》第二十三条的规定，“施工单位应当设立安全生产管理机构，配备专职安全生产管理人员”。

①安全生产管理机构的设立及其职责

安全生产管理机构是指施工单位及其在建设工程项目中设置的负责安全生产管理工作的独立职能部门。安全生产管理机构的职责主要包括：落实国家有关安全生产法律法规和标准、编制并适时更新安全生产管理制度、组织开展全员安全教育培训及安全检查等活动。

②专职安全生产管理人员的职责

专职安全生产管理人员是指经建设主管部门或者其他有关部门安全生产考核合格，并取得安全生产考核合格证书在企业从事安全生产管理工作的专职人员，包括施工单位安全生产管理机构的负责人及其工作人员和施工现场专职安全生产管理人员。

根据《建设工程安全生产管理条例》第二十三条的有关规定，专职安全生产管理人员负责对安全生产进行现场监督检查，发现安全事故隐患，应当及时向项目负责人和安全生产管理机构报告；对于违章指挥、违章操作的，应当立即制止。

2. 总承包单位和分包单位的安全责任

（1）总承包单位的安全责任

《建设工程安全生产管理条例》第二十四条规定：建设工程实行施工总承包的，由总承包单位对施工现场的安全生产负总责。同时，为了防止违法分包和转包等行为的发生，真正落实施工总承包单位的安全责任，《建设工程安全生产管理条例》进一步强调，总承包单位应当自行完成建设工程主体结构的施工。

（2）总承包单位与分包单位的安全责任划分

《建设工程安全生产管理条例》第二十四条还规定：总承包单位依法将建设工程分包给其他单位的，分包合同中应当明确各自的安全生产方面的权利、义务。总承包单位和分包单位对分包工程的安全生产承担连带责任。分包单位应当服从总承包单位的安全生产管理，分包单位不服从管理导致生产安全事故的，由分包单位承担主要责任。

3. 安全生产教育培训

（1）管理人员的考核

《建设工程安全生产管理条例》第三十六条规定：施工单位的主要负责人、项目负责人、专职安全生产管理人员应当经建设行政主管部门或者其他有关部门考核合格后方可任职。

（2）作业人员的安全生产教育培训

①日常的安全生产教育培训

《建设工程安全生产管理条例》第三十六条还规定：施工单位应当对管理人员和作业人员每年至少进行一次安全生产教育培训，其教育培训情况记入个人工作档案。安全生产教育培训考核不合格的人员，不得上岗。

②新岗位培训

《建设工程安全生产管理条例》第三十七条规定：作业人员进入新的岗位或者新的施工现场前，应当接受安全生产教育培训。未经教育培训或者教育培训考核不合格的人员，不得上岗作业。施工单位在采用新技术、新工艺、新设备、新材料时，应当对作业人员进行相应的安全生产教育培训。

③特种作业人员的培训

《建设工程安全生产管理条例》第二十五条规定：垂直运输机械作业人员、安装拆卸工、爆破作业人员、起重信号工、登高架设作业人员等特种作业人员，必须按照国家有关规定经过专门的安全作业培训，并取得特种作业操作资格证书后，方可上岗作业。

4. 施工单位应采取的安全措施

（1）编制安全技术措施、施工现场临时用电方案和专项施工方案

《建设工程安全生产管理条例》第二十六条规定：施工单位应当在施工组织设计中编制安全技术措施和施工现场临时用电方案，对下列达到一定规模的危险性较大的分部分项工程编制专项施工方案，并附具安全验算结果，经施工单位技术负责人、总监理工程师签字后实施，由专职安全生产管理人员进行现场监督：

①基坑支护与降水工程；

②土方开挖工程；

③模板工程；

④起重吊装工程；

⑤脚手架工程；

⑥拆除、爆破工程；

⑦国务院建设行政主管部门或者其他有关部门规定的其他危险性较大的工程。

对前款所列工程中涉及深基坑、地下暗挖工程、高大模板工程的专项施工方案，施工单位还应当组织专家进行论证、审查。

（2）安全施工技术交底

《建设工程安全生产管理条例》第二十七条规定：建设工程施工前，施工单位负责项目管理的技术人员应当对有关安全施工的技术要求向施工作业班组、作业人员作出详细说明，并由双方签字确认。施工前安全施工技术交底的目的就是让所有的安全生产从业人员都对安全生产有所了解，最大限度避免安全事故的发生。

（3）施工现场安全管理

《建设工程安全生产管理条例》第二十八条第一款规定：施工单位应当在施工现场入口处、施工起重机械、临时用电设施、脚手架、出入通道口、楼梯口、电梯井口、孔洞口、桥梁口、隧道口、基坑边沿、爆破物及有害危险气体和液体存放处等危险部位，设置明显的安全警示标志。安全警示标志必须符合国家标准。

对施工现场危险部位的一项重要管理工作是设置明显的安全警示标志。安全警示标志是提醒人们注意的各种标牌、文字、符号和灯光等。

（4）施工现场的安全防护

《建设工程安全生产管理条例》第二十八条第二款规定："施工单位应当根据不同施工阶段和周围环境及季节、气候的变化，在施工现场采取相应的安全施工措施。施工现场暂时停止施工的，施工单位应当做好现场防护，所需费用由责任方承担，或者按照合同约定执行"。

（5）施工现场的布置应当符合安全和文明施工要求

《建设工程安全生产管理条例》第二十九条规定：施工单位应当将施工现场的办公、生活区与作业区分开设置，并保持安全距离；办公、生活区的选址应当符合安全性要求。职工的膳食、饮水、休息场所等应当符合卫生标准。施工单位不得在尚未竣工的建筑物内设置员工集体宿舍。

同时，《建设工程安全生产管理条例》还规定：施工现场临时搭建的建筑物应当符合安全使用要求。施工现场使用的装配式活动房屋应当具有产品合格证。临时建筑物一般包括施工现场的办公用房、宿舍、食堂、仓库、卫生间等。这些设施虽然是临时搭建的，但由于直接用于现场工作人员的生产生活，因此必须符合安全使用要求。

（6）对周边环境采取防护措施

工程建设不能以牺牲环境为代价，施工单位在进行施工时必须要采取措施减少对周边环境的不良影响。《建筑法》第四十一条规定：建筑施工企业应当遵守有关环境保护和安全生产的法律、法规的规定，采取控制和处理施工现场的各种粉尘、废气、废水、固体废物以及噪声、振动对环境的污染和危害的措施。

《建设工程安全生产管理条例》第三十条规定：施工单位对因建设工程施工可

能造成损害的毗邻建筑物、构筑物和地下管线等，应当采取专项防护措施。施工单位应当遵守有关环境保护法律、法规的规定，在施工现场采取措施，防止或者减少粉尘、废气、废水、固体废物、噪声、振动和施工照明对人和环境的危害和污染。在城市市区内的建设工程，施工单位应当对施工现场实行封闭围挡。

（7）施工现场的消防安全措施

《建设工程安全生产管理条例》第三十一条规定：施工单位应当在施工现场建立消防安全责任制度，确定消防安全责任人，制定用火、用电、使用易燃易爆材料等各项消防安全管理制度和操作规程，设置消防通道、消防水源，配备消防设施和灭火器材，并在施工现场入口处设置明显标志。

（8）安全防护设备管理

《建设工程安全生产管理条例》第三十四条规定：施工单位采购、租赁的安全防护用具、机械设备、施工机具及配件，应当具有生产（制造）许可证、产品合格证，并在进入施工现场前进行查验。

施工现场的安全防护用具、机械设备、施工机具及配件必须由专人管理，定期进行检查、维修和保养，建立相应的资料档案，并按照国家有关规定及时报废。

作业人员应当遵守安全施工的强制性标准、规章制度和操作规程，正确使用安全防护用具、机械设备等。

（9）起重机械设备管理

《建设工程安全生产管理条例》第三十五条规定：施工单位在使用施工起重机械和整体提升脚手架、模板等自升式架设设施前，应当组织有关单位进行验收，也可以委托具有相应资质的检验检测机构进行验收；使用承租的机械设备和施工机具及配件的，由施工总承包单位、分包单位、出租单位和安装单位共同进行验收。验收合格的方可使用。

《特种设备安全监察条例》规定的施工起重机械，在验收前应当经有相应资质的检验检测机构监督检验合格。

施工单位应当自施工起重机械和整体提升脚手架、模板等自升式架设设施验收合格之日起 30 日内，向建设行政主管部门或者其他有关部门登记。登记标志应当置于或者附着于该设备的显著位置。

依据《特种设备安全监察条例》第二条，作为特种设备的施工起重机械指的是“涉及生命安全、危险性较大的”起重机械。

（10）办理意外伤害保险

《建设工程安全生产管理条例》第三十八条规定：施工单位应当为施工现场从

事危险作业的人员办理意外伤害保险。意外伤害保险费由施工单位支付。实行施工总承包的，由总承包单位支付意外伤害保险费。意外伤害保险期限自建设工程开工之日起至竣工验收合格止。

5. 勘察、设计单位的安全责任

（1）勘察单位的安全责任

建设工程勘察是工程建设的基础性工作。建设工程勘察文件，是建设工程项目规划、选址和设计的重要依据，其勘察成果是否科学、准确，对建设工程安全生产具有重要影响。

①确保勘察文件的质量，以保证后续工作的安全的责任

《建设工程安全生产管理条例》第十二条规定：勘察单位应当按照法律、法规和工程建设强制性标准进行勘察，提供的勘察文件应当真实、准确，满足建设工程安全生产的需要。

②科学勘察，以保证周边建筑物安全的责任

同时，《建设工程安全生产管理条例》还规定：勘察单位在勘察作业时，应当严格执行操作规程，采取措施保证各类管线、设施和周边建筑物、构筑物的安全。

（2）设计单位的安全责任

《建设工程安全生产管理条例》第十三条规定：设计单位应当按照法律、法规和工程建设强制性标准进行设计，防止因设计不合理导致生产安全事故的发生。

设计单位应当考虑施工安全操作和防护的需要，对涉及施工安全的重点部位和环节在设计文件中注明，并对防范生产安全事故提出指导意见。

采用新结构、新材料、新工艺的建设工程和特殊结构的建设工程，设计单位应当在设计中提出保障施工作业人员安全和预防生产安全事故的措施建议。

设计单位和注册建筑师等注册执业人员应当对其设计负责。

6. 其他相关单位的安全责任

（1）机械设备和配件供应单位的安全责任

《建设工程安全生产管理条例》第十五条规定：为建设工程提供机械设备和配件的单位，应当按照安全施工的要求配备齐全有效的保险、限位等安全设施和装置。

（2）出租机械设备和施工机具及配件单位的安全责任

《建设工程安全生产管理条例》第十六条规定：出租的机械设备和施工机具及配件，应当具有生产（制造）许可证、产品合格证。出租单位应当对出租的机械设

备和施工机具及配件的安全性能进行检测，在签订租赁协议时，应当出具检测合格证明。禁止出租检测不合格的机械设备和施工机具及配件。

（3）施工起重机械和自升式架设设施的安全管理

①安装与拆卸

《建设工程安全生产管理条例》第十七条第一款规定：在施工现场安装、拆卸施工起重机械和整体提升脚手架、模板等自升式架设设施，必须由具有相应资质的单位承担。

《建设工程安全生产管理条例》还规定：安装、拆卸施工起重机械和整体提升脚手架、模板等自升式架设设施，应当编制拆装方案、制定安全施工措施，并由专业技术人员现场监督。施工起重机械和整体提升脚手架、模板等自升式架设设施安装完毕后，安装单位应当自检，出具自检合格证明，并向施工单位进行安全使用说明，办理验收手续并签字。

②检验检测

《建设工程安全生产管理条例》第十八条规定：施工起重机械和整体提升脚手架、模板等自升式架设设施的使用达到国家规定的检验检测期限的，必须经具有专业资质的检验检测机构检测。经检测不合格的，不得继续使用。

《建设工程安全生产管理条例》第十九条规定：检验检测机构对检测合格的施工起重机械和整体提升脚手架、模板等自升式架设设施，应当出具安全合格证明文件，并对检测结果负责。

7.3 生产安全事故的应急救援与调查处理

7.3.1 生产安全事故的应急救援

1.生产安全事故的分类

2007 年 6 月 1 日起施行的《生产安全事故报告和调查处理条例》对生产安全事故作出了明确的分类。根据生产安全事故造成的人员伤亡或者直接经济损失，事故一般分为以下等级：

（1）特别重大事故，是指造成 30 人以上死亡，或者 100 人以上重伤（包括急性工业中毒，下同），或者1亿元以上直接经济损失的事故；

（2）重大事故，是指造成10人以上30人以下死亡，或者50人以上100人以下重伤，或者5000万元以上1亿元以下直接经济损失的事故；

（3）较大事故，是指造成3人以上10人以下死亡，或者10人以上50人以下重伤，或者1000万元以上5000万元以下直接经济损失的事故；

（4）一般事故，是指造成3人以下死亡，或者10人以下重伤，或者1000万元以下直接经济损失的事故。

这里所称的“以上”包括本数，所称的“以下”不包括本数。

2. 应急救援体系的建立

根据《安全生产法》相关规定，县级以上地方各级人民政府应当组织有关部门制定本行政区域内生产安全事故应急救援预案，建立应急救援体系。

生产经营单位应当制定本单位生产安全事故应急救援预案，与所在地县级以上地方人民政府组织制定的生产安全事故应急救援预案相衔接，并定期组织演练。

危险物品的生产、经营、储存单位以及矿山、金属冶炼、城市轨道交通运营、建筑施工单位应当建立应急救援组织；生产经营规模较小的，可以不建立应急救援组织，但应当指定兼职的应急救援人员。各单位应配备必要的应急救援器材、设备和物资，并进行经常性维护、保养，保证正常运转。

7.3.2 生产安全事故报告

1.《安全生产法》关于生产安全事故报告的规定

根据《安全生产法》的规定，生产安全事故的报告应当遵守以下程序：

（1）生产经营单位发生生产安全事故后，事故现场有关人员应当立即报告本单位负责人。

（2）单位负责人接到事故报告后，应当迅速采取有效措施，组织抢救，防止事故扩大，减少人员伤亡和财产损失，并按照国家有关规定立即如实报告当地负有安全生产监督管理职责的部门，不得隐瞒不报、谎报或者迟报，不得故意破坏事故现场、毁灭有关证据。对于实行施工总承包的建设工程，根据《建设工程安全生产管理条例》第五十条的规定，由总承包单位负责上报事故。

（3）负有安全生产监督管理职责的部门接到事故报告后，应当立即按照国家有关规定上报事故情况。负有安全生产监督管理职责的部门和有关地方人民政府对事故情况不得隐瞒不报、谎报或者迟报。

（4）有关地方人民政府和负有安全生产监督管理职责的部门的负责人接到生产安全事故报告后，应当按照生产安全事故应急救援预案的要求立即赶到事故现场，组织事故抢救。

2.《生产安全事故报告和调查处理条例》关于生产安全事故报告的规定

《生产安全事故报告和调查处理条例》在《安全生产法》的基础上作出了进一步的详细规定。

（1）事故单位的报告

事故发生后，事故现场有关人员应当立即向本单位负责人报告；单位负责人接到报告后，应当于1小时内向事故发生地县级以上人民政府安全生产监督管理部门和负有安全生产监督管理职责的有关部门报告。

情况紧急时，事故现场有关人员可以直接向事故发生地县级以上人民政府安全生产监督管理部门和负有安全生产监督管理职责的有关部门报告。

（2）监管部门的报告

①生产安全事故的逐级报告

安全生产监督管理部门和负有安全生产监督管理职责的有关部门接到事故报告后，应当依照下列规定上报事故情况，并通知公安机关、劳动保障行政部门、工会和人民检察院：

（一）特别重大事故、重大事故逐级上报至国务院安全生产监督管理部门和负有安全生产监督管理职责的有关部门；

（二）较大事故逐级上报至省、自治区、直辖市人民政府安全生产监督管理部门和负有安全生产监督管理职责的有关部门；

（三）一般事故上报至设区的市级人民政府安全生产监督管理部门和负有安全生产监督管理职责的有关部门。

安全生产监督管理部门和负有安全生产监督管理职责的有关部门依照前款规定上报事故情况，应当同时报告本级人民政府。国务院安全生产监督管理部门和负有安全生产监督管理职责的有关部门以及省级人民政府接到发生特别重大事故、重大事故的报告后，应当立即报告国务院。

必要时，安全生产监督管理部门和负有安全生产监督管理职责的有关部门可以越级上报事故情况。

②生产安全事故报告的时间要求

安全生产监督管理部门和负有安全生产监督管理职责的有关部门逐级上报事故情况，每级上报的时间不得超过两小时。

事故报告后出现新情况的，应当及时补报。自事故发生之日起 30 日内，事故造成的伤亡人数发生变化的，应当及时补报。道路交通事故、火灾事故自发生之日起 7 日内，事故造成的伤亡人数发生变化的，应当及时补报。

（3）应急救援

事故发生单位负责人接到事故报告后，应当立即启动事故相应应急预案，或者采取有效措施，组织抢救，防止事故扩大，减少人员伤亡和财产损失。

事故发生地有关地方人民政府、安全生产监督管理部门和负有安全生产监督管理职责的有关部门接到事故报告后，其负责人应当立即赶赴事故现场，组织事故救援。

（4）现场与证据

事故发生后，有关单位和人员应当妥善保护事故现场以及相关证据，任何单位和个人不得破坏事故现场、毁灭相关证据。

因抢救人员、防止事故扩大以及疏通交通等原因，需要移动事故现场物件的，应当做出标志，绘制现场简图并做出书面记录，妥善保存现场重要痕迹、物证。

7.3.3 生产安全事故调查处理

1.《生产安全事故报告和调查处理条例》对生产安全事故调查的规定

（1）事故调查的管辖

①级别管辖

特别重大事故由国务院或者国务院授权有关部门组织事故调查组进行调查。重大事故、较大事故、一般事故分别由事故发生地省级人民政府、设区的市级人民政府、县级人民政府负责调查。省级人民政府、设区的市级人民政府、县级人民政府可以直接组织事故调查组进行调查，也可以授权或者委托有关部门组织事故调查组进行调查。未造成人员伤亡的一般事故，县级人民政府也可以委托事故发生单位组织事故调查组进行调查。

上级人民政府认为必要时，可以调查由下级人民政府负责调查的事故。

自事故发生之日起 30 日内（道路交通事故、火灾事故自发生之日起 7 日内），因事故伤亡人数变化导致事故等级发生变化，依照《生产安全事故报告和调查处理条例》规定应当由上级人民政府负责调查的，上级人民政府可以另行组织事故调查组进行调查。

②地域管辖

特别重大事故以下等级事故，事故发生地与事故发生单位不在同一个县级以上行政区域的，由事故发生地人民政府负责调查，事故发生单位所在地人民政府应当派人参加。

（2）调查的时限

事故调查组应当自事故发生之日起60日内提交事故调查报告；特殊情况下，经负责事故调查的人民政府批准，提交事故调查报告的期限可以适当延长，但延长的期限最长不超过60日。

事故调查中需要进行技术鉴定的，事故调查组应当委托具有国家规定资质的单位进行技术鉴定。必要时，事故调查组可以直接组织专家进行技术鉴定。技术鉴定所需时间不计入事故调查期限。

2.《生产安全事故报告和调查处理条例》对生产安全事故处理的规定

（1）处理时限

重大事故、较大事故、一般事故，负责事故调查的人民政府应当自收到事故调查报告之日起15日内做出批复；特别重大事故，30日内做出批复，特殊情况下，批复时间可以适当延长，但延长的时间最长不超过30日。

（2）整改

事故发生单位应当认真吸取事故教训，落实防范和整改措施，防止事故再次发生。防范和整改措施的落实情况应当接受工会和职工的监督。

安全生产监督管理部门和负有安全生产监督管理职责的有关部门应当对事故发生单位落实防范和整改措施的情况进行监督检查。

（3）处理结果的公布

事故处理的情况由负责事故调查的人民政府或者其授权的有关部门、机构向社会公布，依法应当保密的除外。

在线练习

8 建设工程价款管理

/ 本章导读 /

按约支付工程价款是发包人的主要合同义务，掌握建设工程价款的构成、合同计价方式及其原理，是有效解决工程价款争议的专业路径。建设工程价款优先受偿权、农民工工资支付保障、中小企业款项支付保障等制度设计，体现了立法对于保障承包人获得价款支付的特别安排。应熟练掌握相关司法解释关于价款纠纷的相关规定。

8.1 建设工程价款组成

《民法典》第七百八十八条第一款规定："建设工程合同是承包人进行工程建设，发包人支付价款的合同。"可见，按约支付工程价款是发包人在建设工程交易过程中最为重要的合同义务。住房城乡建设部、财政部联合发布的经修订的《建筑安装工程费用项目组成》自2013年7月1日起施行。该费用组成依据"费用构成要素组成"和"工程造价形成顺序"两个标准，对建筑安装工程费用的组成分别进行了规定。

8.1.1 按费用构成要素组成划分

建筑安装工程费按照费用构成要素由人工费、材料（包含工程设备，下同）费、施工机具使用费、企业管理费、利润、规费和税金组成。其中人工费、材料费、施工机具使用费、企业管理费和利润包含在分部分项工程费、措施项目费、其他项目费中。

（1）人工费：是指按工资总额构成规定，支付给从事建筑安装工程施工的生产工人和附属生产单位工人的各项费用。

（2）材料费：是指施工过程中耗费的原材料、辅助材料、构配件、零件、半成品或成品、工程设备的费用。

（3）施工机具使用费：是指施工作业所发生的施工机械、仪器仪表使用费或其租赁费。

（4）企业管理费：是指建筑安装企业组织施工生产和经营管理所需的费用。

（5）利润：是指施工企业完成所承包工程获得的盈利。

（6）规费：是指按国家法律、法规规定，由省级政府和省级有关权力部门规定必须缴纳或计取的费用。

（7）税金：是指国家税法规定的应计入建筑安装工程造价内的营业税、城市维护建设税、教育费附加以及地方教育附加。

8.1.2 按工程造价形成划分

建筑安装工程费按照工程造价形成由分部分项工程费、措施项目费、其他项目费、规费、税金组成，分部分项工程费、措施项目费、其他项目费包含人工费、材料费、施工机具使用费、企业管理费和利润。

（1）分部分项工程费：是指各专业工程的分部分项工程应予列支的各项费用。

（2）措施项目费：是指为完成建设工程施工，发生于该工程施工前和施工过程中的技术、生活、安全、环境保护等方面的费用。

（3）其他项目费，包括暂列金额、计日工、总承包服务费。

（4）规费：是指按国家法律、法规规定，由省级政府和省级有关权力部门规定必须缴纳或计取的费用。

（5）税金：是指国家税法规定的应计入建筑安装工程造价内的营业税、城市维护建设税、教育费附加以及地方教育附加。

8.1.3 工程价款结算内容

依财政部《建设工程价款结算暂行办法》第七条规定，发包人、承包人应当在合同条款中对涉及工程价款结算的下列事项进行约定：(一）预付工程款的数额、支付时限及抵扣方式；(二）工程进度款的支付方式、数额及时限；(三）工程施工中发生变更时，工程价款的调整方法、索赔方式、时限要求及金额支付方式；(四）发生工程价款纠纷的解决方法；（五）约定承担风险的范围、幅度以及超出约定范围和幅度的调整办法；(六）工程竣工价款的结算与支付方式、数额及时限；(七）工程质量保证（保修）金的数额、预扣方式及时限；(八）安全措施和意外伤害保险费用；(九）工期及工期提前或延后的奖惩办法；(十）与履行合同、支付价款相关的担保事项。

可见，从工程实践视角，合同价款范围主要包括预付工程款、工程进度款、变更索赔款、风险范围、工程竣工价款、工程质量保证金、安全措施和意外伤害保险费用、提前竣工奖与误期损害赔偿、工程担保费用等。

8.2 建设工程价款支付的立法保障

随着我国经济和社会的全面发展，各地工程建设规模不断扩大，对推动国民经济增长和提高人民生活水平发挥了重要作用。但由于建设领域信用体系不健全，法制不完备和执法不严，建筑市场供求失衡，市场主体行为不规范，造成在建筑规模不断扩大的同时存在大量拖欠工程款问题。建设领域拖欠工程款现象不仅破坏了正常的经济秩序，严重影响了建筑市场的健康发展，而且进一步加剧了拖欠农民工工资问题，影响了社会稳定。

国家高度重视解决建设领域拖欠工程款、拖欠农民工工资问题，国务院办公厅早在 2003 年 11 月即下发了《国务院办公厅关于切实解决建设领域拖欠工程款问题的通知》(已废止)，后续又陆续发布多项政策文件大力清欠。但是政策文件法律效力位阶较低且稳定性差，需要通过立法予以强化。近年来，《政府投资条例》《保障中小企业款项支付条例》《保障农民工工资支付条例》等行政法规的集中出台，将工程款支付和农民工工资支付纳入了法制保障。

8.2.1 《政府投资条例》

1.建设资金落实

《政府投资条例》第五条规定：政府投资应当与经济社会发展水平和财政收支状况相适应。国家加强对政府投资资金的预算约束。政府及其有关部门不得违法违规举借债务筹措政府投资资金。

投资主管部门在对政府投资项目进行审查时，应将项目资金等主要建设条件的落实情况、初步设计及其提出的投资概算是否符合可行性研究报告批复以及国家有关标准和规范要求等内容，作为必要审查事项。

2.投资控制

《政府投资条例》第十二条规定：经投资主管部门或者其他有关部门核定的投资概算是控制政府投资项目总投资的依据。初步设计提出的投资概算超过经批准的可行性研究报告提出的投资估算 10%的，项目单位应当向投资主管部门或者其他有关部门报告，投资主管部门或者其他有关部门可以要求项目单位重新报送可行性研究报告。

政府投资项目建设投资数额原则上不得超过经核定的投资概算。因国家政策调整、价格上涨、地质条件发生重大变化等原因确需增加投资概算的，项目单位应当提出调整方案及资金来源，按照规定的程序报原初步设计审批部门或者投资概算核定部门核定；涉及预算调整或者调剂的，依照有关预算的法律、行政法规和国家有关规定办理。

3.支付保障

政府投资项目所需资金应当按照国家有关规定确保落实到位。政府投资项目不得由施工单位垫资建设。财政部门应当根据经批准的预算，按照法律、行政法规和国库管理的有关规定，及时、足额办理政府投资资金拨付。

项目单位擅自增加投资概算或要求施工单位对政府投资项目垫资建设的，责令改正，根据具体情况，暂停、停止拨付资金或者收回已拨付的资金，暂停或者停止建设活动，对负有责任的领导人员和直接责任人员依法给予处分。

8.2.2 《保障中小企业款项支付条例》

1.适用范围

机关、事业单位和大型企业采购货物、工程、服务支付中小企业款项，应当遵守本条例。部分或者全部使用财政资金的团体组织采购货物、工程、服务支付中小企业款项，参照本条例对机关、事业单位的有关规定执行。

本条例所称中小企业，是指在中华人民共和国境内依法设立，依据国务院批准的中小企业划分标准确定的中型企业、小型企业和微型企业；所称大型企业，是指中小企业以外的企业。

中小企业、大型企业依合同订立时的企业规模类型确定。中小企业与机关、事业单位、大型企业订立合同时，应当主动告知其属于中小企业。

2.交易公平

（1）机关、事业单位和大型企业不得要求中小企业接受不合理的付款期限、方式、条件和违约责任等交易条件，不得违约拖欠中小企业的货物、工程、服务款项。中小企业应当依法经营，诚实守信，按照合同约定提供合格的货物、工程和服务。

（2）机关、事业单位使用财政资金从中小企业采购货物、工程、服务，应当严格按照批准的预算执行，不得无预算、超预算开展采购。政府投资项目所需资金应当按照国家有关规定确保落实到位，不得由施工单位垫资建设。

（3）机关、事业单位和大型企业使用商业汇票等非现金支付方式支付中小企业款项的，应当在合同中作出明确、合理约定，不得强制中小企业接受商业汇票等非现金支付方式，不得利用商业汇票等非现金支付方式变相延长付款期限。

（4）机关、事业单位和国有大型企业不得强制要求以审计机关的审计结果作为结算依据，但合同另有约定或者法律、行政法规另有规定的除外。

（5）除依法设立的投标保证金、履约保证金、工程质量保证金、农民工工资保证金外，工程建设中不得收取其他保证金。保证金的收取比例应当符合国家有关规定。机关、事业单位和大型企业不得将保证金限定为现金。中小企业以金融机构保函提供保证的，机关、事业单位和大型企业应当接受。机关、事业单位和大型企业应当按照合同约定，在保证期限届满后及时与中小企业对收取的保证金进行核实和结算。

（6）机关、事业单位和大型企业不得以法定代表人或者主要负责人变更，履行内部付款流程，或者在合同未作约定的情况下以等待竣工验收批复、决算审计等为由，拒绝或者迟延支付中小企业款项。

3.付款期限

（1）机关、事业单位从中小企业采购货物、工程、服务，应当自货物、工程、服务交付之日起30日内支付款项；合同另有约定的，付款期限最长不得超过60日。

（2）大型企业从中小企业采购货物、工程、服务，应当按照行业规范、交易习惯合理约定付款期限并及时支付款项。合同约定采取履行进度结算、定期结算等结算方式的，付款期限应当自双方确认结算金额之日起算。

（3）机关、事业单位和大型企业与中小企业约定以货物、工程、服务交付后经检验或者验收合格作为支付中小企业款项条件的，付款期限应当自检验或者验收合格之日起算。

合同双方应当在合同中约定明确、合理的检验或者验收期限，并在该期限内完成检验或者验收。机关、事业单位和大型企业拖延检验或者验收的，付款期限自约定的检验或者验收期限届满之日起算。

4.法律责任

（1）机关、事业单位和大型企业迟延支付中小企业款项的，应当支付逾期利息。双方对逾期利息的利率有约定的，约定利率不得低于合同订立时1年期贷款市场报价利率；未作约定的，按照每日利率万分之五支付逾期利息。

（2）对拒绝或者迟延支付中小企业款项的机关、事业单位，应当在公务消费、办公用房、经费安排等方面采取必要的限制措施。

（3）机关、事业单位违反本条例，有下列情形之一的，由其上级机关、主管部门责令改正；拒不改正的，对直接负责的主管人员和其他直接责任人员依法给予处分：

①未在规定的期限内支付中小企业货物、工程、服务款项；

②拖延检验、验收；

③强制中小企业接受商业汇票等非现金支付方式，或者利用商业汇票等非现金支付方式变相延长付款期限；

④没有法律、行政法规依据或者合同约定，要求以审计机关的审计结果作为结算依据；

⑤违法收取保证金，拒绝接受中小企业提供的金融机构保函，或者不及时与中小企业对保证金进行核实、结算；

⑥以法定代表人或者主要负责人变更，履行内部付款流程，或者在合同未作约定的情况下以等待竣工验收批复、决算审计等为由，拒绝或者迟延支付中小企业款项；

⑦未按照规定公开逾期尚未支付中小企业款项信息；

⑧对投诉人进行恐吓、打击报复。

（4）机关、事业单位有下列情形之一的，依照法律、行政法规和国家有关规定追究责任：

①使用财政资金从中小企业采购货物、工程、服务，未按照批准的预算执行；

②要求施工单位对政府投资项目垫资建设。

（5）大型企业违反本条例，未按照规定在企业年度报告中公示逾期尚未支付中小企业款项信息或者隐瞒真实情况、弄虚作假的，由市场监督管理部门依法处理。

国有大型企业没有合同约定或者法律、行政法规依据，要求以审计机关的审计结果作为结算依据的，由其主管部门责令改正；拒不改正的，对直接负责的主管人员和其他直接责任人员依法给予处分。

5.投诉与监督

（1）机关、事业单位应当于每年 3 月 31 日前将上一年度逾期尚未支付中小企业款项的合同数量、金额等信息通过网站、报刊等便于公众知晓的方式公开。

（2）大型企业应当将逾期尚未支付中小企业款项的合同数量、金额等信息纳入企业年度报告，通过企业信用信息公示系统向社会公示。

（3）省级以上人民政府负责中小企业促进工作综合管理的部门应当建立便利畅通的渠道，受理对机关、事业单位和大型企业拒绝或者迟延支付中小企业款项的投诉。

受理投诉部门应当按照“属地管理、分级负责，谁主管谁负责”的原则，及时将投诉转交有关部门、地方人民政府处理，有关部门、地方人民政府应当依法及时处理，并将处理结果告知投诉人，同时反馈受理投诉部门。

机关、事业单位和大型企业不履行及时支付中小企业款项义务，情节严重的，受理投诉部门可以依法依规将其失信信息纳入全国信用信息共享平台，并将相关涉企信息通过企业信用信息公示系统向社会公示，依法实施失信惩戒。

被投诉的机关、事业单位和大型企业及其工作人员不得以任何形式对投诉人进行恐吓、打击报复。

（4）审计机关依法对机关、事业单位和国有大型企业支付中小企业款项情况实施审计监督。

（5）省级以上人民政府建立督查制度，对及时支付中小企业款项工作进行监督检查。

（6）国家依法开展中小企业发展环境评估和营商环境评价时，应当将及时支付中小企业款项工作情况纳入评估和评价内容。

（7）国家鼓励法律服务机构为与机关、事业单位和大型企业存在支付纠纷的中小企业提供法律服务。

（8）新闻媒体应当开展对及时支付中小企业款项相关法律法规政策的公益宣传，依法加强对机关、事业单位和大型企业拒绝或者迟延支付中小企业款项行为的舆论监督。

8.2.3 《保障农民工工资支付条例》

国务院颁布的《保障农民工工资支付条例》自2020年5月1日起施行，条例共分七章六十四条。条例所称农民工，是指为用人单位提供劳动的农村居民。条例所称工资，是指农民工为用人单位提供劳动后应当获得的劳动报酬。

1.一般规定

（1）农民工有按时足额获得工资的权利。任何单位和个人不得拖欠农民工工资。农民工工资应当以货币形式，通过银行转账或者现金支付给农民工本人，不得以实物或者有价证券等其他形式替代。

（2）用人单位实行农民工劳动用工实名制管理，与招用的农民工书面约定或者通过依法制定的规章制度规定工资支付标准、支付时间、支付方式等内容。

2.工作分工

（1）人力资源社会保障行政部门负责保障农民工工资支付工作的组织协调、管理指导和农民工工资支付情况的监督检查，查处有关拖欠农民工工资案件。

（2）住房城乡建设、交通运输、水利等相关行业工程建设主管部门按照职责履行行业监管责任，督办因违法发包、转包、违法分包、挂靠、拖欠工程款等导致的拖欠农民工工资案件。

（3）发展改革等部门按照职责负责政府投资项目的审批管理，依法审查政府投资项目的资金来源和筹措方式，按规定及时安排政府投资，加强社会信用体系建设，组织对拖欠农民工工资失信联合惩戒对象依法依规予以限制和惩戒。

（4）财政部门负责政府投资资金的预算管理，根据经批准的预算按规定及时足额拨付政府投资资金。

（5）公安机关负责及时受理、侦办涉嫌拒不支付劳动报酬刑事案件，依法处置因农民工工资拖欠引发的社会治安案件。

（6）司法行政、自然资源、人民银行、审计、国有资产管理、税务、市场监管、金融监管等部门，按照职责做好与保障农民工工资支付相关的工作。

3.工程建设领域特别规定

（1）建设单位应当有满足施工所需要的资金安排。没有满足施工所需要的资金安排的，工程建设项目不得开工建设；依法需要办理施工许可证的，相关行业工程建设主管部门不予颁发施工许可证。

政府投资项目所需资金，应当按照国家有关规定落实到位，不得由施工单位垫资建设。

（2）建设单位应当向施工单位提供工程款支付担保。

建设单位与施工总承包单位依法订立书面工程施工合同，应当约定工程款计量周期、工程款进度结算办法以及人工费用拨付周期，并按照保障农民工工资按时足额支付的要求约定人工费用。人工费用拨付周期不得超过1个月。

建设单位与施工总承包单位应当将工程施工合同保存备查。

（3）施工总承包单位与分包单位依法订立书面分包合同，应当约定工程款计量周期、工程款进度结算办法。

（4）施工总承包单位应当按照有关规定开设农民工工资专用账户，专项用于支付该工程建设项目农民工工资。

开设、使用农民工工资专用账户有关资料应当由施工总承包单位妥善保存备查。

（5）金融机构应当优化农民工工资专用账户开设服务流程，做好农民工工资专用账户的日常管理工作；发现资金未按约定拨付等情况的，及时通知施工总承包单位，由施工总承包单位报告人力资源社会保障行政部门和相关行业工程建设主管部门，并纳入欠薪预警系统。

工程完工且未拖欠农民工工资的，施工总承包单位公示 30 日后，可以申请注销农民工工资专用账户，账户内余额归施工总承包单位所有。

（6）施工总承包单位或者分包单位应当依法与所招用的农民工订立劳动合同并进行用工实名登记，具备条件的行业应当通过相应的管理服务信息平台进行用工实名登记、管理。未与施工总承包单位或者分包单位订立劳动合同并进行用工实名登记的人员，不得进入项目现场施工。

施工总承包单位应当在工程项目部配备劳资专管员，对分包单位劳动用工实施监督管理，掌握施工现场用工、考勤、工资支付等情况，审核分包单位编制的农民工工资支付表，分包单位应当予以配合。

施工总承包单位、分包单位应当建立用工管理台账，并保存至工程完工且工资全部结清后至少 3 年。

（7）建设单位应当按照合同约定及时拨付工程款，并将人工费用及时足额拨付至农民工工资专用账户，加强对施工总承包单位按时足额支付农民工工资的监督。

因建设单位未按照合同约定及时拨付工程款导致农民工工资拖欠的，建设单位应当以未结清的工程款为限先行垫付被拖欠的农民工工资。

建设单位应当以项目为单位建立保障农民工工资支付协调机制和工资拖欠预防机制，督促施工总承包单位加强劳动用工管理，妥善处理与农民工工资支付相关的矛盾纠纷。发生农民工集体讨薪事件的，建设单位应当会同施工总承包单位及时处理，并向项目所在地人力资源社会保障行政部门和相关行业工程建设主管部门报告有关情况。

（8）分包单位对所招用农民工的实名制管理和工资支付负直接责任。

施工总承包单位对分包单位劳动用工和工资发放等情况进行监督。

分包单位拖欠农民工工资的，由施工总承包单位先行清偿，再依法进行追偿。

工程建设项目转包，拖欠农民工工资的，由施工总承包单位先行清偿，再依法进行追偿。

（9）工程建设领域推行分包单位农民工工资委托施工总承包单位代发制度。

分包单位应当按月考核农民工工作量并编制工资支付表，经农民工本人签字确认后，与当月工程进度等情况一并交施工总承包单位。

施工总承包单位根据分包单位编制的工资支付表，通过农民工工资专用账户直接将工资支付到农民工本人的银行账户，并向分包单位提供代发工资凭证。

用于支付农民工工资的银行账户所绑定的农民工本人社会保障卡或者银行卡，用人单位或者其他人员不得以任何理由扣押或者变相扣押。

（10）施工总承包单位应当按照有关规定存储工资保证金，专项用于支付为所承包工程提供劳动的农民工被拖欠的工资。

工资保证金实行差异化存储办法，对一定时期内未发生工资拖欠的单位实行减免措施，对发生工资拖欠的单位适当提高存储比例。工资保证金可以用金融机构保函替代。

工资保证金的存储比例、存储形式、减免措施等具体办法，由国务院人力资源社会保障行政部门同有关部门制定。

（11）除法律另有规定外，农民工工资专用账户资金和工资保证金不得因支付为本项目提供劳动的农民工工资之外的原因被查封、冻结或者划拨。

（12）建设单位与施工总承包单位或者承包单位与分包单位因工程数量、质量、造价等产生争议的，建设单位不得因争议不按照规定拨付工程款中的人工费用，施工总承包单位也不得因争议不按照规定代发工资。

（13）建设单位或者施工总承包单位将建设工程发包或者分包给个人或者不具备合法经营资格的单位，导致拖欠农民工工资的，由建设单位或者施工总承包单位清偿。

施工单位允许其他单位和个人以施工单位的名义对外承揽建设工程，导致拖欠农民工工资的，由施工单位清偿。

（14）工程建设项目违反国土空间规划、工程建设等法律法规，导致拖欠农民工工资的，由建设单位清偿。

8.3　建设工程价款支付的司法保障

建设工程价款争议是建设领域最为重要的纠纷类型。最高人民法院先后于2004年10月和2018年12月发布《最高人民法院关于审理建设工程施工合同纠纷案件适用法律问题的解释》《最高人民法院关于审理建设工程施工合同纠纷案件适用法律问题的解释（二）》，自《民法典》施行后，最高人民法院将上述两部司法解释进行了整合，于2020年12月发布《最高人民法院关于审理建设工程施工合同纠纷案件适用法律问题的解释（一）》（以下简称“《施工合同司法解释（一）》”），自2021年1月1

日起施行。

该司法解释关于无效合同结算、黑白合同、建设工程计价、工程量争议、发包人拖延结算、垫资施工、拖欠工程款利息、建设工程价款优先受偿权的规定，为有效解决建设工程价款争议提供了司法保障。

8.3.1 建设工程合同无效的结算

1.建设工程合同无效情形

（1）《施工合同司法解释（一）》第一条规定，建设工程施工合同具有下列情形之一的，应当依据民法典第一百五十三条第一款的规定，认定无效：

①承包人未取得建筑业企业资质或者超越资质等级的；

②没有资质的实际施工人借用有资质的建筑施工企业名义的；

③建设工程必须进行招标而未招标或者中标无效的。

承包人因转包、违法分包建设工程与他人签订的建设工程施工合同，应当依据民法典第一百五十三条第一款及第七百九十一条第二款、第三款的规定，认定无效。

（2）《施工合同司法解释（一）》第三条规定：当事人以发包人未取得建设工程规划许可证等规划审批手续为由，请求确认建设工程施工合同无效的，人民法院应予支持，但发包人在起诉前取得建设工程规划许可证等规划审批手续的除外。

发包人能够办理审批手续而未办理，并以未办理审批手续为由请求确认建设工程施工合同无效的，人民法院不予支持。

2.建设工程合同无效的结算标准

（1）《民法典》第七百九十三条规定：建设工程施工合同无效，但是建设工程经验收合格的，可以参照合同关于工程价款的约定折价补偿承包人。建设工程施工合同无效，且建设工程经验收不合格的，按照以下情形处理：

①修复后的建设工程经验收合格的，发包人可以请求承包人承担修复费用；

②修复后的建设工程经验收不合格的，承包人无权请求参照合同关于工程价款的约定折价补偿。

发包人对因建设工程不合格造成的损失有过错的，应当承担相应的责任。

（2）《施工合同司法解释（一）》第二十四条规定：当事人就同一建设工程订立的数份建设工程施工合同均无效，但建设工程质量合格，一方当事人请求参照实际履行的合同关于工程价款的约定折价补偿承包人的，人民法院应予支持。

实际履行的合同难以确定，当事人请求参照最后签订的合同关于工程价款的约定折价补偿承包人的，人民法院应予支持。

8.3.2　黑白合同的结算标准

《招标投标法》第四十六条规定："招标人和中标人应当自中标通知书发出之日起三十日内，按照招标文件和中标人的投标文件订立书面合同。招标人和中标人不得再行订立背离合同实质性内容的其他协议。"工程实践中，建设工程合同当事人基于各自的利益考量，多存在中标合同或者所谓"白合同"之外另行订立"黑合同"的行为，故司法解释对于存在黑白合同时以何文件标准进行价款结算进行了规定。

1. 必须招标项目中黑白合同的价款支付

《施工合同司法解释(一)》第二条规定：招标人和中标人另行签订的建设工程施工合同约定的工程范围、建设工期、工程质量、工程价款等实质性内容，与中标合同不一致，一方当事人请求按照中标合同确定权利义务的，人民法院应予支持。

招标人和中标人在中标合同之外就明显高于市场价格购买承建房产、无偿建设住房配套设施、让利、向建设单位捐赠财物等另行签订合同，变相降低工程价款，一方当事人以该合同背离中标合同实质性内容为由请求确认无效的，人民法院应予支持。

2.非必须招标项目的黑白合同处理

《施工合同司法解释（一)》第二十三条规定：发包人将依法不属于必须招标的建设工程进行招标后，与承包人另行订立的建设工程施工合同背离中标合同的实质性内容，当事人请求以中标合同作为结算建设工程价款依据的，人民法院应予支持，但发包人与承包人因客观情况发生了在招标投标时难以预见的变化而另行订立建设工程施工合同的除外。

3.施工合同背离采购文件的处理

《施工合同司法解释（一)》第二十二条规定：当事人签订的建设工程施工合同与招标文件、投标文件、中标通知书载明的工程范围、建设工期、工程质量、工程价款不一致，一方当事人请求将招标文件、投标文件、中标通知书作为结算工程价款的依据的，人民法院应予支持。

8.3.3 工程计量争议

工程发承包计价包括编制工程量清单、最高投标限价、招标标底、投标报价，进行工程结算，以及签订和调整合同价款等活动。发承包双方在确定合同价款时，应当考虑市场环境和生产要素价格变化对合同价款的影响。合同计价方式大体包括单价合同、总价合同和成本加酬金合同等方式。

实行工程量清单计价的建筑工程，鼓励发承包双方采用单价方式确定合同价款；建设规模较小、技术难度较低、工期较短的建筑工程，发承包双方可以采用总价方式确定合同价款；紧急抢险、救灾以及施工技术特别复杂的建筑工程，发承包双方可以采用成本加酬金方式确定合同价款。

1.计价标准争议

《施工合同司法解释（一）》第十九条规定：当事人对建设工程的计价标准或者计价方法有约定的，按照约定结算工程价款。

因设计变更导致建设工程的工程量或者质量标准发生变化，当事人对该部分工程价款不能协商一致的，可以参照签订建设工程施工合同时当地建设行政主管部门发布的计价方法或者计价标准结算工程价款。

2.工程量争议

《施工合同司法解释（一）》第二十条规定：当事人对工程量有争议的，按照施工过程中形成的签证等书面文件确认。承包人能够证明发包人同意其施工，但未能提供签证文件证明工程量发生的，可以按照当事人提供的其他证据确认实际发生的工程量。

8.3.4 垫资施工价款

《施工合同司法解释（一）》第二十五条规定：当事人对垫资和垫资利息有约定，承包人请求按照约定返还垫资及其利息的，人民法院应予支持，但是约定的利息计算标准高于垫资时的同类贷款利率或者同期贷款市场报价利率的部分除外。

当事人对垫资没有约定的，按照工程欠款处理。

当事人对垫资利息没有约定，承包人请求支付利息的，人民法院不予支持。

8.3.5 发包人拖延审核或拖欠支付

1.发包人拖延审核竣工结算文件

《施工合同司法解释（一）》第二十一条规定：当事人约定，发包人收到竣工结算文件后，在约定期限内不予答复，视为认可竣工结算文件的，按照约定处理。承包人请求按照竣工结算文件结算工程价款的，人民法院应予支持。

2.发包人拖欠支付

根据《施工合同司法解释（一）》相关规定，当事人对欠付工程价款利息计付标准有约定的，按照约定处理。没有约定的，按照同期同类贷款利率或者同期贷款市场报价利率计息。

利息从应付工程价款之日开始计付。当事人对付款时间没有约定或者约定不明的，下列时间视为应付款时间：

（1）建设工程已实际交付的，为交付之日；

（2）建设工程没有交付的，为提交竣工结算文件之日；

（3）建设工程未交付，工程价款也未结算的，为当事人起诉之日。

8.3.6 建设工程价款优先受偿权

我国 1999 年版《合同法》第二百八十六条创设了“建设工程价款优先受偿权”制度，《民法典》沿袭了这项制度，并经由最高人民法院司法解释工作进一步丰富和完善了相关安排。《民法典》第八百零七条规定：发包人未按照约定支付价款的，承包人可以催告发包人在合理期限内支付价款。发包人逾期不支付的，除根据建设工程的性质不宜折价、拍卖外，承包人可以与发包人协议将该工程折价，也可以请求人民法院将该工程依法拍卖。建设工程的价款就该工程折价或者拍卖的价款优先受偿。

本条中“建设工程的性质不宜折价和拍卖”应当是指案涉工程的性质及其用途特殊，不适合以折价或者拍卖的规则加以转让。实践中主要包括事业单位和社会团体的公益建筑、国家机关的办公用房和军事建筑、设备安装等附属的建筑工程。

1.优先受偿之主体

《施工合同司法解释（一）》第三十五条规定：与发包人订立建设工程施工合同的承包人，依据民法典第八百零七条的规定请求其承建工程的价款就工程折价或者拍卖的价款优先受偿的，人民法院应予支持。

依该解释，有权行使优先受偿权的主体是建设工程的承包人，则意味着：

（1）优先受偿主体不包括勘察、设计合同的承包人；

（2）违法分包、出借资质、转包合同的实际施工人不是优先受偿主体；

（3）合同无效承包人可以主张优先受偿权；

（4）劳务分包人不应该享有优先受偿权。

2.优先受偿权不以竣工验收为必要条件

《施工合同司法解释（一）》第三十八条规定：建设工程质量合格，承包人请求其承建工程的价款就工程折价或者拍卖的价款优先受偿的，人民法院应予支持。

《施工合同司法解释（一）》第三十九条规定：未竣工的建设工程质量合格，承包人请求其承建工程的价款就其承建工程部分折价或者拍卖的价款优先受偿的，人民法院应予支持。

承包人在建设工程合同中的主要义务为“工程建设”，即提供满足技术规范和合同约定的质量标准的建筑产品；发包人支付工程价款作为其对价。建设工程价款优先受偿权作为承包人获得工程价款请求权的从权利，其适用应以承包人有权获得工程价款为前提，以工程质量合格为对价。

但是，需要注意的是，本条解释规定的“质量合格”，包括三种情形：一是竣工验收合格；二是已完成的分部分项工程验收合格；三是工程质量缺陷经修复后合格。

3.优先受偿权的效力范围

（1）优先受偿权优于抵押权和其他债权

《施工合同司法解释（一）》第三十六条规定：承包人根据民法典第八百零七条规定享有的建设工程价款优先受偿权优于抵押权和其他债权。

（2）装饰装修承包人有条件享有优先受偿权

《施工合同司法解释（一）》第三十七条规定：装饰装修工程具备折价或者拍卖条件，装饰装修工程的承包人请求工程价款就该装饰装修工程折价或者拍卖的价款优先受偿的，人民法院应予支持。

（3）优先受偿价款的范围

《施工合同司法解释（一）》第四十条规定：承包人建设工程价款优先受偿的范围依照国务院有关行政主管部门关于建设工程价款范围的规定确定。

承包人就逾期支付建设工程价款的利息、违约金、损害赔偿金等主张优先受偿的，人民法院不予支持。

根据《建筑安装工程费用项目组成》的规定，建筑安装工程费按照费用构成要素划分，由人工费、材料费、施工机具使用费、企业管理费、利润、规费和税金组成。国家标准《建设工程工程量清单计价规范》（GB 50500—2013）第3.1.1项规定：建设工程施工发承包造价由分部分项工程费、措施项目费、其他项目费、规费和税金组成。

4.优先受偿权行使期限与放弃

《施工合同司法解释（一）》第四十一条规定：承包人应当在合理期限内行使建设工程价款优先受偿权，但最长不得超过十八个月，自发包人应当给付建设工程价款之日起算。

《施工合同司法解释（一）》第四十二条规定：发包人与承包人约定放弃或者限制建设工程价款优先受偿权，损害建筑工人利益，发包人根据该约定主张承包人不享有建设工程价款优先受偿权的，人民法院不予支持。

发包人和承包人原则上可以自由协商约定放弃或者限制建设工程价款优先受偿权的行使，但如果双方的约定损害到建筑工人利益，则有关放弃或者限制权利行使的约定无效。概因建设工程价款优先受偿权是财产权的一种，其立法目的包含了使建筑工人及时获得工作报酬以及保障工作质量等，是法律为保护建设工程交易活动中相对弱势的承包人、劳务工人和供应商权益设计的、具有较强人身性质的法定担保物权。

在线练习

9 建设工程环境保护与节约能源

/ 本章导读 /

“适用、经济、绿色、美观”是新发展理念下提出的建筑方针，低碳节能是建筑业转型升级的重要抓手。从环境影响评价到项目建设过程以及节能验收与后评价，都应以绿色发展为导向，依法落实工程项目环境保护与节约能源管理。学习中应感受建筑节能与环境保护相关法律规定和绿色项目管理目标的互动关系。

9.1 建设工程环境保护的法律规制

随着我国社会主义市场经济不断发展，可持续发展理念已融入国家各项发展目标。可持续发展理念渐成共识，尤其是碳达峰、碳中和首次纳入“十四五”规划目标，项目成功的判断标准已从传统项目管理的成果交付升级为项目相关方对可交付成果的价值感知与价值认同，以及项目投入运营后为组织和社会创造的价值。

可持续发展理念对于建设项目全寿命周期的环境保护提出了切实的客观需求，这些需求甚至上升为强制的法律规定。现阶段已经形成了环境保护方面从一般法到特殊法、从法律到行政法规、从实体法到程序法的全方位法治保障。

9.1.1 建设工程环境保护基本法律

1.《环境影响评价法》

环境影响评价，是指对规划和建设项目实施后可能造成的环境影响进行分析、预测和评估，提出预防或者减轻不良环境影响的对策和措施，进行跟踪监测的方法与制度。我国的《环境影响评价法》于2003年9月施行，至今历经2016年和2018年两次修正。

（1）规划的环境影响评价

国务院有关部门、设区的市级以上地方人民政府及其有关部门，对其组织编制的土地利用的有关规划，区域、流域、海域的建设、开发利用规划，应当在规划编制过程中组织进行环境影响评价，编写该规划有关环境影响的篇章或者说明。未编写有关环境影响的篇章或者说明的规划草案，审批机关不予审批。

国务院有关部门、设区的市级以上地方人民政府及其有关部门，对其组织编制的工业、农业、畜牧业、林业、能源、水利、交通、城市建设、旅游、自然资源开发的有关专项规划，应当在该专项规划草案上报审批前，组织进行环境影响评价，并向审批该专项规划的机关提出环境影响报告书。专项规划的编制机关在报批规划草案时，应当将环境影响报告书一并附送审批机关审查；未附送环境影响报告书的，审批机关不予审批。

（2）建设项目的环境影响评价

国家根据建设项目对环境的影响程度，对建设项目的环境影响评价实行分类管理。建设单位应当按照下列规定组织编制环境影响报告书、环境影响报告表或者填报环境影响登记表：

①可能造成重大环境影响的，应当编制环境影响报告书，对产生的环境影响进行全面评价；

②可能造成轻度环境影响的，应当编制环境影响报告表，对产生的环境影响进行分析或者专项评价；

③对环境影响很小、不需要进行环境影响评价的，应当填报环境影响登记表。

建设单位可以委托技术单位对其建设项目开展环境影响评价；建设单位具备环境影响评价技术能力的，可以自行对其建设项目开展环境影响评价。建设单位应当对建设项目环境影响报告书、环境影响报告表的内容和结论负责，接受委托编制建设项目环境影响报告书、环境影响报告表的技术单位对其编制的建设项目环境影响报告书、环境影响报告表承担相应责任。

建设项目的环境影响评价文件经批准后，建设项目的性质、规模、地点、采用的生产工艺或者防治污染、防止生态破坏的措施发生重大变动的，建设单位应当重新报批建设项目的环境影响评价文件。

建设项目的环境影响评价文件未依法经审批部门审查或者审查后未予批准的，建设单位不得开工建设。建设项目的环境影响评价文件自批准之日起超过五年，方决定该项目开工建设的，其环境影响评价文件应当报原审批部门重新审核。

建设项目建设过程中，建设单位应当同时实施环境影响报告书、环境影响报告表以及环境影响评价文件审批部门审批意见中提出的环境保护对策措施。在项目建设、运行过程中产生不符合经审批的环境影响评价文件的情形的，建设单位应当组织环境影响的后评价，采取改进措施，并报原环境影响评价文件审批部门和建设项目审批部门备案；原环境影响评价文件审批部门也可以责成建设单位进行环境影响的后评价，采取改进措施。

2.《环境保护法》

保护环境是国家的基本国策。我国早在1989年就制定了《环境保护法》，现行法律于2014年4月修订，自2015年1月1日起施行。该法第二条规定：本法所称环境，是指影响人类生存和发展的各种天然的和经过人工改造的自然因素的总体，包括大气、水、海洋、土地、矿藏、森林、草原、湿地、野生生物、自然遗迹、人文遗迹、自然保护区、风景名胜区、城市和乡村等。《环境保护法》中与工程建设关系较为密切的规定如下：

（1）编制有关开发利用规划，建设对环境有影响的项目，应当依法进行环境影响评价。未依法进行环境影响评价的开发利用规划，不得组织实施；未依法进行环境影响评价的建设项目，不得开工建设。其中，对依法应当编制环境影响报告书的建设项目，建设单位应当在编制时向可能受影响的公众说明情况，充分征求意见。

（2）城乡建设应当结合当地自然环境的特点，保护植被、水域和自然景观，加强城市园林、绿地和风景名胜区的建设与管理。

（3）建设项目中防治污染的设施，应当与主体工程同时设计、同时施工、同时投产使用。防治污染的设施应当符合经批准的环境影响评价文件的要求，不得擅自拆除或者闲置。

（4）排放污染物的企业事业单位和其他生产经营者，应当采取措施，防治在生产建设或者其他活动中产生的废气、废水、废渣、医疗废物、粉尘、恶臭气体、放射性物质以及噪声、振动、光辐射、电磁辐射等对环境的污染和危害。

3.《建设项目环境保护管理条例》

为具体实施环境保护的相关法律，防止建设项目产生新的污染、破坏生态环境，国务院于1998年11月发布了《建设项目环境保护管理条例》，并于2017年7月进行了修订，自2017年10月1日起施行。条例第二条规定：在中华人民共和国领域和中华人民共和国管辖的其他海域内建设对环境有影响的建设项目，适用本条例。

上述法律法规构成了建设工程环境保护的基本法律规制。对于建设活动产生废水、废气、固体废物和环境噪声污染的法律规范，则有相应的单行法予以调整。

9.1.2 水污染防治

水污染是指水体因某种物质的介入，而导致其化学、物理、生物或者放射性等方面特性的改变，从而影响水的有效利用，危害人体健康或者破坏生态环境，造成水质恶化的现象。《水污染防治法》是我国规范水污染防治的基本法律。

1. 防治水污染的原则性规定

（1）水污染的环境影响评价

依据《水污染防治法》，新建、改建、扩建直接或者间接向水体排放污染物的建设项目和其他水上设施，应当依法进行环境影响评价。建设项目的环境影响报告书，必须对建设项目可能产生的水污染和对生态环境的影响作出评价，规定防治的措施，按照规定的程序报经有关环境保护部门审查批准。在运河、渠道、水库等水利工程内设置排污口，应当经过有关水利工程管理部门同意。

环境影响报告书中，应当有该建设项目所在地单位和居民的意见。

（2）水污染防护设施

依据《水污染防治法》，建设项目中防治水污染的设施，必须与主体工程同时设计、同时施工、同时投产使用。水污染防治设施应当符合经批准或者备案的环境影响评价文件的要求，达不到规定要求的，该建设项目不准投入生产或者使用。

直接或者间接向水体排放污染物的企业事业单位，应当按照国务院环境保护部门的规定，向所在地的环境保护部门申报登记拥有的污染物排放设施、处理设施和在正常作业条件下排放污染物的种类、数量和浓度，并提供防治水污染方面的有关技术资料。

《水污染防治法》规定的排污单位排放水污染物的种类、数量和浓度有重大改变的，应当及时申报；其水污染物处理设施必须保持正常使用，拆除或者闲置水污染物处理设施的，必须事先报经所在地的县级以上地方人民政府环境保护部门批准。

2. 防治水污染的具体规定

（1）防止地表水污染的具体规定

①在生活饮用水源地、风景名胜区水体、重要渔业水体和其他有特殊经济文化价值的水体的保护区内，不得新建排污口。在保护区附近新建排污口，必须保证保护区水体不受污染。《水污染防治法》公布前已有的排污口，排放污染物超过国家或者地方标准的，应当治理；危害饮用水源的排污口，应当搬迁。

②排污单位发生事故或者其他突发性事件，排放污染物超过正常排放量，造成或者可能造成水污染事故的，必须立即采取应急措施，通报可能受到水污染危害和损害的单位，并向当地环境保护部门报告。

③禁止向水体排放油类、酸液、碱液或者剧毒废液。

④禁止在水体清洗装贮过油类或者有毒污染物的车辆和容器。

⑤禁止将含有汞、镉、砷、铬、铅、氰化物、黄磷等的可溶性剧毒废渣向水体排放、倾倒或者直接埋入地下。存放可溶性剧毒废渣的场所，必须采取防水、防渗漏、防流失的措施。

⑥禁止向水体排放、倾倒工业废渣、城市垃圾和其他废弃物。

⑦禁止在江河、湖泊、运河、渠道、水库最高水位线以下的滩地和岸坡堆放、存贮固体废弃物和其他污染物。

⑧禁止向水体排放、倾倒放射性固体废弃物或者含有高放射性和中放射性物质

的废水。向水体排放含低放射性物质的废水，应当符合国家有关放射防护的规定和标准。

⑨向水体排放含热废水，应当采取措施，保证水体的水温符合水环境质量标准。

⑩含病原体的污水，应当经过消毒处理；符合国家有关标准后，方可排放。

（2）防止地下水污染的具体规定

①禁止利用渗井、渗坑、裂隙、溶洞，私设暗管、篡改、伪造监测数据，或者不正常运行水污染防治设施等逃避监管的方式排放水污染物。

②禁止利用无防止渗漏措施的沟渠、坑塘等输送或者存贮含有毒污染物的废水、含病原体的污水和其他废弃物。

③多层地下水含水层水质差异大的，应当分层开采；对已受污染的潜水和承压水，不得混合开采。

④兴建地下工程设施或者进行地下勘探、采矿等活动，应当采取防护性措施，防止地下水污染。

⑤人工回灌补给地下水，不得恶化地下水质。

9.1.3 固体废物污染环境防治

固体废物污染环境是指固体废物在产生、收集、贮存、运输、利用、处置的过程中产生的危害环境的现象。《固体废物污染环境防治法》是我国规范固体废物污染防治的基本法律。

1. 固体废物污染防治的原则性规定

（1）固体废物污染的环境影响评价

建设产生、贮存、利用、处置固体废物的项目，应当依法进行环境影响评价，并遵守国家有关建设项目环境保护管理的规定。

（2）固体废物污染环境防治设施

建设项目的环境影响评价文件确定需要配套建设的固体废物污染环境防治设施，应当与主体工程同时设计、同时施工、同时投入使用。建设项目的初步设计，应当按照环境保护设计规范的要求，将固体废物污染环境防治内容纳入环境影响评价文件，落实防治固体废物污染环境和破坏生态的措施以及固体废物污染环境防治设施投资概算。

建设单位应当依照有关法律法规的规定，对配套建设的固体废物污染环境防治设施进行验收，编制验收报告，并向社会公开。

2. 固体废物污染环境的具体规定

固体废物，是指在生产建设、日常生活和其他活动中产生的污染环境的固态、半固态废弃物质。《固体废物污染环境防治法》中与工程建设有关的具体规定包括：

（1）产生、收集、贮存、运输、利用、处置固体废物的单位和个人，应当采取措施，防止或者减少固体废物对环境的污染，对所造成的环境污染依法承担责任。

（2）产生、收集、贮存、运输、利用、处置固体废物的单位和其他生产经营者，应当采取防扬散、防流失、防渗漏或者其他防止污染环境的措施，不得擅自倾倒、堆放、丢弃、遗撒固体废物。

（3）在生态保护红线区域、永久基本农田集中区域和其他需要特别保护的区域内，禁止建设工业固体废物、危险废物集中贮存、利用、处置的设施、场所和生活垃圾填埋场。

（4）转移固体废物出省、自治区、直辖市行政区域贮存、处置的，应当向固体废物移出地的省、自治区、直辖市人民政府生态环境主管部门提出申请。移出地的省、自治区、直辖市人民政府生态环境主管部门应当及时商经接受地的省、自治区、直辖市人民政府生态环境主管部门同意后，在规定期限内批准转移该固体废物出省、自治区、直辖市行政区域。未经批准的，不得转移。

（5）禁止中国境外的固体废物进境倾倒、堆放、处置。

（6）国家逐步实现固体废物零进口。

（7）矿山企业应当采取科学的开采方法和选矿工艺，减少尾矿、煤矸石、废石等矿业固体废物的产生量和贮存量。

（8）工程施工单位应当及时清运工程施工过程中产生的建筑垃圾等固体废物，并按照环境卫生主管部门的规定进行利用或者处置。

3. 危险废物污染环境防治的特别规定

危险废物，是指列入国家危险废物名录或者根据国家规定的危险废物鉴别标准和鉴别方法认定的具有危险特性的废物。《固体废物污染环境防治法》中与工程建设有关的具体规定有：

（1）对危险废物的容器和包装物以及收集、贮存、运输、处置危险废物的设施、场所，应当按照规定设置危险废物识别标志。

（2）从事收集、贮存、利用、处置危险废物经营活动的单位，应当按照国家有关规定申请取得许可证。许可证的具体管理办法由国务院制定。禁止无许可证或者未按照许可证规定从事危险废物收集、贮存、利用、处置的经营活动。禁止将危险废物提供或者委托给无许可证的单位或者其他生产经营者从事收集、贮存、利用、处置活动。

（3）收集、贮存危险废物，必须按照危险废物特性分类进行。禁止混合收集、贮存、运输、处置性质不相容而未经安全性处置的危险废物。禁止将危险废物混入非危险废物中贮存。

（4）转移危险废物的，应当按照国家有关规定填写、运行危险废物电子或者纸质转移联单。跨省、自治区、直辖市转移危险废物的，应当向危险废物移出地省、自治区、直辖市人民政府生态环境主管部门申请。移出地省、自治区、直辖市人民政府生态环境主管部门应当及时商经接受地省、自治区、直辖市人民政府生态环境主管部门同意后，在规定期限内批准转移该危险废物，并将批准信息通报相关省、自治区、直辖市人民政府生态环境主管部门和交通运输主管部门。未经批准的，不得转移。

（5）运输危险废物，应当采取防止污染环境的措施，并遵守国家有关危险货物运输管理的规定。禁止将危险废物与旅客在同一运输工具上载运。

（6）收集、贮存、运输、处置危险废物的场所、设施、设备和容器、包装物及其他物品转作他用时，应当按照国家有关规定经过消除污染处理，方可使用。

（7）产生、收集、贮存、运输、利用、处置危险废物的单位，应当依法制定意外事故的防范措施和应急预案，并向所在地生态环境主管部门和其他负有固体废物污染环境防治监督管理职责的部门备案；生态环境主管部门和其他负有固体废物污染环境防治监督管理职责的部门应当进行检查。

（8）禁止经中华人民共和国过境转移危险废物。

9.1.4 大气污染防治

大气污染是指有害物质进入大气，对人类和生物造成危害的现象。如果对它不加以控制和防治，将严重破坏生态系统和人类生存条件。《大气污染防治法》是我国规范大气污染防治的基本法律。

1. 防治大气污染的原则性规定

（1）大气污染的环境影响评价

依据《大气污染防治法》，企业事业单位和其他生产经营者建设对大气环境有影响的项目，应当依法进行环境影响评价、公开环境影响评价文件；向大气排放污染物的，应当符合大气污染物排放标准，遵守重点大气污染物排放总量控制要求。

（2）大气污染防治设施

排放工业废气或者《有毒有害大气污染物名录（2018年）》（以下简称规定名录）中所列有毒有害大气污染物的企业事业单位、集中供热设施的燃煤热源生产运营单位以及其他依法实行排污许可管理的单位，应当取得排污许可证。排污许可的具体办法和实施步骤由国务院规定。企业事业单位和其他生产经营者向大气排放污染物的，应当依照法律法规和国务院生态环境主管部门的规定设置大气污染物排放口。

企业事业单位和其他生产经营者应当按照国家有关规定和监测规范，对其排放的工业废气和规定名录中所列有毒有害大气污染物进行监测，并保存原始监测记录。其中，重点排污单位应当安装、使用大气污染物排放自动监测设备，与生态环境主管部门的监控设备联网，保证监测设备正常运行并依法公开排放信息。监测的具体办法和重点排污单位的条件由国务院生态环境主管部门规定。

重点排污单位名录由设区的市级以上地方人民政府生态环境主管部门按照国务院生态环境主管部门的规定，根据本行政区域的大气环境承载力、重点大气污染物排放总量控制指标的要求以及排污单位排放大气污染物的种类、数量和浓度等因素，商有关部门确定，并向社会公布。

生产者、进口者、销售者或者使用者应当在规定期限内停止生产、进口、销售或者使用列入规定目录中的设备和产品。工艺的采用者应当在规定期限内停止采用列入前款规定目录中的工艺。

被淘汰的设备和产品，不得转让给他人使用。

2. 防止大气污染的具体规定

依据《大气污染防治法》，与工程建设相关的具体规定包括：

（1）建设单位应当将防治扬尘污染的费用列入工程造价，并在施工承包合同中明确施工单位扬尘污染防治责任。施工单位应当制定具体的施工扬尘污染防治实施方案。

（2）从事房屋建筑、市政基础设施建设、河道整治以及建筑物拆除等施工单位，应当向负责监督管理扬尘污染防治的主管部门备案。

（3）施工单位应当在施工工地设置硬质围挡，并采取覆盖、分段作业、择时施工、洒水抑尘、冲洗地面和车辆等有效防尘降尘措施。建筑土方、工程渣土、建筑垃圾应当及时清运；在场地内堆存的，应当采用密闭式防尘网遮盖。工程渣土、建筑垃圾应当进行资源化处理。

（4）施工单位应当在施工工地公示扬尘污染防治措施、负责人、扬尘监督管理主管部门等信息。

暂时不能开工的建设用地，建设单位应当对裸露地面进行覆盖；超过三个月的，应当进行绿化、铺装或者遮盖。

（5）运输煤炭、垃圾、渣土、砂石、土方、灰浆等散装、流体物料的车辆应当采取密闭或者其他措施防止物料遗撒造成扬尘污染，并按照规定路线行驶。

装卸物料应当采取密闭或者喷淋等方式防治扬尘污染。

（6）贮存煤炭、煤矸石、煤渣、煤灰、水泥、石灰、石膏、砂土等易产生扬尘的物料应当密闭；不能密闭的，应当设置不低于堆放物高度的严密围挡，并采取有效覆盖措施防治扬尘污染。

码头、矿山、填埋场和消纳场应当实施分区作业，并采取有效措施防治扬尘污染。

9.1.5 噪声污染防治

噪声，是指在工业生产、建筑施工、交通运输和社会生活中产生的干扰周围生活环境的声音。噪声污染，是指超过噪声排放标准或者未依法采取防控措施产生噪声，并干扰他人正常生活、工作和学习的现象。《噪声污染防治法》是我国规范噪声污染防治的基本法律，自 2022 年 6 月 5 日起施行。

1. 防治噪声污染的原则性规定

（1）噪声污染的环境影响评价

新建、改建、扩建可能产生噪声污染的建设项目，应当依法进行环境影响评价。

（2）噪声污染防治“三同时”制度

建设项目的噪声污染防治设施应当与主体工程同时设计、同时施工、同时投产使用。

建设项目在投入生产或者使用之前，建设单位应当依照有关法律法规的规定，对配套建设的噪声污染防治设施进行验收，编制验收报告，并向社会公开。未经验收或者验收不合格的，该建设项目不得投入生产或者使用。

《噪声污染防治法》将以用于居住、科学研究、医疗卫生、文化教育、机关团体办公、社会福利等的建筑物为主的区域，划定为噪声敏感建筑物集中区域，加强噪声污染防治。

2. 防治噪声污染的具体规定

《噪声污染防治法》中与工程建设有关的噪声主要是建筑施工噪声和交通运输噪声。建筑施工噪声，是指在建筑施工过程中产生的干扰周围生活环境的声音；交通运输噪声，是指机动车、铁路机车车辆、城市轨道交通车辆、机动船舶、航空器等交通运输工具在运行时产生的干扰周围生活环境的声音。具体规定有：

（1）建设单位应当按照规定将噪声污染防治费用列入工程造价，在施工合同中明确施工单位的噪声污染防治责任。

施工单位应当按照规定制定噪声污染防治实施方案，采取有效措施，减少振动、降低噪声。建设单位应当监督施工单位落实噪声污染防治实施方案。

（2）在噪声敏感建筑物集中区域施工作业，应当优先使用低噪声施工工艺和设备。

（3）在噪声敏感建筑物集中区域施工作业，建设单位应当按照国家规定，设置噪声自动监测系统，与监督管理部门联网，保存原始监测记录，对监测数据的真实性和准确性负责。

（4）在噪声敏感建筑物集中区域，禁止夜间进行产生噪声的建筑施工作业，但抢修、抢险施工作业，因生产工艺要求或者其他特殊需要必须连续施工作业的除外。因特殊需要必须连续施工作业的，应当取得地方人民政府住房和城乡建设、生态环境主管部门或者地方人民政府指定的部门的证明，并在施工现场显著位置公示或者以其他方式公告附近居民。

（5）各级人民政府及其有关部门制定、修改国土空间规划和交通运输等相关规划，应当综合考虑公路、城市道路、铁路、城市轨道交通线路、水路、港口和民用机场及其起降航线对周围声环境的影响。新建公路、铁路线路选线设计，应当尽量避开噪声敏感建筑物集中区域。新建民用机场选址与噪声敏感建筑物集中区域的距离应当符合标准要求。

（6）制定交通基础设施工程技术规范，应当明确噪声污染防治要求。新建、改建、扩建经过噪声敏感建筑物集中区域的高速公路、城市高架、铁路和城市轨道交通线路等的，建设单位应当在可能造成噪声污染的重点路段设置声屏障或者采取其他减少振动、降低噪声的措施，以符合有关交通基础设施工程技术规范以及标准要求。

9.2 建设项目节能的法律规制

我国《节约能源法》自 1998 年 1 月 1 日起开始实施，分别于 2016 年 7 月 2 日、

2018 年 10 月 26 日经过两次修正。

《节约能源法》的立法目的在于推动全社会节约能源，提高能源利用效率，保护和改善环境，促进经济社会全面协调可持续发展。《节约能源法》分别对节能管理、合理使用与节约能源、节能技术进步、激励措施等作出了规定。

依据《节约能源法》，国务院于 2008 年 7 月 23 日发布了《民用建筑节能条例》，该条例自 2008 年 8 月 1 日起施行。条例规定所称民用建筑，是指居住建筑、国家机关办公建筑和商业、服务业、教育、卫生等其他公共建筑。

9.2.1 节能的含义

所谓节能，是指加强用能管理，采取技术上可行、经济上合理以及环境和社会可以承受的措施，减少能源从生产到消费各个环节中的损失和浪费，更加有效、合理地利用能源。

节能是我国经济和社会发展的一项长远战略方针，也是当前一项极为紧迫的任务。

《节约能源法》第十五条规定：国家实行固定资产投资项目节能评估和审查制度。不符合强制性节能标准的项目，建设单位不得开工建设；已经建成的，不得投入生产、使用。政府投资项目不符合强制性节能标准的，依法负责项目审批的机关不得批准建设。具体办法由国务院管理节能工作的部门会同国务院有关部门制定。

对于属于工程建设强制性标准的节能标准，根据《建设工程质量管理条例》及相关规定，建设工程项目各参建单位，包括建设单位、设计单位、施工图设计文件审查机构、监理单位以及施工单位等，均应当严格遵守：

（1）建设单位应当按照节能政策要求和节能标准委托工程项目的设计。建设单位不得以任何理由要求设计单位、施工单位擅自修改经审查合格的节能设计文件，降低节能标准。

（2）设计单位应当依据节能标准的要求进行设计，保证节能设计质量。

（3）施工图设计文件审查机构在进行审查时，应当审查节能设计的内容，在审查报告中单列节能审查章节；不符合节能强制性标准的，施工图设计文件审查结论应当定为不合格。

（4）监理单位应当依照法律、法规以及节能标准、节能设计文件、建设工程承包合同及监理合同对节能工程建设实施监理。

（5）施工单位应当按照审查合格的设计文件和节能施工标准的要求进行施工，保证工程施工质量。

以上各参建单位未遵守上述规定的，应当按照《节约能源法》《建设工程质量管理条例》等法律、法规和规章，承担相应的法律责任。

9.2.2 民用建筑节能

根据《民用建筑节能条例》第二条的规定，民用建筑节能是指在保证民用建筑使用功能和室内热环境质量的前提下，降低其使用过程中能源消耗的活动。

1.新建建筑节能

对于新建建筑节能，条例规定国家推广使用民用建筑节能的新技术、新工艺、新材料和新设备，限制使用或者禁止使用能源消耗高的技术、工艺、材料和设备。国务院节能工作主管部门、建设主管部门应当制定、公布并及时更新推广使用、限制使用、禁止使用目录。国家限制进口或者禁止进口能源消耗高的技术、材料和设备。建设单位、设计单位、施工单位不得在建筑活动中使用列入禁止使用目录的技术、工艺、材料和设备。

编制城市详细规划、镇详细规划，应当按照民用建筑节能的要求，确定建筑的布局、形状和朝向。城乡规划主管部门依法对民用建筑进行规划审查，应当就设计方案是否符合民用建筑节能强制性标准征求同级建设主管部门的意见；建设主管部门应当自收到征求意见材料之日起 10 日内提出意见。征求意见时间不计算在规划许可的期限内。对不符合民用建筑节能强制性标准的，不得颁发建设工程规划许可证。

施工图设计文件审查机构应当按照民用建筑节能强制性标准对施工图设计文件进行审查；经审查不符合民用建筑节能强制性标准的，县级以上地方人民政府建设主管部门不得颁发施工许可证。

建设单位不得明示或者暗示设计单位、施工单位违反民用建筑节能强制性标准进行设计、施工，不得明示或者暗示施工单位使用不符合施工图设计文件要求的墙体材料、保温材料、门窗、采暖制冷系统和照明设备。按照合同约定由建设单位采购墙体材料、保温材料、门窗、采暖制冷系统和照明设备的，建设单位应当保证其符合施工图设计文件要求。建设单位组织竣工验收，应当对民用建筑是否符合民用建筑节能强制性标准进行查验；对不符合民用建筑节能强制性标准的，不得出具竣工验收合格报告。建设单位违反上述规定的，建设主管部门有权责令改正并处罚款。

施工单位应当对进入施工现场的墙体材料、保温材料、门窗、采暖制冷系统和照明设备进行查验；不符合施工图设计文件要求的，不得使用。施工单位违反上述规定的，建设主管部门有权责令改正并处罚款。情节严重的，由颁发资质证书的部门责令停业整顿，降低资质等级或者吊销资质证书。

工程监理单位发现施工单位不按照民用建筑节能强制性标准施工的，应当要求施工单位改正；施工单位拒不改正的，工程监理单位应当及时报告建设单位，并向有关主管部门报告。墙体、屋面的保温工程施工时，监理工程师应当按照工程监理规范的要求，采取旁站、巡视和平行检验等形式实施监理。未经监理工程师签字，墙体材料、保温材料、门窗、采暖制冷系统和照明设备不得在建筑上使用或者安装，施工单位不得进行下一道工序的施工。监理单位违反上述规定的，建设主管部门有权责令改正，逾期未改正将处以罚款。情节严重的，由颁发资质证书的部门责令停业整顿，降低资质等级或者吊销资质证书。

对具备可再生能源利用条件的建筑，建设单位应当选择合适的可再生能源，用于采暖、制冷、照明和热水供应等；设计单位应当按照有关可再生能源利用的标准进行设计。建设可再生能源利用设施，应当与建筑主体工程同步设计、同步施工、同步验收。

2. 既有建筑节能

对于既有建筑节能，条例规定既有建筑节能改造应当根据当地经济、社会发展水平和地理气候条件等实际情况，有计划、分步骤地实施分类改造。

既有建筑节能改造，是指对不符合民用建筑节能强制性标准的既有建筑的围护结构、供热系统、采暖制冷系统、照明设备和热水供应设施等实施节能改造的活动。

实施既有建筑节能改造，应当符合民用建筑节能强制性标准，优先采用遮阳、改善通风等低成本改造措施。既有建筑围护结构的改造和供热系统的改造，应当同步进行。

9.2.3 绿色建筑与装配式建筑

1.绿色建筑

2013 年 1 月 1 日，国务院办公厅下发《关于转发发展改革委住房城乡建设部绿色建筑行动方案的通知》，通知明确绿色建筑是在建筑的全寿命期内，最大限度地节约资源、保护环境和减少污染，为人们提供健康、适用和高效的使用空间，与自然和谐共生的建筑。通知强调，开展绿色建筑行动，以绿色、循环、低碳理念指导城乡建设，严格执行建筑节能强制性标准，扎实推进既有建筑节能改造，集约节约利用资源，提高建筑的安全性、舒适性和健康性，对转变城乡建设模式，破解能源资源瓶颈约束，改善群众生产生活条件，培育节能环保、新能源等战略性新兴产业，具有十分重要的意义和作用。

2014 年 9 月 22 日，住房城乡建设部下发《关于落实国家新型城镇化规划完善工程建设标准体系的意见》，意见强调为着力推进绿色发展、循环发展、低碳发展，降低能源消耗和二氧化碳排放强度，“让群众生活更舒适”，“让城市融入大自然”，要继续推进绿色建筑标准体系建设，实施建筑能效提升工程，进一步提高建筑节能标准，研究制定低能耗建筑标准和建筑能耗标准。

2019 年 3 月 13 日，住房城乡建设部发布新版《绿色建筑评价标准》(GB/T 50378—2019，2024 年局部修订)，新标准明确绿色建筑是指在全寿命期内，节约资源、保护环境、减少污染，为人们提供健康、适用、高效的使用空间，最大限度地实现人与自然和谐共生的高质量建筑。标准强调绿色建筑应结合地形地貌进行场地设计与建筑布局，且建筑布局应与场地的气候条件和地理环境相适应，并应对场地的风环境、光环境、热环境、声环境等加以组织和利用。

各地在前述的绿色建筑国家标准和行业标准基础上，积极制定了基于自身历史文化底蕴、与当地经济社会发展相适应、符合地方地理气候特点、促进先进技术应用的绿色建筑地方标准。

2.装配式建筑

2016 年 9 月 27 日，国务院办公厅下发《关于大力发展装配式建筑的指导意见》，意见明确装配式建筑是用预制部品部件在工地装配而成的建筑。发展装配式建筑是建造方式的重大变革，是推进供给侧结构性改革和新型城镇化发展的重要举措，有利于节约资源能源、减少施工污染、提升劳动生产效率和质量安全水平，有利于促进建筑业与信息化工业化深度融合、培育新产业新动能、推动化解过剩产能。意见要求要健全标准规范体系、创新装配式建筑设计、优化部品部件生产、提升装配施工水平、推进建筑全装修、推广绿色建材、确保工程质量安全。同时，意见强调装配式建筑原则上应采用工程总承包模式，可按照技术复杂类工程项目招投标。工程总承包企业要对工程质量、安全、进度、造价负总责。支持大型设计、施工和部品部件生产企业通过调整组织架构、健全管理体系，向具有工程管理、设计、施工、生产、采购能力的工程总承包企业转型。

2017 年 12 月 12 日，住房城乡建设部发布《装配式建筑评价标准》(GB/T

51129—2017），标准明确装配式建筑是指由预制部品部件在工地装配而成的建筑。标准体现了现阶段装配式建筑发展的重点推进方向：①主体结构由预制部品部件的应用向建筑各系统集成转变；②装饰装修与主体结构的一体化发展，推广全装修，鼓励装配化装修方式；③部品部件的标准化应用和产品集成。标准适用于采用装配方式建造的民用建筑评价，包括居住建筑和公共建筑。当前我国的装配式建筑发展以居住建筑为重点，但考虑到公共建筑建设总量较大，标准化程度较高，适宜装配式建造，因此标准的评价适用于全部民用建筑。

9.2.4 循环经济促进

根据《循环经济促进法》的规定，企业事业单位应当建立健全管理制度，采取措施，降低资源消耗，减少废物的产生量和排放量，提高废物的再利用和资源化水平。

国家对钢铁、有色金属、煤炭、电力、石油加工、化工、建材、建筑、造纸、印染等行业年综合能源消费量、用水量超过国家规定总量的重点企业，实行能耗、水耗的重点监督管理制度。新建、改建、扩建建设项目，应当配套建设节水设施。节水设施应当与主体工程同时设计、同时施工、同时投产使用。

建筑设计、建设、施工等单位应当按照国家有关规定和标准，对其设计、建设、施工的建筑物及构筑物采用节能、节水、节地、节材的技术工艺和小型、轻型、再生产品。有条件的地区，应当充分利用太阳能、地热能、风能等可再生能源。

国家鼓励利用无毒无害的固体废物生产建筑材料，鼓励使用散装水泥，推广使用预拌混凝土和预拌砂浆。

建设单位应当对工程施工中产生的建筑废物进行综合利用；不具备综合利用条件的，应当委托具备条件的生产经营者进行综合利用或者无害化处置。

在线练习

10　建设工程争议解决

/ 本章导读 /

“和解、调解、仲裁、诉讼”是解决建设工程争议的传统方式，因此应该熟悉民事诉讼和民商事仲裁的基本规定，尤其涉及起诉、管辖、证据、审判等程序性规定。同时，应努力接轨争议避免、小型审判等行之有效的国际惯例，探寻适合中国法律环境的专家评审等替代性多元纠纷解决机制。

10.1 工程争议替代解决机制

10.1.1 调解

我国的调解方式主要有人民调解、行政调解、仲裁调解、法院调解和专业机构调解等。

1.人民调解

2010 年 8 月 28 日颁布的《人民调解法》规定：人民调解，是指人民调解委员会通过说服、疏导等方式，促使当事人在平等协商基础上自愿达成调解协议，解决民间纠纷的活动。人民调解制度作为一种司法辅助制度，是人民群众自己解决纠纷的法律制度，也是一种具有中国特色的司法制度。

（1）人民调解的原则和人员机构

人民调解的基本原则是：①当事人自愿原则；②当事人平等原则；③合法原则；④尊重当事人权利原则。

人民调解的组织形式是人民调解委员会。《人民调解法》规定：人民调解委员会是在基层人民政府和基层人民法院指导下调解民间纠纷的群众性组织。人民调解委员会由 3～9 人组成，设主任 1 人，必要时可以设副主任若干人。人民调解员由人民调解委员会委员和人民调解委员会聘任的人员担任。人民调解员应当具备的基本条件是：①公道正派；②热心人民调解工作；③具有一定文化水平；④有一定的法律知识和政策水平；⑤成年公民。

（2）调解协议

经人民调解委员会调解达成调解协议的，可以制作调解协议书。当事人认为无需制作调解协议的，可以采取口头协议的方式，人民调解员应当记录协议内容。经人民调解委员会调解达成的调解协议具有法律约束力，当事人应当按照约定履行。当事人就调解协议的履行或者调解协议的内容发生争议的，一方当事人可以向人民法院提起诉讼。经人民调解委员会调解达成调解协议后，双方当事人认为有必要的，可以按照《民事诉讼法》的规定，自调解协议生效之日起 30 日内共同向调解组织所在地基层人民法院申请司法确认调解协议。人民法院受理申请后，经审查，符合法律规定的，裁定调解协议有效，一方当事人拒绝履行或者未全部履行的，对方当事人可以向人民法院申请强制执行；不符合法律规定的，裁定驳回申请，当事人可以通过调解方式变更原调解协议或者达成新的调解协议，也可以向人民法院起诉。

2.行政调解

行政调解，是指国家行政机关应纠纷当事人的请求，依据法律、法规和政策，对属于其职权管辖范围内的纠纷，通过耐心的说服教育，使纠纷的双方当事人互相谅解，在平等协商的基础上达成一致协议，促成当事人解决纠纷。行政调解分为两种：①基层人民政府，即乡、镇人民政府对一般民间纠纷的调解。②国家行政机关依照法律规定对某些特定民事纠纷或经济纠纷或劳动纠纷等进行的调解。行政调解属于诉讼外调解。行政调解达成的协议不具有强制约束力。

3.仲裁调解

仲裁调解是仲裁机构对受理的仲裁案件进行的调解。仲裁庭在作出裁决前，可以先行调解。当事人自愿调解的，仲裁庭应当调解。调解不成的，应当及时作出裁决。调解达成协议的，仲裁庭应当制作调解书或者根据协议的结果制作裁决书。调解书与裁决书具有同等法律效力。调解书经双方当事人签收后，即发生法律效力。在调解书签收前当事人反悔的，仲裁庭应当及时作出裁决。调解可以在仲裁程序中进行，即在征得当事人同意后，仲裁庭在仲裁程序进行过程中担任调解员的角色，对其审理的案件进行调解，以解决当事人之间的争议。仲裁与调解相结合是中国仲裁制度的特点。该做法将仲裁和调解各自的优点紧密结合起来，不仅有助于解决当事人之间的争议，还有助于保持当事人的友好合作关系，具有很大的灵活性和便利性。

4.法院调解

《民事诉讼法》规定：人民法院审理民事案件，根据当事人自愿的原则，在事实清楚的基础上，分清是非，进行调解。法院调解是人民法院对受理的民事案件、经济纠纷案件和轻微刑事案件在双方当事人自愿的基础上进行的调解，是诉讼内调解。法院调解书经双方当事人签收后，即具有法律效力，效力与判决书相同。在民事诉讼中，除适用特别程序的案件和当事人有严重违法行为，需给予行政处罚的经济纠纷案件的情形外，各案件均可适用调解。

（1）调解方法

《民事诉讼法》规定：人民法院进行调解，可以由审判员一人主持，也可以由合议庭主持，并尽可能就地进行。人民法院进行调解，可以用简便方式通知当事人、证人到庭。人民法院进行调解，可以邀请有关单位和个人协助。被邀请的单位和个人，应当协助人民法院进行调解。

（2）调解协议

调解达成协议，必须双方自愿，不得强迫。调解协议的内容不得违反法律规定。调解达成协议，人民法院应当制作调解书。调解书应当写明诉讼请求、案件的事实和调解结果。调解书由审判员、书记员署名，加盖人民法院印章，送达双方当事人。调解书经双方当事人签收后，即具有法律效力。

5.专业机构调解

专业机构调解是当事人在发生争议前或争议后，协议约定由指定的具有独立调解规则的机构按照其调解规则进行调解。所谓调解规则，是指调解机构、调解员以及调解当事人之间在调解过程中所应遵守的程序性规范。

专业调解机构进行调解达成的调解协议对当事人双方均有约束力。目前，具有独立调解规则的专业调解机构并不多。专业调解机构备有调解员名单，供当事人在个案中指定。调解员由专业调解机构聘请经济、贸易、金融、投资、知识产权、工程承包、运输、保险、法律等领域里具有专门知识及实际经验、公道正派的人士担任。

10.1.2 和解

和解与调解的区别在于：和解是当事人之间自愿协商达成协议，没有第三人参加，而调解是在第三人主持下进行疏导、劝说，使之相互谅解，自愿达成协议。

1.和解的类型

和解的应用很灵活，可以在多种情形下达成和解协议。

（1）诉讼前的和解

诉讼前的和解，是指发生诉讼以前，双方当事人互相协商达成协议，解决双方的争执。这是一种民事法律行为，是当事人依法处分自己民事实体权利的表现。和解成立后，当事人所争执的权利随即确定，所抛弃的权利随即消失，当事人不得任意反悔要求撤销。但是，如果具有下列情形之一的：和解所依据的文件，事后发现是伪造或涂改的；和解事件已为法院判决所确定，而当事人于和解时不知情的；当事人对重要的争执有重大误解而达成协议的，当事人都可以要求撤销和解。

（2）诉讼中的和解

诉讼中的和解是当事人在诉讼进行中互相协商，达成协议，解决双方的争执。《民事诉讼法》规定：双方当事人可以自行和解。这种和解在法院作出判决前，当事人都可以进行。当事人可以就整个诉讼标的达成协议，也可以就诉讼的个别问题达成协议。诉讼阶段的和解没有法律效力。当事人和解后，可以请求法院调解，制作调解书，经当事人签名盖章产生法律效力，从而结束诉讼程序的全部或一部分。结束全部程序的，即视为当事人撤销诉讼。

（3）执行中的和解

执行中的和解是在发生法律效力的民事判决、裁定后，法院在执行中，当事人互相协商，达成协议，解决双方的争执。根据《民事诉讼法》规定，在执行中，双方当事人自行和解达成协议的，执行员应当将协议内容记入笔录，由双方当事人签名或者盖章。一方当事人不履行和解协议的，人民法院可以根据对方当事人的申请，恢复对原生效法律文书的执行。

（4）仲裁中的和解

根据《仲裁法》规定，当事人申请仲裁后，可以自行和解。和解是双方当事人的自愿行为，不需要仲裁庭的参与。达成和解协议的，可以请求仲裁庭根据和解协议作出裁决书，也可以撤回仲裁申请。当事人达成和解协议，撤回仲裁申请后又反悔的，可以根据原仲裁协议重新申请仲裁。

2.和解的效力

和解达成的协议不具有强制约束力，如果一方当事人不按照和解协议执行，另一方当事人不可以请求人民法院强制执行，但可以向法院提起诉讼，也可以根据仲裁协议申请仲裁。法院或仲裁庭通过对和解协议的审查，对于意思真实而又不违反法律强制性或禁止性规定的和解协议予以支持，也可以支持遵守协议方要求违反协议方就不执行该和解协议承担违约责任的请求。但是，对于一方非自愿作出的或违反法律强制性或禁止性规定的和解协议不予支持。

10.1.3 争议评审机制

建设工程争议评审是指在工程开始时或工程进行过程中当事人选择的独立于任

何一方当事人的争议评审专家组成评审小组，就当事人发生的争议及时提出解决问题的建议或者作出决定的实时争议解决方式。当事人通过协议授权评审组调查、听证、建议或者裁决。一个评审组在工程进程中可能会持续解决很多的争议。如果当事人不接受评审组的建议或者裁决，仍可通过仲裁或者诉讼的方式解决争议。采用争议评审的方式，有利于发挥评审专家的专业技能及时化解争议，防止争议扩大与拖延而造成不必要的损失或浪费，保障建设工程的顺利进行。

1.国际工程争议评审制度的发展

争议评审制度起源于美国，其概念在20世纪60年代美国华盛顿州Boundary大坝工程中首次应用，当时的联合技术咨询组针对一些争议问题提出了建议。但这还不是真正意义上的争议评审。建设工程争议评审委员会（Dispute Review Board，现称Dispute Resolution Board，DRB）制度最早在1975年美国科罗拉多州艾森豪威尔隧道工程中采用，取得了成功。美国由14个建筑业有关机构和代表组成的美国建筑业争议解决委员会，协助美国仲裁协会（AAA）制定了一种可供建筑业选择使用的非诉讼纠纷解决程序（Alternative Dispute Resolution，ADR）。

世界银行关注到美国的实践，逐渐在其贷款项目中试用。1980年至1986年由世界银行和泛美开发银行贷款的洪都拉斯El Cajon大坝项目，首次在国际工程项目中采用争议评审机制。该金额高达2030万美元项目的5次争议均由DRB调解成功并为争议双方所接受，工程按期完工，DRB费用仅为30万美元。至2006年，有超过2000宗国际性项目使用或计划使用争议评审为纠纷解决机制，项目建设总值超过1000亿美元。

据DRB网站的统计，采用争议评审的项目提交法院或仲裁解决的争议数量平均为每个项目1.2件，远远少于未采用争议评审的项目最终提交法院或仲裁解决争议的数量。争议评审是一种相对较为理想的纠纷解决机制。如项目的争议事项不大，则花费可低至项目最终建设合同造价的0.05%。当然，如果项目难度高且存在重大争议，则费用可达合同造价的0.25%。

1995年1月，世界银行开始在其招标文件中强制要求由其贷款的项目必须采用争议评审制度。同年，国际咨询工程师协会（FIDIC）在《设计—建造与交钥匙工程合同条件》中提出了“争议评审”的概念，并相继在其他类型合同条件中引入“争议评审”机制。2017年版FIDIC系列合同条件对1999年版争端解决条款进行了较大幅度的修改，1999年版的“争端裁决委员会”改为“争端避免/裁决委员会”（DAAB），并强调DAAB预警机制的作用。

2004 年 9 月 1 日，国际商会（ICC）推出《争议小组规则》，明确规定了争议小组的 3 种类型：①争议评审组（Dispute Review Board ，DRB），小组只提供建议性意见，没有约束力，当事人在规定期限内对建议提出异议的，该建议对当事人不产生约束力；②争议裁决组（Dispute Adjudication Board ，DAB），其决定具有约束力，当事人在另行达成协议或决定被裁决或判决被推翻之前要遵照执行；③综合争议组（Combined Dispute Board ，CDB），可以根据争议的性质和当事人的意思表示就争议作出建议或有约束力的决定。2005 年 5 月，世界银行推出的标准招标文件统一规定为争议小组（Dispute Board，DB），该小组作出的决定对于双方当事人均有约束力，除非争议被友好解决或被仲裁裁决推翻，当事人应当遵照执行。争议评审与其他争议解决机制相比的优势是：专业性、快速反应、现场解决问题、创造良好气氛、争议双方不需要律师的介入，以及双方最终仍保留诉讼或仲裁的救济途径等。

2.我国建设工程争议评审制度的实践

2007 年 11 月国家发展改革委、建设部、信息产业部等 9 部门联合发布了《〈标准施工招标资格预审文件〉和〈标准施工招标文件〉暂行规定》，规定了争议评审内容，即当事人之间的争议在提交仲裁或者诉讼前可以申请由专家组成的评审组进行评审。采用争议评审的，发包人和承包人应在开工日后的 28 日内或在争议发生后协商成立争议评审组。争议评审组由有合同管理和工程实践经验专家组成。

合同双方的争议，应首先由申请人向争议评审组提交一份详细的评审申请报告，并附必要的文件、图纸和证明材料，申请人还应将上述报告的副本同时提交给被申请人和监理人。被申请人在收到申请人评审申请报告副本后的 28 日内，向争议评审组提交一份答辩报告，并附证明材料。被申请人应将答辩报告的副本同时提交给申请人和监理人。除专用合同条款另有约定外，争议评审组在收到合同双方报告后的 14 日内，邀请双方代表和有关人员举行调查会，向双方调查争议细节。必要时争议评审组可要求双方进一步提供补充材料。除专用合同条款另有约定外，在调查会结束后的 14 日内，争议评审组应在不受任何干扰的情况下进行独立、公正的评审，作出书面评审意见，并说明理由。在争议评审期间，争议双方暂按总监理工程师的决定执行。发包人和承包人接受评审意见的，由监理人根据评审意见拟定执行协议，经争议双方签字后作为合同的补充文件，并遵照执行。发包人或承包人不接受评审意见，并要求提交仲裁或提起诉讼的，应在收到评审意见后的 14 日内将仲裁或起诉意向书面通知另一方，并抄送监理人，但在仲裁或诉讼结束前应暂按总监理工程师的决定执行。

3.建设工程争议评审程序

我国2017年版《建设工程施工合同（示范文本）》规定了争议评审制度，同时规定在纠纷解决程序中是否采用争议评审由当事人双方自由约定，当事人对争议评审的规则、程序、费用承担、评审结论等也享有充分的选择权。

（1）争议评审小组的确定

依照《建设工程施工合同（示范文本）》20.3.1的规定，合同当事人可以共同选择1名或3名争议评审员，组成争议评审小组。除专用合同条款另有约定外，合同当事人应当自合同签订后28日内，或者纠纷发生后14日内，选定争议评审员。

选择1名争议评审员的，由合同当事人共同确定；选择3名争议评审员的，各自选定1名，第三名成员为首席争议评审员，由合同当事人共同确定或由合同当事人委托已选定的争议评审员共同确定，或由专用合同条款约定的评审机构指定第三名首席争议评审员。除专用合同条款另有约定外，评审员报酬由发包人和承包人各承担一半。

（2）争议评审小组的权力

我国《建设工程施工合同（示范文本）》未对争议评审小组的权力作出规定。参考中国国际经济贸易仲裁委员会发布的《建设工程争议评审规则》第二十七条规定，除非当事人另有约定，评审组的权力包括但不限于：①决定评审组对所涉纠纷的管辖权及评审纠纷的范围；②决定评审程序的安排；③召集会晤、进行现场考察和召开调查会，并决定与此有关的任何程序事宜；④询问当事人、当事人的代理人和证人；⑤要求当事人提交补充材料和书面意见；⑥根据评审争议的需要，决定进行鉴定或者聘请专家就某一具体的法律或技术问题出具意见；⑦在一方当事人缺席的情况下继续评审程序并出具评审意见；⑧采取其他必要措施保证评审程序顺利进行和评审组正常履行职责。

（3）争议评审小组的决定

依照《建设工程施工合同（示范文本）》20.3.2的规定，合同当事人可在任何时间将与合同有关的任何纠纷共同提请争议评审小组进行评审。争议评审小组应秉持客观、公正原则，充分听取合同当事人的意见，依据相关法律、规范、标准、案例经验及商业惯例等，自收到争议评审申请报告后14日内作出书面决定，并说明理由。合同当事人可以在专用合同条款中对本事项另行约定。

（4）争议评审小组决定的效力

依照《建设工程施工合同（示范文本）》20.3.3的规定，争议评审小组作出的书面决定经合同当事人签字确认后，对双方具有约束力，双方应遵照执行。任何一方当事人不接受争议评审小组决定或不履行争议评审小组决定的，双方可选择采用其他纠纷解决方式。

争议评审制度在我国正处于初步发展时期，尚缺乏充分的经验积累与深入的理论研究，有待于在以后的实践中不断地完善与推广。

10.2 工程争议诉讼解决机制

民事诉讼法，是指国家制定的规范法院与民事诉讼参加人诉讼活动、调整法院与民事诉讼参加人法律关系的法律规范的总称。狭义的民事诉讼法，是指《民事诉讼法》成文法。我国现行《民事诉讼法》于1991年4月9日经第七届全国人民代表大会第四次会议通过施行，期间经历了五次修正。广义的民事诉讼法还包括其他法律中关于民事诉讼的具体规定以及最高人民法院的有关司法解释。

《民事诉讼法》的立法目的在于保护当事人行使诉讼权利，保证人民法院查明事实，分清是非，正确适用法律，及时审理民事案件，确认民事权利义务关系，制裁民事违法行为，保护当事人的合法权益，教育公民自觉遵守法律，维护社会秩序、经济秩序，保障社会主义建设事业顺利进行。

《民事诉讼法》分为四编，二十七章，共三百零六条。本书仅就重要程序性规定及与工程建设相关的其他规定进行介绍。

10.2.1 民事诉讼特征与基本制度

民事诉讼，是指人民法院在当事人和其他诉讼参与人的参加下，以审理、裁判、执行等方式解决民事纠纷的活动，以及由此产生的各种诉讼关系的总和。诉讼参与人包括原告、被告、第三人、证人、鉴定人、勘验人等。

1.民事诉讼的特征

（1）公权性。民事诉讼是由人民法院代表国家意志行使司法审判权，通过司法手段解决平等民事主体之间的纠纷，这使得民事诉讼与具有民间性质的调解和仲裁有所不同。

（2）强制性。民事诉讼的公权性，决定了其在案件的受理和执行等方面具有强制性。调解、仲裁均建立在双方当事人自愿的基础上，如果一方当事人不愿意进行调解、仲裁，调解和仲裁将不会发生。但民事诉讼则不同，只要原告起诉符合法定的条件，无论被告是否愿意，诉讼都会发生。此外，民间的和解、调解协议的履行依靠当事人的自觉，不具有强制执行的效力，但法院的裁判则具有强制执行的效力，当事人不自动履行生效裁判，法院依另一方当事人申请可依法强制执行。

（3）程序性。民事诉讼是依照法定程序进行的诉讼活动，无论是法院，还是当事人和其他诉讼参与人，均须按照民事诉讼法律规定的程序实施诉讼行为。与民事诉讼相比，民间调解通常没有严格的程序规则，仲裁虽然也要按照预先确定的程序进行，但相对灵活，当事人的选择权也较大。

2.民事诉讼法律基本制度

《民事诉讼法》第十条规定：人民法院审理民事案件，依照法律规定实行合议、回避、公开审判和两审终审制度。

（1）合议制度

合议制度是指由三人以上单数的审判人员组成合议庭，对民事案件进行审理的制度。合议庭评议案件，实行少数服从多数的原则。实行合议制度，是为了发挥集体的力量，弥补个人能力的不足，以保证案件的审判质量。

（2）回避制度

回避制度是指为了保证案件的公正审判，而要求与案件有一定利害关系的审判人员或其他有关人员，不得参与本案的审理活动或诉讼活动的审判制度。

（3）公开审判制度

公开审判制度是指人民法院审理民事案件，除法律规定的情况外，审判过程及结果应当向社会公开，允许群众旁听庭审和宣判过程，允许新闻媒体对庭审过程进行采访、报道，并将案件向社会披露。

（4）两审终审制度

两审终审制度是指一个民事诉讼案件经过两级法院审判后即告终结的制度。根据两审终审制度，对于一般民事诉讼案件，当事人不服一审法院的判决或裁定，可上诉至二审法院。二审法院所作的判决、裁定为生效判决、裁定，当事人不得再上诉。最高人民法院所作的一审判决、裁定，为终审判决、裁定，当事人不得上诉。

10.2.2 诉讼管辖与回避制度

1.诉讼管辖

民事诉讼中的管辖，是指各级法院之间和同级法院之间受理第一审民事案件的分工和权限。

（1）级别管辖

级别管辖，是指按照一定的标准，划分上下级法院之间受理第一审民事案件的分工和权限。我国法院有四级，分别是基层人民法院、中级人民法院、高级人民法院和最高人民法院，每一级均受理一审民事案件。我国《民事诉讼法》主要根据案件的性质、复杂程度和案件影响来确定级别管辖。在实践中，争议标的金额的大小，往往是确定级别管辖的重要依据，但各地人民法院确定的级别管辖的争议标的数额标准不尽相同。

（2）地域管辖

地域管辖，是指按照各法院的辖区和民事案件的隶属关系，划分同级法院受理第一审民事案件的分工和权限。地域管辖实际上是以法院与当事人、诉讼标的以及法律事实之间的隶属关系和关联关系来确定的，主要包括如下几种情况：

①一般地域管辖

一般地域管辖，是以当事人与法院的隶属关系来确定诉讼管辖，通常实行“原告就被告”原则，即以被告住所地作为确定管辖的标准。根据《民事诉讼法》第二十二条规定：

（一）对公民提起的民事诉讼，由被告住所地人民法院管辖；被告住所地与经常居住地不一致的，由经常居住地人民法院管辖。其中，公民的住所地是指该公民的户籍所在地。经常居住地是指公民离开住所至起诉时已连续居住满 1 年的地方，但公民住院就医的地方除外。

（二）对法人或者其他组织提起的民事诉讼，由被告住所地人民法院管辖。在这里，被告住所地是指法人或者其他组织的主要办事机构所在地或者主要营业地。

②特殊地域管辖

特殊地域管辖，是指以被告住所地、诉讼标的所在地、法律事实所在地为标准确定的管辖。我国《民事诉讼法》规定了九种特殊地域管辖的诉讼，其中与建设工程关系最为密切的是因合同纠纷提起的诉讼。

《民事诉讼法》第二十四条规定：因合同纠纷提起的诉讼，由被告住所地或者合同履行地人民法院管辖。在这里，合同履行地是指合同约定的履行义务的地点，主要是指合同标的交付地点。合同履行地应当在合同中明确约定，没有约定或约定不明的，当事人既不能协商确定，又不能按照合同有关条款和交易习惯确定的，按照《民法典》第五百一十一条的有关规定确定，即履行地点不明确，给付货币的，在接受货币一方所在地履行；交付不动产的，在不动产所在地履行；其他标的，在履行义务一方所在地履行。此外，依据最高人民法院《关于适用〈中华人民共和国民事诉讼法〉的解释》第十八条规定：合同约定履行地点的，以约定的履行地点为合同履行地。合同对履行地点没有约定或者约定不明确，争议标的为给付货币的，接收货币一方所在地为合同履行地；交付不动产的，不动产所在地为合同履行地；其他标的，履行义务一方所在地为合同履行地。即时结清的合同，交易行为地为合同履行地。合同没有实际履行，当事人双方住所地都不在合同约定的履行地的，由被告住所地人民法院管辖。

发生合同纠纷的，我国《民事诉讼法》还规定了协议管辖制度。所谓协议管辖，是指合同当事人在纠纷发生前后，在法律允许的范围内，以书面形式约定案件的管辖法院。协议管辖仅适用于合同纠纷。《民事诉讼法》第三十五条规定：合同或者其他财产权益纠纷的当事人可以书面协议选择被告住所地、合同履行地、合同签订地、原告住所地、标的物所在地等与争议有实际联系的地点的人民法院管辖，但不得违反本法对级别管辖和专属管辖的规定。

③专属管辖

专属管辖，是指法律规定某些特殊类型的案件和专门的案件由特定的法院管辖。专属管辖是排他性管辖，排除了诉讼当事人协议选择管辖法院的权利。专属管辖与一般地域管辖和特殊地域管辖的关系是：凡法律规定为专属管辖的诉讼，均适用专属管辖。

我国《民事诉讼法》第三十四条规定了三种适用专属管辖的案件。其中，因不动产纠纷提起的诉讼，由不动产所在地人民法院管辖。最高人民法院根据此条规定，在《关于适用〈中华人民共和国民事诉讼法〉的解释》第二十八条确定建设工程施工合同纠纷、政策性房屋买卖合同纠纷，按照不动产纠纷确定管辖。不动产已登记的，以不动产登记簿记载的所在地为不动产所在地；不动产未登记的，以不动产实际所在地为不动产所在地。因此，建设工程施工合同纠纷不同于一般的民事争议，适用工程所在地的专属管辖。

（3）管辖权异议

管辖权异议，是指当事人向受诉法院提出的该法院对案件无管辖权的主张。《民事诉讼法》第一百三十条规定：人民法院受理案件后，当事人对管辖权有异议的，应当在提交答辩状期间提出。人民法院对当事人提出的异议，应当审查。异议成立的，裁定将案件移送有管辖权的人民法院；异议不成立的，裁定驳回。当事人未提出管辖异议，并应诉答辩或者提出反诉的，视为受诉人民法院有管辖权，但违反级别管辖和专属管辖规定的除外。

2.回避制度

根据《民事诉讼法》第四十七条的规定，审判人员有下列情形之一的，应当自行回避，当事人有权用口头或者书面方式申请他们回避：①是本案当事人或者当事人、诉讼代理人近亲属的；②与本案有利害关系的；③与本案当事人、诉讼代理人有其他关系，可能影响对案件公正审理的。审判人员接受当事人、诉讼代理人请客送礼，或者违反规定会见当事人、诉讼代理人的，当事人有权要求他们回避。审判人员有前款规定的行为的，应当依法追究法律责任。前三款规定，适用于法官助理、书记员、司法技术人员、翻译人员、鉴定人、勘验人。

根据《民事诉讼法》第四十八条的规定，当事人提出回避申请，应当说明理由，在案件开始审理时提出；回避事由在案件开始审理后知道的，也可以在法庭辩论终结前提出。被申请回避的人员在人民法院作出是否回避的决定前，应当暂停参与本案的工作，但案件需要采取紧急措施的除外。

10.2.3 证据

当事人对自己提出的主张，有责任提供证据。当事人及其诉讼代理人因客观原因不能自行收集的证据，或者人民法院认为审理案件需要的证据，人民法院应当调查收集。根据最高人民法院《关于民事诉讼证据的若干规定》第十条规定，下列事实当事人无须举证证明：①自然规律以及定理、定律；②众所周知的事实；③根据法律规定推定的事实；④根据已知的事实和日常生活经验法则推定出的另一事实；⑤已为仲裁机构的生效裁决所确认的事实；⑥已为人民法院发生法律效力的裁判所确认的基本事实；⑦已为有效公证文书所证明的事实。

前款第二项至第五项事实，当事人有相反证据足以反驳的除外；第六项、第七项事实，当事人有相反证据足以推翻的除外。

《民事诉讼法》第六十六条规定：民事诉讼证据包括当事人的陈述、书证、物证、视听资料、电子数据、证人证言、鉴定意见和勘验笔录八种形式。

1.当事人的陈述

人民法院对当事人的陈述，应当结合本案的其他证据，审查确定能否作为认定事实的根据。当事人拒绝陈述的，不影响人民法院根据证据认定案件事实。

2.书证

书证应当提交原件，物证应当提交原物。提交原件或者原物确有困难的，可以提交复制品、照片、副本、节录本。经过法定程序公证证明的法律事实和文书，人民法院应当作为认定事实的根据，但有相反证据足以推翻公证证明的除外。

3.物证

当事人向人民法院提供证据，应当提供原件或者原物。如需自己保存证据原件、原物或者提供原件、原物确有困难的，可以提供经人民法院核对无异的复制件或者复制品。

以动产作为证据的，应当将原物提交人民法院。原物不宜搬移或者不宜保存的，当事人可以提供复制品、影像资料或者其他替代品。当事人以不动产作为证据的，应当向人民法院提供该不动产的影像资料。

4.视听资料

当事人以视听资料作为证据的，应当提供存储该视听资料的原始载体。人民法院对视听资料，应当辨别真伪，并结合本案的其他证据，审查确定能否作为认定事实的根据。

5.电子数据

当事人以电子数据作为证据的，应当提供原件。电子数据的制作者制作的与原件一致的副本，或者直接来源于电子数据的打印件或其他可以显示、识别的输出介质，视为电子数据的原件。电子数据包括下列信息、电子文件：①网页、博客、微博客等网络平台发布的信息；②手机短信、电子邮件、即时通信、通讯群组等网络应用服务的通信信息；③用户注册信息、身份认证信息、电子交易记录、通信记录、登录日志等信息；④文档、图片、音频、视频、数字证书、计算机程序等电子文件；⑤其他以数字化形式存储、处理、传输的能够证明案件事实的信息。

6.证人证言

凡是知道案件情况的单位和个人，都有义务出庭作证。有关单位的负责人应当支持证人作证。不能正确表达意思的人，不能作证。

7.鉴定意见

当事人可以就查明事实的专门性问题向人民法院申请鉴定。当事人申请鉴定的，由双方当事人协商确定具备资格的鉴定人；协商不成的，由人民法院指定。

当事人未申请鉴定，人民法院对专门性问题认为需要鉴定的，应当委托具备资格的鉴定人进行鉴定。

鉴定人有权了解进行鉴定所需要的案件材料，必要时可以询问当事人、证人。鉴定人应当提出书面鉴定意见，在鉴定书上签名或者盖章。

当事人对鉴定意见有异议或者人民法院认为鉴定人有必要出庭的，鉴定人应当出庭作证。经人民法院通知，鉴定人拒不出庭作证的，鉴定意见不得作为认定事实的根据；支付鉴定费用的当事人可以要求返还鉴定费用。当事人可以申请人民法院通知有专门知识的人出庭，就鉴定人作出的鉴定意见或者专业问题提出意见。

8.勘验笔录

勘验物证或者现场，勘验人必须出示人民法院的证件，并邀请当地基层组织或者当事人所在单位派人参加。当事人或者当事人的成年家属应当到场，拒不到场的，不影响勘验的进行。

有关单位和个人根据人民法院的通知，有义务保护现场，协助勘验工作。勘验人应当将勘验情况和结果制作笔录，由勘验人、当事人和被邀参加人签名或者盖章。

人民法院应当向当事人说明举证的要求及法律后果，促使当事人在合理期限内积极、全面、正确、诚实地完成举证。证据应当在法庭上出示，并由当事人互相质证。在证据可能灭失或者以后难以取得的情况下，当事人可以在诉讼过程中向人民法院申请保全证据，人民法院也可以主动采取保全措施。

10.2.4 财产保全及先予执行

在民事诉讼中，从人民法院受理当事人的起诉开始，到作出生效的法律文书并实现文书所确定的权利，往往需要较长的时间。为了防止过长的诉讼时间带来的对当事人权利无法周密保护问题，民事诉讼法规定了财产保全和先予执行制度。

1.财产保全

（1）财产保全的概念

所谓财产保全，是指当可能因发生有关财产被一方当事人转移、隐匿、毁损等情形，导致法院将来的判决不能执行或难以执行，进而使另一方当事人或利害关系人的合法利益受到损害的，根据当事人或者利害关系人的申请或人民法院的裁定，由人民法院对有关财产采取保全措施的诉讼法律制度。

（2）财产保全的种类

①诉讼财产保全

诉讼财产保全，是指在诉讼过程中，为了保证人民法院的判决能够执行，人民法院根据当事人的申请，或在必要时依职权裁定对有关财产采取保全措施的制度。

根据《民事诉讼法》第一百零三条的规定，人民法院采取诉讼财产保全措施的，可以责令申请人提供担保。申请人不提供担保的，驳回申请。人民法院接受申请后，对情况紧急的，必须在 48 小时内作出裁定。裁定采取诉讼财产保全措施的，应当立即开始执行。

②诉前财产保全

诉前财产保全，是指在诉讼发生前，利害关系人因情况紧急，不立即申请财产保全将会使其合法权益受到难以弥补的损害的情况下，人民法院根据利害关系人的申请，对有关的财产采取保全措施的制度。

根据《民事诉讼法》第一百零四条的规定，利害关系人请求人民法院采取诉前财产保全措施，应当提供担保，不提供担保的，驳回申请。人民法院接受申请后，必须在 48 小时内作出裁定。裁定采取诉前财产保全措施的，应当立即开始执行。申请人应当在人民法院采取诉前财产保全措施后 30 日内起诉或者申请仲裁。未在该期限内起诉或者申请仲裁的，人民法院应当解除诉前财产保全。

（3）财产保全的实施

根据《民事诉讼法》的有关规定，财产保全限于请求的范围，或者与本案有关的财物。其中，“请求的范围”一般指保全的财产其价值与诉讼请求相当或与利害关系人的请求相当；“与本案有关的财物”一般指本案的标的物。财产保全的措施包括查封、扣押、冻结或者法律规定的其他方法。

被申请人提供担保的，人民法院应当解除财产保全。申请有错误的，申请人应当赔偿被申请人因财产保全所遭受的损失。

2. 先予执行

所谓先予执行，是指人民法院在作出终审判决以前，为解决权利人生活或生产经营的急需，根据当事人申请，依法裁定义务人预先履行义务的诉讼法律制度。

（1）先予执行的适用范围

根据《民事诉讼法》第一百零九条的规定，人民法院对下列案件，根据当事人的申请，可以裁定先予执行：（一）追索赡养费、扶养费、抚养费、抚恤金、医疗费用的；（二）追索劳动报酬的；（三）因情况紧急需要先予执行的。

（2）先予执行的适用条件

根据《民事诉讼法》第一百一十条的规定，人民法院裁定先予执行的，应当符合下列条件：（一）当事人之间权利义务关系明确，不先予执行将严重影响申请人的生活或者生产经营的；（二）被申请人有履行能力。

人民法院可以责令申请人提供担保，申请人不提供担保的，驳回申请。申请人败诉的，应当赔偿被申请人因先予执行遭受的财产损失。

10.2.5 审判程序

审判程序是民事诉讼法规定的最为重要的内容，它是人民法院审理案件适用的程序，可以分为第一审程序、第二审程序和审判监督程序。

1.第一审程序

第一审程序包括普通程序和简易程序。《民事诉讼法》第一百六十条规定：基层人民法院和它派出的法庭审理事实清楚、权利义务关系明确、争议不大的简单的民事案件，适用简易程序。基层人民法院和它派出的法庭审理前款规定以外的民事案件，当事人双方也可以约定适用简易程序。普通程序是指人民法院审理第一审民事案件通常适用的程序。普通程序是第一审程序中最基本的程序，具有独立性和广泛性，是整个民事审判程序的基础。

普通程序是《民事诉讼法》规定的民事诉讼当事人进行第一审民事诉讼和人民法院审理第一审民事案件所通常适用的诉讼程序。同时，由于我国现行《民事诉讼法》并未单独规定有关审判程序的总则，普通程序的有关规定在一定程度上还起着程序总则的作用。《民事诉讼法》第一百八十一条规定：第二审人民法院审理上诉案件，除依照本章规定外，适用第一审普通程序。

适用普通程序审理的案件，根据《民事诉讼法》第一百五十二条的规定，应当在立案之日起六个月内审结。有特殊情况需要延长的，由本院院长批准，可以延长六个月；还需要延长的，报请上级法院批准。

（1）起诉和受理

①起诉

根据《民事诉讼法》第一百二十二条的规定，起诉必须符合下列条件：（一）原告是与本案有直接利害关系的公民、法人和其他组织；（二）有明确的被告；（三）有具体的诉讼请求和事实、理由；（四）属于人民法院受理民事诉讼的范围和受诉人民法院管辖。

②受理

根据《民事诉讼法》第一百二十六条的规定，人民法院应当保障当事人依照法律规定享有的起诉权利。对符合条件的起诉，必须受理。符合起诉条件的，应当在七日内立案，并通知当事人；不符合起诉条件的，应当在七日内作出裁定书，不予受理；原告对裁定不服的，可以提起上诉。

（2）审理前的主要准备工作

①送达起诉状副本和提出答辩状

《民事诉讼法》第一百二十八条规定：人民法院应当在立案之日起五日内将起诉状副本发送被告，被告应当在收到之日起十五日内提出答辩状。人民法院应当在收到答辩状之日起五日内将答辩状副本发送原告。被告不提出答辩状的，不影响人民法院审理。

此外，当事人对管辖权有异议的，应当在提交答辩状期间提出。

②告知当事人诉讼权利义务及组成合议庭

人民法院对决定受理的案件，应当在受理案件通知书和应诉通知书中向当事人告知有关的权利和义务，或者口头告知。

普通程序的审判组织应当采用合议制。《民事诉讼法》第一百三十一条规定：审判人员确定后，应当在三日内告知当事人。

（3）开庭审理

①法庭调查

法庭调查，是在法庭上出示与案件有关的全部证据，对案件事实进行全面调查并由当事人进行质证的程序。根据《民事诉讼法》第一百四十一条的规定，法庭调查按照下列程序进行：

（一）当事人陈述；

（二）告知证人的权利义务，证人作证，宣读未到庭的证人证言；

（三）出示书证、物证和视听资料和电子数据；

（四）宣读鉴定意见；

（五）宣读勘验笔录。

②法庭辩论

法庭辩论，是当事人及其诉讼代理人在法庭上行使辩论权，针对有争议的事实和法律问题进行辩论的程序。法庭辩论的目的，是通过当事人及其诉讼代理人的辩论，对有争议的问题逐一进行审查和核实，借此查明案件的真实情况和正确适用法律。

③法庭笔录

《民事诉讼法》第一百五十条规定：书记员应当将法庭审理的全部活动记入笔录，由审判人员和书记员签名。

法庭笔录应当当庭宣读，也可以告知当事人和其他诉讼参与人当庭或者在五日内阅读。当事人和其他诉讼参与人认为对自己的陈述记录有遗漏或者差错的，有权申请补正。如果不予补正，应当将申请记录在案。

法庭笔录由当事人和其他诉讼参与人签名或者盖章。拒绝签名盖章的，记明情况附卷。

④宣判

法庭辩论终结，应当依法作出判决。根据《民事诉讼法》的有关规定，判决前能够调解的，还可以进行调解。调解书经双方当事人签收后，即具有法律效力。调解不成的，如调解未达成协议或者调解书送达前一方反悔的，人民法院应当及时判决。

人民法院一律公开宣告判决，同时必须告知当事人上诉权利、上诉期限和上诉的法院。最高人民法院的判决、裁定，以及超过上诉期没有上诉的判决、裁定，是发生法律效力的判决、裁定。

2.第二审程序

第二审程序，又称上诉程序或终审程序，是指由于民事诉讼当事人不服地方各级人民法院尚未生效的第一审判决或裁定，在法定上诉期间内，向上一级人民法院提起上诉而引起的诉讼程序。我国民事诉讼原则上实行两审终审制，对于符合法律特别规定的简单民事案件，实行一审终审。上诉案件经二审法院审理后，作出的判决、裁定为终审的判决、裁定，诉讼程序即告终结。

（1）上诉期间

根据《民事诉讼法》第一百七十一条的规定，当事人不服地方人民法院第一审判决的，有权在判决书送达之日起十五日内向上一级人民法院提起上诉。当事人不服地方人民法院第一审裁定的，有权在裁定书送达之日起十日内向上一级人民法院提起上诉。

（2）第二审法院对上诉案件的处理

根据《民事诉讼法》第一百七十七条的规定，第二审人民法院对上诉案件，经过审理，按照下列情形，分别处理：（一）原判决、裁定认定事实清楚，适用法律正确的，以判决、裁定方式驳回上诉，维持原判决、裁定；（二）原判决、裁定认定事实错误或者适用法律错误的，以判决、裁定方式依法改判、撤销或者变更；（三）原判决认定基本事实不清的，裁定撤销原判决，发回原审人民法院重审，或者查清事实后改判；（四）原判决遗漏当事人或者违法缺席判决等严重违反法定程序的，裁定撤销原判决，发回原审人民法院重审。

第二审人民法院的判决、裁定，是终审的判决、裁定。第二审法院作出的具有给付内容的判决，具有强制执行力，如果有履行义务的当事人拒不履行，对方当事人有权向法院申请强制执行。

对于发回原审法院重审的案件，原审法院仍将按照一审程序进行审理。因此，当事人对重审案件的判决、裁定，仍然可以上诉。原审人民法院对发回重审的案件作出判决后，当事人提起上诉的，第二审人民法院不得再次发回重审。

3.审判监督程序

审判监督程序，即再审程序，是指对已经发生法律效力的判决、裁定、调解书，人民法院认为确有错误，对案件再行审理的程序。审判监督程序不是独立审级，也不是案件审理的必经程序。再审程序既可由法院系统内部主动提起，也可依人民检察院的抗诉而提起，还可以根据当事人的申请而提起。

（1）人民法院提起再审

各级人民法院院长对本院已经发生法律效力的判决、裁定、调解书，发现确有错误，认为需要再审的，应当提交审判委员会讨论决定。

最高人民法院对地方各级人民法院已经发生法律效力的判决、裁定、调解书，上级人民法院对下级人民法院已经发生法律效力的判决、裁定、调解书，发现确有错误的，有权提审或者指令下级人民法院再审。

（2）当事人申请再审

当事人对已经发生法律效力的判决、裁定，认为有错误的，可以向上一级人民法院申请再审；当事人一方人数众多或者当事人双方为公民的案件，也可以向原审人民法院申请再审。当事人申请再审的，不停止判决、裁定的执行。

当事人申请再审，应当在判决、裁定发生法律效力后六个月内提出；符合特殊规定情形的，自知道或者应当知道之日起六个月内提出。

（3）人民检察院抗诉

最高人民检察院对各级人民法院已经发生法律效力的判决、裁定，上级人民检察院对下级人民法院已经发生法律效力的判决、裁定，发现有民事诉讼法规定情形的，或者发现调解书损害国家利益、社会公共利益的，应当提出抗诉。

地方各级人民检察院对同级人民法院已经发生法律效力的判决、裁定，发现有民事诉讼法规定情形的，或者发现调解书损害国家利益、社会公共利益的，可以向同级人民法院提出检察建议，并报上级人民检察院备案；也可以提请上级人民检察院向同级人民法院提出抗诉。

有下列情形之一的，当事人也可以向人民检察院申请检察建议或者抗诉：①人民法院驳回再审申请的；②人民法院逾期未对再审申请作出裁定的；③再审判决、裁定有明显错误的。

10.2.6 执行程序

审判程序与执行程序是并列的独立程序。审判程序是产生裁判书的过程，执行程序是实现裁判书内容的过程。强制执行，是指法院的执行机构依照法定程序，对发生法律效力并具有给付内容的法律文书，以国家的强制力为后盾，依法采取强制措施，迫使具有给付义务的当事人履行其给付义务的行为。

1.执行的申请

（1）据以申请执行的主要法律文书

根据《民事诉讼法》的有关规定，对于下列具有法律效力的法律文书，一方当事人不履行的，对方当事人可以向有管辖权的法院申请执行：

（一）法院制作的发生法律效力的民事判决、裁定以及生效的调解书；

（二）仲裁机构制作的依法由人民法院执行的仲裁裁决书、生效的仲裁调解书；

（三）公证机关依法赋予强制执行效力的债权文书等。

（2）申请执行的期限

根据《民事诉讼法》第二百五十条的规定，申请执行的期间为二年。申请执行时效的中止、中断，适用法律有关诉讼时效中止、中断的规定。此处规定的期间，从法律文书规定履行期间的最后一日起计算；法律文书规定分期履行的，从最后一期履行期限届满之日起计算；法律文书未规定履行期间的，从法律文书生效之日起计算。

2.执行措施

执行措施是法院依法强制执行生效法律文书的方法和手段。根据《民事诉讼法》及相关司法解释规定，执行措施主要包括：

（1）查询、冻结、划拨被执行人的存款；

（2）扣留、提取被执行人的收入；

（3）查封、扣押、拍卖、变卖被执行人的财产；

（4）强制被执行人和有关单位、公民交付法律文书指定的财产或票证；

（5）强制被执行人迁出房屋或退出土地；

（6）需办理有关财产权证照转移手续的，向有关单位发出协助执行通知书；

（7）强制被执行人支付迟延履行期间债务利息及迟延履行金。

（8）依申请执行人申请，通知对被执行人负有到期债务的第三人向申请执行人履行债务。

10.3　工程争议仲裁解决机制

《仲裁法》于1994年8月31日经第八届全国人民代表大会常务委员会第九次会议通过，自1995年9月1日起施行，其后历经两次修正。《仲裁法》分为八章，共八十条，其立法目的在于保证公正、及时地仲裁经济纠纷，保护当事人的合法权益，保障社会主义市场经济健康发展。

根据我国《仲裁法》的规定，只有平等主体的公民、法人和其他组织之间发生的合同纠纷和其他财产权益纠纷，才可以仲裁。下列纠纷不适用《仲裁法》裁决：

（一）婚姻、收养、监护、扶养、继承纠纷；

（二）依法应当由行政机关处理的行政争议；

（三）劳动争议和农业集体经济组织内部的农业承包合同纠纷，由法律另行规定。

10.3.1 仲裁的特点与仲裁法律基本制度

1.仲裁的特点

仲裁作为一个法律概念有其特定的含义，即指发生争议的当事人根据其达成的仲裁协议，自愿将该争议提交中立的仲裁机构进行裁判的争议解决制度。

仲裁具有以下特点：

（1）自愿性

当事人的自愿性是仲裁最突出的特点。仲裁以当事人的意思自治为前提，即是否将纠纷提交仲裁，向哪家仲裁机构申请仲裁，仲裁庭如何组成，仲裁员的选择，以及仲裁的审理方式等都是在当事人自愿的基础上，由当事人协商确定的。仲裁的自愿性也决定了仲裁与诉讼相比，更加灵活和方便。

（2）专业性

专家裁案，是民商事仲裁的重要特点之一。民商事仲裁往往涉及不同行业的专业知识，例如，建设工程的纠纷处理不仅涉及与工程建设有关的法律法规，还常常需要运用大量的工程造价、工程质量方面的专业知识和熟悉建筑业自身特有的交易习惯和行业惯例。因此，由具有一定专业水平的专家担任仲裁员，是确保仲裁结果准确、公正的重要保障。

（3）独立性

根据《仲裁法》第十四条的规定，仲裁委员会独立于行政机关，与行政机关没有隶属关系。仲裁委员会之间也没有隶属关系。在仲裁过程中，仲裁庭独立进行仲裁，不受任何行政机关、社会团体和个人的干涉，也不受其他仲裁机构的干涉，具有独立性。

（4）保密性

仲裁以不公开审理为原则。同时，按照各仲裁规则的规定，当事人及其代理人、证人、翻译、仲裁员、仲裁庭咨询的专家和指定的鉴定人、仲裁委员会有关工作人员亦要遵守保密义务，不得对外界透露案件实体和程序的有关情况。因此，当事人之间的纠纷及有关的商业秘密，不会因仲裁活动而泄露。

（5）快捷性

仲裁实行一裁终局制度，仲裁裁决一经作出即发生法律效力。这使得当事人之间的纠纷能够迅速得以解决。

2.仲裁法律基本制度

（1）协议仲裁制度

仲裁协议是当事人仲裁自愿的体现，当事人申请仲裁、仲裁委员会受理仲裁、仲裁庭对仲裁案件的审理和裁决，都必须以当事人依法订立的仲裁协议为前提。可以说，没有有效的仲裁协议，就不会有仲裁。《仲裁法》第四条规定：没有仲裁协议，一方申请仲裁的，仲裁委员会不予受理。

（2）或裁或诉制度

仲裁和诉讼是两种不同的争议解决方式，当事人只能选择其中一种加以采用。《仲裁法》第五条规定：当事人达成仲裁协议，一方向人民法院起诉的，人民法院不予受理，但仲裁协议无效的除外。因此，有效的仲裁协议即排除法院对案件的司法管辖权，只有在没有仲裁协议或者仲裁协议无效的情况下，法院才可以对当事人的纠纷予以受理。

（3）一裁终局制度

《仲裁法》第九条规定：仲裁实行一裁终局的制度。裁决作出后，当事人就同一纠纷再申请仲裁或者向人民法院起诉的，仲裁委员会或者人民法院不予受理。当事人应当履行仲裁裁决。一方当事人不履行的，另一方当事人可以依照民事诉讼法的有关规定向人民法院申请强制执行。

10.3.2 仲裁协议

仲裁协议是指当事人自愿将已经发生或者可能发生的争议通过仲裁解决的书面协议。在民商事仲裁中，仲裁协议是仲裁的前提，没有仲裁协议，就不存在有效的仲裁。

1.仲裁协议的类型

根据《仲裁法》第十六条第一款的规定，仲裁协议包括合同中订立的仲裁条款和其他以书面形式在纠纷发生前或者纠纷发生后达成的请求仲裁的协议。据此，仲裁协议应当采用书面形式，口头方式达成的仲裁意思表示无效。仲裁协议既可以表现为合同中的仲裁条款，也可以表现为独立于合同而存在的仲裁协议书。而在实践中，仲裁条款是最常见的仲裁协议形式。

2.仲裁协议的内容

根据《仲裁法》第十六条第二款的规定，仲裁协议应当具有下列内容：（一）请求仲裁的意思表示；（二）仲裁事项；（三）选定的仲裁委员会。

这三项内容必须同时具备，仲裁协议才能有效。如果仲裁协议对仲裁事项或者仲裁委员会没有约定或约定不明确，且当事人达不成补充协议的，仲裁协议无效。

3.仲裁协议的效力

（1）对当事人的法律效力

仲裁协议一经有效成立，即对当事人产生法律约束力。发生纠纷后，当事人只能通过向仲裁协议中所约定的仲裁机构申请仲裁的方式解决该纠纷，而丧失了就该纠纷向法院提起诉讼的权利。

（2）对法院的约束力

有效的仲裁协议将排除法院的司法管辖权。根据《仲裁法》第二十六条的规定，当事人达成仲裁协议，一方向人民法院起诉未声明有仲裁协议，人民法院受理后，另一方在首次开庭前提交仲裁协议的，人民法院应当驳回起诉，但仲裁协议无效的除外。

（3）对仲裁机构的法律效力

仲裁协议是仲裁委员会受理仲裁案件的基础，是仲裁庭审理和裁决仲裁案件的依据。没有有效的仲裁协议，仲裁委员会将不能获得仲裁案件的管辖权。同时，仲裁委员会还只能对当事人在仲裁协议中约定的争议事项进行仲裁，对超出仲裁协议约定范围的其他争议无权仲裁。

（4）仲裁协议的独立性

《仲裁法》第十九条规定：仲裁协议独立存在，合同的变更、解除、终止或者无效，不影响仲裁协议的效力。

10.3.3 仲裁程序

1.申请和受理

（1）申请仲裁的条件

根据《仲裁法》第二十一条的规定，当事人申请仲裁，应当符合下列条件：（一）有仲裁协议；（二）有具体的仲裁请求和事实、理由；（三）属于仲裁委员会的受理范围。根据《仲裁法》的规定，当事人申请仲裁，应当向仲裁委员会递交仲裁协议、仲裁申请书及副本。

（2）审查与受理

根据《仲裁法》相关规定，仲裁委员会收到仲裁申请书之日起五日内，认为符合受理条件的，应当受理，并通知当事人；认为不符合受理条件的，应当书面通知当事人不予受理，并说明理由。

仲裁委员会受理仲裁申请后，应当在仲裁规则规定的期限内将仲裁规则和仲裁员名册送达申请人，并将仲裁申请书副本和仲裁规则、仲裁员名册送达被申请人。

被申请人收到仲裁申请书副本后，应当在仲裁规则规定的期限内向仲裁委员会提交答辩书，仲裁委员会收到答辩书后，应当在仲裁规则规定的期限内将答辩书副本送达申请人。被申请人未提交答辩书的，不影响仲裁程序的进行。

申请人可以放弃或者变更仲裁请求。被申请人可以承认或者反驳仲裁请求，有权提出反请求。

当事人申请财产保全的，仲裁委员会应当将当事人的申请依照民事诉讼法的有关规定提交人民法院。

2.仲裁庭的组成

（1）仲裁庭的组成形式和程序

根据《仲裁法》第三十条的规定，仲裁庭可以由三名仲裁员或者一名仲裁员组成。由三名仲裁员组成的，设首席仲裁员。根据该规定，仲裁庭的组成形式包括合议仲裁庭和独任仲裁庭两种。

①合议仲裁庭组成程序

根据《仲裁法》第三十一条第一款的规定，当事人约定由三名仲裁员组成仲裁庭的，应当各自选定或者各自委托仲裁委员会主任指定一名仲裁员，第三名仲裁员由当事人共同选定或者共同委托仲裁委员会主任指定。第三名仲裁员是首席仲裁员。

②独任仲裁庭组成程序

根据《仲裁法》第三十一条第二款的规定，当事人约定一名仲裁员成立仲裁庭的，应当由当事人共同选定或者共同委托仲裁委员会主任指定仲裁员。

《仲裁法》第三十二条还规定，当事人没有在仲裁规则规定的期限内约定仲裁庭的组成方式或者选定仲裁员的，由仲裁委员会主任指定。

（2）仲裁员的回避

《仲裁法》第三十四条规定，仲裁员有下列情形之一的，必须回避，当事人也有权提出回避申请：（一）是本案当事人或者当事人、代理人的近亲属；（二）与本案有利害关系；（三）与本案当事人、代理人有其他关系，可能影响公正仲裁的；

（四）私自会见当事人、代理人，或者接受当事人、代理人的请客送礼的。

3.开庭和裁决

（1）仲裁开庭和审理

仲裁应当开庭进行，当事人可以协议不开庭。当事人应当对自己的主张提供证据。仲裁庭认为有必要收集的证据，可以自行收集。证据应当在开庭时出示，当事人可以质证。当事人在仲裁过程中有权进行辩论。仲裁庭应当将开庭情况记入笔录。

（2）仲裁中的和解与调解

根据《仲裁法》的规定，当事人申请仲裁后，可以自行和解。达成和解协议的，可以请求仲裁庭根据和解协议作出裁决书，也可以撤回仲裁申请。当事人达成和解协议，撤回仲裁申请后反悔的，可以根据仲裁协议申请仲裁。

根据《仲裁法》的规定，仲裁庭在作出裁决前，可以先行调解。当事人自愿调解的，仲裁庭应当调解。调解不成的，应当及时作出裁决。调解达成协议的，仲裁庭应当制作调解书或者根据协议的结果制作裁决书。调解书与裁决书具有同等法律效力。调解书经双方当事人签收后，即发生法律效力。在调解书签收前当事人反悔的，仲裁庭应当及时作出裁决。

（3）仲裁裁决

《仲裁法》第五十三条规定：仲裁裁决应当按照多数仲裁员的意见作出，少数仲裁员的不同意见可以记入笔录。仲裁庭不能形成多数意见时，裁决应当按照首席仲裁员的意见作出。裁决书自作出之日起发生法律效力，当事人不得就已经裁决的事项再申请仲裁，也不得就此提起诉讼。仲裁裁决具有强制执行力。

4.仲裁裁决的撤销

仲裁实行一裁终局制度，仲裁裁决一经作出，即发生法律效力。如果仲裁裁决发生错误就必然损害当事人的合法权益，而仲裁制度没有内部的监督制度，因此只能由人民法院进行外部监督，具体体现在仲裁裁决的撤销与不予执行。

（1）申请撤销仲裁裁决的理由和条件

根据《仲裁法》的规定，当事人提出证据证明裁决有下列情形之一的，可以向仲裁委员会所在地的中级人民法院申请撤销裁决：（一）没有仲裁协议的；（二）裁决的事项不属于仲裁协议的范围或者仲裁委员会无权仲裁的；（三）仲裁庭的组成或者仲裁的程序违反法定程序的；（四）裁决所依据的证据是伪造的；（五）对方当事人隐瞒了足以影响公正裁决的证据的；（六）仲裁员在仲裁该案时有索贿受贿，徇私舞弊，枉法裁决行为的。

当事人申请撤销裁决的，应当自收到裁决书之日起六个月内提出。

（2）仲裁裁决被撤销的法律后果

仲裁裁决被人民法院依法撤销后，当事人之间的纠纷并未解决。在这种情况下，根据《仲裁法》第九条的规定，当事人就该纠纷可以根据双方重新达成的仲裁协议申请仲裁，也可以向人民法院起诉。

5.仲裁裁决的执行

（1）仲裁裁决的强制执行

《仲裁法》第六十二条规定：当事人应当履行裁决。一方当事人不履行的，另一方当事人可以依照民事诉讼法的有关规定向人民法院申请执行。受申请的人民法院应当执行。

（2）仲裁裁决的不予执行

根据《仲裁法》和《民事诉讼法》的相关规定，被申请人提出证据证明仲裁裁决有下列情形之一的，经人民法院组成合议庭审查核实，裁定不予执行：（一）当事人在合同中没有订有仲裁条款或者事后没有达成书面仲裁协议的；（二）裁决的事项不属于仲裁协议的范围或者仲裁机构无权仲裁的；（三）仲裁庭的组成或者仲裁的程序违反法定程序的；（四）裁决所根据的证据是伪造的；（五）对方当事人向仲裁机构隐瞒了足以影响公正裁决的证据的；（六）仲裁员在仲裁该案时有贪污受贿，徇私舞弊，枉法裁决行为的。

人民法院认定执行该裁决违背社会公共利益的，裁定不予执行。仲裁裁决被人民法院依法裁定不予执行的，当事人可以根据双方达成的书面仲裁协议重新申请仲裁，也可以向人民法院起诉。

在线练习

11 国际工程惯例与国别建设法

/ 本章导读 /

各国由于所属法系和法律传统不同，基本法律制度更是千差万别。国际学会及协会组织、金融机构等制定的标准文本，往往在建设领域成为被普遍接受和执行的国际惯例，配合具体工程合同适用的管辖法共同构成对于项目参与方的行为规制。

11.1　国际工程惯例

从国际惯例视角来看，具有影响力的机构包括国际咨询工程师联合会 FIDIC、美国建筑师学会 AIA、英国土木工程师学会 ICE 以及英国合同审定联合会 JCT，均发布了基于不同法律传统的建设工程标准文本。

11.1.1　国际咨询工程师联合会 FIDIC

1. FIDIC 合同体系

FIDIC 是国际咨询工程师联合会（Fédération Internationale Des Ingénieurs Conseils）法文名称的首字母缩写，读作“菲迪克”。FIDIC 成立于 1913 年，由欧洲三个国家的咨询工程师协会发起成立，总部设在日内瓦。从 1945 年第二次世界大战结束后至今，FIDIC 的成员来自全球各地 70 多个国家和地区，中国在 1996 年正式加入，所以可以说 FIDIC 代表了世界上大多数独立的咨询工程师，是最具有权威性的咨询工程师组织，它推动了全球范围内的高质量的工程咨询服务业的发展。

FIDIC 最享有盛名就是其编制的系列工程合同条件，构成了 FIDIC 合同条件体系。它们不仅被 FIDIC 会员在世界范围内广泛使用，也被世界银行（The World Bank）、亚洲开发银行（Asian Development Bank，ADB）、非洲开发银行（African Development Bank）等世界金融组织在招标文件中使用。FIDIC 合同条件体系包含工程合同和咨询服务合同等非常丰富的内容，其中工程合同范本分别适用不同的建造模式。主要包括：(1)《施工合同条件》(*Conditions of Contract for Construction*)，惯称“红皮书”；(2)《生产设备和设计—施工合同条件》(*Conditions of Contract for Plant and Design-Build*)，惯称“黄皮书”；(3)《设计—采购—施工/交钥匙工程合同条件》(*Conditions of Contract for EPC/Turnkey Projects*)，惯称“银皮书”；(4)《简明合同格式》(*Short Form of Contract*)，惯称“绿皮书”；(5)《施工合同条件(多边开发银行和谐版)》[*Conditions of Contract for Construction* (*Multilateral Development Bank Harmonized Edition*]，惯称“粉皮书”；(6)《疏浚与填筑工程合同条件》(*Form of Contract for Dredging and Reclamation Works*)，惯称“蓝绿皮

书”；(7)《设计、建造和运营项目合同条件》(*Conditions of Contract for Design, Build and Operate Projects*)，惯称“金皮书”；(8)《施工分包合同条件》(*Conditions of Subcontract for Construction*) 等。此外，FIDIC 还编制了业主和咨询工程师服务协议范本，亦称“白皮书”、联合体或合资协议等其他标准文件。

2017 年 12 月，FIDIC 在伦敦举办的国际用户会议上正式发布了 1999 版系列合同条件中三本的第二版，分别是《施工合同条件》《生产设备和设计—施工合同条件》和《设计—采购—施工/交钥匙工程合同条件》。

2. FIDIC 合同条件的特点

(1) 国际性、通用性、权威性

FIDIC 编制的合同条件是在总结国际工程合同管理各方面的经验教训的基础上制定的，并且不断地吸取多个国际或区域专业机构的建议和意见加以修改完善。可以说，FIDIC 合同条件是国际上公认的高水平的通用性的文件并被广泛地应用在国际工程项目中。这些文件既可用于国际工程，稍加修改后又可用于国内工程，我国有关部委编制的合同条件或协议书范本也都把FIDIC合同条件作为重要的参考文本。许多国际金融组织的贷款项目，都采用 FIDIC 合同条件。

(2) 公正合理、职责分明

合同条件的各项规定具体体现了业主、承包商的义务、职责和权利，以及工程师的职责和权限。由于 FIDIC 大量地听取了各方的意见和建议，因而在合同条件的各项规定中，也体现了在业主和承包商之间风险合理分担的精神，并且倡导合同各方以一种坦诚合作的精神去完成工程。合同条件中对有关各方的职责既有明确而严格的规定和要求，也有必要的限制，这一切对合同的实施非常重要。

(3) 程序严谨，易于操作

合同条件中对处理各种问题的程序都有严谨的规定，特别强调要及时处理解决问题，以避免由于任一方的拖延而产生新问题。另外，还特别强调各种书面文件及证据的重要性，这些规定使条款中的内容易于操作和实施。

(4) 通用条件和专用条件的有机结合

FIDIC 合同条件一般都包含两个部分，第一部分是“通用条件”(General Conditions)，第二部分是“专用条件”(Particular Conditions)。

通用条件中包括的内容是在国际工程承包市场上应用于某一类项目管理模式的条款，而专用条件则是针对一个具体的项目，在考虑到项目所在国或地区的法律环境、项目的具体特点和业主对合同实施的特殊要求后，对通用条件的具体化、修改和补充。FIDIC 的各类合同条件的专用条件编写指南中，有许多建议性的措词范例，供项目的业主与咨询工程师参考和选用。

3.如何运用 FIDIC 编制的合同条件

（1）国际金融组织贷款和一些国际项目直接采用

在世界各地，凡是世界银行、亚洲开发银行、非洲开发银行等国际金融组织贷款的工程项目以及一些国家的国际工程项目招标文件中，都采用 FIDIC 合同条件。因而参与项目实施的各方都必须对其了解和熟悉，才能保证工程合同的顺利执行，并根据合同条件行使自己的职权和保护自己的权利。

（2）对比分析采用

许多国家都有自己编制的合同条件，但这些合同条件的条目、内容和 FIDIC 编制的合同条件大同小异，只是在处理问题的程序规定以及风险分担等方面有所不同。FIDIC 合同条件在处理业主和承包商的风险分担和权利义务时是比较公正的，各项程序是比较严谨完善的，因而在掌握了 FIDIC 合同条件之后，可以作为一把尺子来与工作中遇到的其他合同条件逐条对比、分析和研究，从中可以发现风险因素，以便制定防范或利用风险的措施，也可以发现索赔的机会。

（3）合同谈判时采用

因为 FIDIC 合同条件是国际上权威性的文件，在招标过程中，如果承包商感到业主方的招标文件有些规定不合理或是不完善，可以用 FIDIC 合同条件中的规定作为“国际惯例”，在合同谈判时要求对方修改或补充某些条款。

（4）局部选择采用

当咨询工程师协助业主编制招标文件时或是总承包商编制分包项目招标文件时，可以局部选择 FIDIC 合同条件中的某些部分、某些条款、某些思路、某些程序或某些规定，也可以在项目实施过程中借助于某些思路和程序去处理遇到的问题。但需要注意的是，要保证整个合同的系统性和连贯性。

总之，系统地、认真地学习 FIDIC 的各种合同条件，将会使每一位工程项目管理人员的水平大大地提高，使我们在工程项目管理的理念上和国际接轨。

4.FIDIC 专用合同条件起草的黄金原则

FIDIC 通用条件的基础是业主和承包商之间风险/回报的公平分配。因此，对业主和承包商来讲，无论是在招投标阶段还是在合同执行阶段，FIDIC 合同都具有真正的商业价值。但是在实际应用过程中，FIDIC 发现通过专用条件对通用条件条款所作的替换、变动或删除，已经对通用条件产生了实质性的影响，合同最终背离了其原则、损害了其声誉，也对投标方和公众产生了误导。为此，按照 FIDIC 的要求，合同委员会专门成立了一个特别工作小组，对FIDIC认为神圣不可违反的合同原则，进行了明确，这些原则被称为“黄金五原则”（The FIDIC Golden Principles）。

根据不同项目的不同情况，FIDIC 合同是允许通过专用条件对通用条件进行修改的，但应遵循五条黄金原则。

（1）合同各方的职责、权利、义务、职能，必须与通用条件中规定的一致，并与项目的要求相适应；

（2）编写专用条件时，其内容必须清晰无误、没有歧义；

（3）专用条件不得改变通用条件中规定的风险/回报平衡；

（4）合同中为合同各方所规定的履约时限，必须合理；

（5）除非与合同管辖法律有冲突，所有正式提出的争端都应在仲裁前优先提交争端预防/裁决委员会寻求临时裁定。

11.1.2 英国合同审定联合会 JCT 和土木工程师学会 ICE

英国标准合同范本种类繁多，按照适用工程的种类可大致分为一般建筑、土木工程建设、政府项目以及特殊用途合同。出版标准合同范本的机构主要有：英国合同审定联合会（Joint Contracts Tribunal，JCT）、英国土木工程师学会（Institution of Civil Engineers，ICE）、英国政府出版机构（His Majesty's Stationery Office，HMSO）以及英国咨询建筑师协会（Association of Consulting Architects，ACA）。

1. JCT 合同体系

JCT 于 1931 年在英国由英国皇家建筑师协会（Royal Institute of British Architects，RIBA）建立，并于 1998 年成为一家在英国注册的有限公司。JCT 由 8 个成员组成，包括：咨询建筑师协会（ACA）、英国财产联合会（British Property Federation，BPF）、建筑业联合会（Construction Confederation）、地方政府协会（Local Government Association）、专业承包商协会（National Specialist Contractors Council）、英国皇家建筑师学会（RIBA）、英国皇家注册测量师学会（Royal Institution of Chartered Surveyors，RICS）以及苏格兰建筑合同委员会（Scottish Building Contract Committee）。JCT 成员支持 JCT 合同的推广使用，但是有些成员仍然独立出版合同条件。

JCT 合同的主要版本有 1939 版、1963 版、1980 版、1998 版、2005 版、2011 版和 2016 版。JCT 的合同范本涵盖了对不同规模的项目的示范文本，包括微型工程、中型工程、大型工程项目。JCT 合同体系主要包括：

①标准施工合同文本；

②简明施工合同；

③小型工程施工合同；

④标准设计及施工合同；

⑤标准管理承包合同；

⑥成本加固定酬金合同；

⑦纯单价合同。

2. ICE/NEC 合同体系

（1）ICE 标准合同文件

英国土木工程师学会（ICE）创建于 1818 年，是在英国代表土木工程师的专业机构及资质评定组织，在国际上也颇有影响。ICE 的成员包括从专业土木工程师到学生在内的会员共有 8 万多名，其中五分之一在英国以外的 140 多个国家和地区。ICE 是根据英国法律具有注册资格的教育、学术研究与资质评定的团体。ICE 出版的合同条件目前在国际上亦得到广泛的应用。

ICE 合同文本最早于 1945 年发行，应用最广泛的是 1991 年发布的第六版。ICE 合同文本主要用于英国以及一些历史上和英国关系比较密切的国家和地区，适用于道路、桥梁、水利工程和一些大型的土木工程构筑物项目。

多年来，ICE 编制的许多合同文件被世界各国广泛采用和借鉴，其中使用最多的是《ICE 合同条件（土木工程施工）》。FIDIC 的合同条件，如《土木工程施工合同条件》第四版及以前的版本主要是借鉴 ICE 合同条件，ICE 也为分包合同、设计—建造模式制定了合同范本。

（2）NEC 标准合同文件

由于传统模式的 ICE 合同条件存在一些缺点，合同当事人出于不同的商业利益，在合同实施过程中容易产生冲突。咨询工程师在合同管理中，特别是在出现争议时的公正性日益受到质疑，因而容易引起争议和索赔。为了解决上述问题，ICE 组成了包括资深工程师、工料测量师、律师、项目经理等专业人士的专家组，经过几年努力，研究制订了一套崭新的合同范本。在 1993 年 3 月出版了新工程合同（New Engineering Contract，NEC），并于 1995 年出版了第二版，更名为“工程和施工合同”（NEC Engineering and Construction Contract）。2017 年 NEC 4 合同颁布，在 NEC 3 的基础上增加了两个合同文本，分别是设计—建造—运营合同（Design Build Operate Contract）和联盟契约（Alliance Contract）。2017 版 NEC 4 标准合同条件，包含以下文本：

① NEC 4 施工类合同

NEC 4 工程和施工合同包括 6 种计价方式，分别为：

ECC 选项 A：报价合同含工程活动表（Priced Contract with Activity Schedule）；

ECC 选项 B：报价合同含工程量清单（Priced Contract with Bill of Quantities）；

ECC 选项 C：目标合同含工程活动表（Target Contract with Activity Schedule）；

ECC 选项 D：目标合同含工程量清单（Target Contract with Bill of Quantities）；

ECC 选项 E：成本补偿合同（Cost Reimbursable Contract）；

ECC 选项 F：管理合同（Management Contract）；

NEC 4 工程和施工短合同（ECSC）；

NEC 4 工程和施工分包合同（ECS）；

NEC 4 工程和施工分包短合同（ECSS）。

② NEC 服务合同

NEC 4 服务合同（TSC）；

NEC 4 服务短合同（TSSC）；

NEC 4 专业服务合同（PSC）；

NEC 4 专业服务短合同（PSSC）。

③ NEC 供应合同

NEC 4 供应合同（SC）；

NEC 4 供应短合同（SSC）。

④ 其他 NEC 格式范本

NEC 4 框架合同（Framework Contract）；

NEC 4 争议解决服务合同（DRSC）；

NEC 4　设计—建造—运营合同（Design Build Operate Contract）；

NEC 4 联盟契约（Alliance Contract）。

此外，以上每一类合同都配有相应的使用指南与流程图等，来帮助用户合理使用这些合同文件。

（3）NEC 特点

与传统的 ICE 合同相比，NEC 系列合同范本体现了英国合同体系发展的最新成果，在合同理念和设计思想上有很多独到之处。NEC合同的主要特点如下：

①灵活性：NEC合同适用于所有工程领域，诸如土木、电气、机械和房屋建筑工程的项目，并适用于不同的合同采购策略。NEC合同可用于承包商承担全部设计责任、承担部分设计责任和不承担设计责任的工程项目，因而可适用于各种工程建设管理模式，包括设计—建造、CM以及传统模式等。NEC合同提供了6种主要选项即不同支付方式的合同模式，9条共用的核心条款和15项可任选的次要选项，可根据需要灵活使用。由于合同编制的初衷是使其不限定于任何特定的法律制度，因而既可用于英国又可用于其他国家。

②简洁性：NEC合同的用语尽量采用浅显易懂的语言，避免使用长句子，尽量避免了只有施工合同专家才能理解的一些法律术语和措辞。

③体现“伙伴关系”（Partnering）理念的项目管理方法：NEC合同的工作原则是合同参与各方应相互信任、相互合作地工作。这一原则写在核心条款第一条第一款，体现了“伙伴关系”和“团队精神”；在合同双方之间合理分摊风险，鼓励业主和承包商共同预测、防范和管理风险；引入“早期警告程序”及处理“补偿事件”的方法；设立“评判人”制度，使争议在萌芽状态就能得到解决。

④有利于项目的信息化管理：NEC合同的主要工作程序是基于工程实践制定的并通过所附的工作流程图表达出来。其完整的逻辑性有利于通过计算机程序加以实现，进而可以通过电子网络技术进行信息交流并实现“无纸项目管理系统”，有利于工程项目的信息化管理。

11.1.3 美国建筑师学会AIA

1. AIA简介

美国出版标准合同文件范本的机构主要有美国建筑师学会（The American Institute of Architects，AIA）、工程师联席合同文件委员会（Engineers Joint Contract Documents Committee，EJCDC）、美国总承包商协会（Associated General Contractors of America，AGC）以及美国各级政府机构。这些标准合同文件范本各有特点，需要根据投资方以及项目类型选用。

始创于1857年的AIA是美国主要的建筑师专业社团，该机构致力于提高建筑师的专业水平，促进其事业的成功并通过改善居住环境提高大众的生活标准。AIA的成员主要是来自美国及全世界的注册建筑师，目前总数已超过70000名。AIA出版的系列合同文件范本在美国建筑业界及国际工程承包界，特别在美洲地区具有较高的权威性。

2. AIA 合同文件体系

美国建筑师学会的一个重要成就是制定并发布了一系列的标准化合同文件。AIA 合同文件是为适应美国建筑业的需要出版的，最早出版于 1888 年。当时该文件仅仅是一份业主和承包商之间的协议书，称为“规范性合同”（Uniform Contract）。1911 年 AIA 首次出版了《建筑施工一般条件》(*General Conditions for Construction*)。

经过多年的发展，AIA 形成了一个包括 90 多个独立文件在内的完整而复杂的体系。而且，AIA 随时关注建筑业界的最新趋势，每年都对部分文件进行修订或者重新编写。迄今为止已有 90 多个独立文件，同时根据其所属的系列可以分为不同的板块。AIA 于 2017 年对一些合同文件进行了修订。AIA 合同文件可以分为 A、B、C、D、E、G 六个系列，分别为：

A 系列：业主与承包商之间的合同（Owner/Contractor Agreements）；

B 系列：业主与建筑师之间的合同（Owner/Architect Agreements）；

C 系列：其他合同（Other Agreements）；

D 系列：各类文件（Miscellaneous Documents）；

E 系列：附件（Exhibits）；

G 系列：合同管理和项目管理文件(Contract Administration and Project Management Forms)。

3. AIA 合同文件的组合与使用

以上介绍的 AIA 合同文件可以根据工程建设的实际情况与需要配合使用，形成不同的组合。最为主要的影响因素是工程建设管理模式及合同计价方式。每个组合中最为基本的文件是所谓的“核心文件”，即“施工合同一般条件”（包括 A201 在内的多个不同版本）。每个版本的一般条件均有与其配合使用的“协议书格式”。AIA 为包括建造管理CM方式在内的各种工程建设管理模式专门制定了各种协议书格式。不同的合同计价方式也影响到协议书格式的选用。AIA 不仅为业主与承包商之间的合同制定了协议书标准格式，还为项目中其他各方之间的关系制定了协议书标准格式，例如 B 系列中的业主与建筑师协议书标准格式。

作为在美国应用最为广泛的合同文件之一，AIA 合同文件有很多独到之处。AIA 有多份重要的文件是和其他建筑行业组织共同制定的，以便集思广益，均衡项目参与各方的利益，合理分担风险，不偏袒包括建筑师在内的任何一方。

AIA文件不断的修订既参考了最新的法律变更又反映了不断变化的科技与建筑工业实践。AIA合同文件形式灵活，通过适当的修改可适应具体项目的需要。AIA文件的用词力图通俗易懂，尽量避免使用晦涩的法律语言。

传统上AIA合同文件仅以印刷方式出版。新技术的发展使电子出版成为可能。AIA合同文件目前也以软件的形式发售。使用者可通过AIA提供的软件根据项目的需要生成电子格式合同文件。电子格式合同文件更便于使用和管理。项目参与各方之间也可以通过电子方式互相传递文件。此外，AIA合同软件还提供了一项功能，即可生成一份报告，详细说明用户的合同文件与标准合同文件之间的差异。

值得一提的是，虽然AIA合同文件是美国使用最多的标准合同，然而从整体实际应用的角度来看，AIA的使用频率并不高。究其原因在于，美国很多大型业主会使用其自己律师团队编写的标准合同，以便在合同的编制上将合同权利的天平较大幅度地倾向于业主方，而使得承包商方承担较多的责任。可以说，美国是较少使用标准合同的国家之一。

11.2 国际工程法律体系

国际工程跨境、金额大、涉及领域广以及公共性强等特点决定了国际工程所涉法律具有多样、复杂并在一些领域具有较强的行政干预色彩的特征。因此，相较于其他行业涉及的法律，国际工程涵盖的法律门类和学科种类繁多，尚未在全球范围内形成独立的国际工程法学科。

根据不同的分类标准，可以将国际工程法律分为不同的类别，本章仅根据国际工程的特点和实务，将国际工程法律分为三大类：

（1）国际工程项目适用类法律（Applicable Law）：该类法律侧重于国际工程项目自身所涉及的法律。

（2）国际工程合同管辖类法律（Governing Law）：该类法律主要是指用于管辖和解释国际工程相关合同的法律。

（3）国际工程争议解决类法律：该类法律主要是国际组织、政府特定主体、法院、仲裁或其他机构处理国际工程争议所依据的法律。

11.2.1 国际工程项目适用法律

国际工程项目所涉及的适用法律众多，为了便于叙述，从国际工程项目属地法律、国际工程项目参与主体的相关人员的适用法律以及国际工程项目适用法律的渊源三个方面进行阐述。

1.国际工程项目属地法律

国际工程项目属地法律主要包括：项目所在国的法律、国际工程项目参与主体所在国法律和国际工程项目所涉第三国法律。

（1）项目所在国的法律

项目所在国家或地区的法律主要包括工程项目开发模式类法律、采购类法律、主体资格类法律、土地管理类法律、规划或立项类法律、许可类法律、标准和规范类法律、财税类法律、环保类法律、劳动和移民法类法律、外商投资类法律、外汇管制类法律、保险类法律、知识产权类法律、中介或代理类法律和宗教或民俗类法律以及争议解决类法律等。

（2）国际工程项目参与主体所在国法律

国际工程项目参与主体所在国法律主要是项目所在国政府、项目投资人或贷款人、项目业主、工程承包商或供应商、保险机构和专业咨询机构注册或主要营业地所在国的法律。

与项目所在国政府参与国际工程项目有关的法律主要是国际公约，如《联合国反腐败公约》和世界贸易组织的《政府采购协定》，以及项目所在国关于政府采购或投资相关法律。

与项目投资人或贷款人参与国际工程项目有关的法律主要是其注册或主要营业地所在国对跨境投资进行规制的相关法律。

与工程承包商或供应商和专业咨询机构参与国际工程项目有关的法律主要是其所在地、注册或主要营业地所在国对资格或资质、劳务输出、劳资保护、外汇管制、各类担保等方面的法律法规。

（3）国际工程项目所涉第三国法律

国际工程项目所涉第三国法律主要是在实施项目时，国际工程项目参与主体和客体所涉及的除了项目所在国或项目主体注册地、主要营业地之外的第三国的法律，包括工程项目的实施涉及的项目所在国与第三国签订的税费优惠类、劳动保障类等各类协定或协议以及工程项目所需物资、设备等运输所经过的第三国法律。

2.国际工程项目参与主体的相关人员的适用法律

国际工程参与主体会受到各类适用法律的管辖，同样地，这些主体参与到具体国际工程项目中的员工也会受到相应适用法律的影响和调整，如国际工程项目参与公司的法定代表人或主要管理人员的资格或资质、特定专业人员的资格或资质、相关人员的活动范围等。

3.国际工程项目适用法律的渊源

国际工程项目涉及的法律众多，其表现形式不一，其适用法律的渊源主要为以下六类：

（1）国际公约：国家间有关政治、经济、文化、技术等方面的多边条约，如WTO协定、东盟自由贸易区协定。

（2）双边协定：如双边税收协定、双边投资保护协定、双边社会保障协定等。

（3）立法机构颁布的法律：如各国颁布的成文法律或法规。

（4）司法机构出台的判例：如普通法系法院作出的各类判例。

（5）公权力机构出台的法令或政策，如各种行政命令，例如总统令等。

（6）经过授权的特定机构或组织发布的各类规范性和非规范性文件或政策。

11.2.2　国际工程合同管辖法律

国际工程合同中一般存在“The Contract shall be governed and construed by the law of ...”的表述或类似表述，即“本合同的解释和管辖法为……”。该表述是国际工程合同中常见的合同管辖法律（Governing Law）条款。国际工程合同管辖法律在很大程度上影响或决定着缔约方之间的权利、义务、责任和风险的分配，是缔约方进行合同谈判时的重点内容。本节主要从三个方面重点阐释和分析国际工程合同管辖法律。

1.国际工程合同管辖法律类型及其选择

国际工程合同是来自不同国家的主体间谈判或协商一致的结果，而作为调整这种合同关系的国际私法，要求法律在一定程度上尊重当事人自己的选择。因此，在调整国家间司法关系时，作为意思自治原则的体现，国际私法一般允许当事人自行选择合同的管辖法。基于此，当事人可以预先知晓合同的管辖法，明确其享有的权利和承担的义务，增强法律适用的可预见性、确定性和一致性。

（1）国际工程合同管辖法律类型

从国际工程合同选择的角度分类，国际工程合同管辖法律大体可以分为六种类型，分别为：缔约方其中一方所在国法律、缔约方之外第三国法律、国际公约、国际商事惯例、缔约方各自国家共同法律原则或规则以及约定的混合管辖法律。

（2）国际工程合同管辖法律选择

对于上述六种类型管辖法律，在国际工程合同实践中，缔约方选择第一种和第二种类型管辖法律的情况较为常见，选择第六种类型管辖法律的情形偶尔也会存在，而选择第三种、第四种和第五种类型管辖法律情况则很少。

在具体的国际工程合同管辖法律选择实践中，缔约方应当注意项目所在国的适用法律是否允许缔约方在国际工程合同中约定第三方法律作为管辖法律，如对于特定领域，有些国家的法律采用专属适用法律，只能将该国法律作为合同管辖法律，不允许选择第三国法律。

2.国际工程合同管辖法律实体法与程序法

国际工程合同管辖法律需要注意实体法与程序法之间的区别，并根据具体情况在合同中作出相应约定。根据国际私法的一般原则，合同管辖法律一般指实体法，而非指程序法、冲突法或国际私法，否则，可能会面临以下国际私法中偶尔出现的反致法律问题。

广义的反致主要包括以下五种类型，即直接反致、转致、间接反致、包含直接反致的转致和完全反致。

（1）直接反致指法院审理某一涉外民事案件时，按照本国冲突规范应适用某一外国法，而该外国法中的冲突规范又规定此案件应适用法院地国的实体法，法院据此适用了本国的实体法。

（2）转致是指对于某一涉外民事案件，依法院地国冲突的规定，应当适用某外国法，而依该外国冲突规范的规定，须适用第三国法。

（3）间接反致指对于某涉外民事案件，依法院地国冲突规范的规定，应当适用某外国冲突规范的规定，而根据该外国的冲突规范，则应适用第三国法律，但是，依第三国冲突规范规定，却又应适用法院地法。最后，法院地国适用了其内国实体法，这种法律适用过程叫间接反致。

（4）包含直接反致的转致，这种情形是指对某一案件，甲国或甲地区法院根据本国或本地区的冲突规范指定应适用乙国或乙地区的法律，而乙国或乙地区的冲突规范指定应适用丙国或丙地区的法律，但丙国或丙地区的冲突规范反向指定应适用乙国或乙地区的法律，最后，甲国或甲地区法院适用乙国或乙地区的实体法律处理了案件。这种情形是转致的一种特殊情形。

（5）完全反致（Total Renvoi）是英国冲突法中的一种独特做法，故又叫作“英国反致学说”。完全反致是指英国法院的法官在处理某一案件时，如果依英国法而应适用某外国法，应假定将自己置身于该外国法律体系，像该外国法官依据自己的法律来裁断案件一样，再依该外国对反致所持态度，决定最后应适用的法律。

除了对特定领域或特定案件，世界各国法院或仲裁机构在认定国际商事合同管辖法律时一般不将程序法作为合同中约定的管辖法律。

3.国际工程合同管辖法律的适用

（1）国际工程合同管辖法律管辖范围

在世界范围内，国际法学界至今尚未对合同管辖法律管辖事项范围形成统一的观点，也不存在统一的适用管辖范围，因此，国际工程合同管辖法律管辖事项范围尚不具备确定性做法。

（2）国际工程合同管辖法律的具体适用法律

国际工程合同在约定管辖法律时一般仅仅约定某个国家或地区的法律作为管辖法律。因此，在实务中需要解决缔约方选择的国际工程合同管辖法律中的哪些法律可以作为具体适用的法律的问题。

国际工程合同所约定管辖法律中哪些作为具体适用法律基本取决于该法域的法律中所规定的适用范围。对于没有明确法域内或法域外适用的法律，则需要根据国际工程合同的具体事宜来判断哪些法律可以作为管辖法律中的适用法律。

（3）国际工程合同管辖法律与项目所在国或缔约方所在国法律不一致

世界各国的国情不同，各国对于同一种法律现象或法律问题的法律规定不同，导致国际工程合同管辖法律与项目所在国、缔约方所在国法律存在不一致。这种不一致导致管辖法律的适用存在一定的不确定性。实践中，这种不一致可以分为两种：一是合同管辖法律与项目所在国或缔约方所在国的强制性或禁止性法律规定不一致；二是合同管辖法律与项目所在国或缔约方所在国的任意性法律规定不一致。对于前者，如果合同管辖法律与项目所在国的强制性法律不一致，该合同的争议处理机构为项目所在国的法院或仲裁机构，则对于合同管辖法律与项目所在国法律的强制性规定不一致之处，合同管辖法律面临无法适用的问题。对于后者，由于项目所在国法律的相关法律规定并不是强制性规定，缔约各方可以通过选择管辖法律不予适用该不一致的法律规定。

（4）国际工程合同常用管辖法律

选择国际工程合同管辖法律，应考虑以下条件：

①立法层面：该国工程法律尤其是涉外工程法律比较完善，具有完善的法律法规和大量的案例。

②司法层面：该国法院、仲裁机构等司法机构比较完善，法官、仲裁员和司法人员谙熟工程法律，尤其是涉外工程法律实务。

③律师层面：该国在国际工程领域提供法律服务的律师资源较多，具备较高的律师法律服务质量。

④司法环境层面：该国的司法环境国际化程度高、司法独立性和公正性强。

⑤法律自身层面：该国的法律在国际上被接受的程度较高，具有一定的代表性。

11.2.3 国际工程争议解决法律

1.国际双边或多边争议解决机构解决国际工程争议适用的法律

目前，世界上尚不存在专门解决国际工程争议的国际双边或多边机构，也不存在专门用于解决国际工程争议的法律，但国际双边机构或多边机构每年都会处理较大数量的国际工程争议。国际双边或多边争议解决机构主要是基于两国或多国之间在特定领域的国际协定或国际公约成立的、旨在解决两国或多国以及其主体之间在该领域争议的国际机构。我国已经与众多国家签署了大量国际协定，如投资保护协定、自贸协定等。这些协定一般均会约定如何处理两国国民之间产生的争议以及适用的法律。

国际多边争议解决机构中处理国际工程争议最多的应当是国际投资争端解决中心（The International Centre for Settlement of Investment Disputes，简称ICSID）。ICSID 依据《关于解决国家和他国国民之间投资争端公约》（又称《华盛顿公约》）设立。

ICSID 处理国际工程类争议法律依据为：第一，《华盛顿公约》。ICSID 基于《华盛顿公约》设立，其解决争议的程序法律和实体法律应当按照《华盛顿公约》进行。第二，《华盛顿公约》第四十二条第一款约定的适用法律。第三，约定由 ICSID 作为争议解决机构的各类双边协定或多边公约。

2.政府机构解决国际工程类争议适用的法律

政府机构解决国际工程类争议主要分为两类，相应地，其所适用的法律也可以分为两类：第一类是行政机关与行政相对人之间行政争议的适用法律；第二类是政府机构参与解决工程当事人之间的民商事争议适用的法律。政府机构参与解决此类争议时，其所适用的主要法律一般为项目所在国的适用法律与合同管辖法律。

3.法院解决国际工程类争议适用的法律

法院是解决争议的主要机构，国际工程的大部分争议由法院解决。法院解决国际工程争议的适用法律分为两类：

（1）实体法。这类法律主要是国际工程项目适用法律中的实体法和国际工程合同管辖法律中的实体法。

（2）程序法。这类法律主要是法院裁判案件应当遵守的程序法，如民事诉讼类法律、行政诉讼类法律等。

4.仲裁机构解决国际工程争议适用的法律

仲裁是国际工程争议解决的常用方式，尤其是大型国际工程项目，争议解决方式往往采用国际仲裁。仲裁机构解决国际工程争议适用的法律分为三类：

（1）国际工程项目适用法律和国际工程合同管辖法律。

（2）仲裁条款或仲裁协议管辖法律。与国际工程合同管辖法律不同，国际工程合同中仲裁条款具有独立性。因此，国际工程合同约定的管辖法律一般不是国际工程合同仲裁协议的管辖法律。主流观点认为，除非双方另行约定或仲裁地法律另有约定，仲裁条款或仲裁协议的管辖法律为仲裁地的仲裁法律。

（3）仲裁机构进行仲裁适用的仲裁程序法律。仲裁机构进行仲裁适用的仲裁程序法一般为仲裁地所在国的仲裁程序法。当然，在仲裁地的仲裁法或程序法允许在其境内的仲裁适用外国仲裁程序法时,仲裁可以采用仲裁地所在国之外的仲裁程序法。

5.与国际工程争议解决相关的国际公约和协定

（1）与国际工程诉讼有关的国际公约和协定

与国际工程诉讼有关的公约和协定主要涉及管辖法院的选择、诉讼文书的送达、取证、法院判决或裁决的承认与执行等。

①《海牙送达公约》

送达在国际民事诉讼中具有重要的意义，对一国法院而言，只有依法完成了有关文书的送达，才能行使司法管辖权。为了确保司法文书送达的顺利完成以及诉讼的顺利进行，国际上以条约的形式开展了广泛的合作，这其中以 1965 年海牙国际私法会议制定的《关于向国外送达民事或商事司法文书和司法外文书公约》(即《海牙送达公约》) 最为典型。《海牙送达公约》于 1969 年生效，中国于 1991 年被批准加入，1992 年 1 月 1 日该公约在中国生效。

②《海牙取证公约》

随着涉外民商事案件的增多，许多案件需要跨境调取证据才能推进诉讼程序或保证诉讼的公正公平。由于各国法律制度的不同，尤其是英美法系和大陆法系在证据制度上的差异，各国民商事领域的跨境取证的合作并不理想。为此，1970 年 3 月 18 日海牙国际私法会议订立了《关于从国外调取民事或商事证据的公约》(即《海牙取证公约》)。中国于 1997 年加入海牙取证公约，1998 年该公约对中国生效。

③《选择法院协议公约》

《选择法院协议公约》是关于民商事管辖权和判决承认与执行的国际公约，由海牙国际私法会议起草，历经十多年艰苦谈判和实践，于 2005 年 6 月通过，自 2015 年 10 月 1 日生效。我国政府于 2017 年 9 月 12 日签署了该公约。

④双边民商事司法协助条约

民商事司法协助是指有关国家或地区间在民商事诉讼领域开展的司法协助活动。国际民商事司法协助的实施一般基于各国的双边条约和国际条约而存在，截至目前，中国政府共与 35 个国家订立了双边民商事司法协助条约。根据中国加入的海牙送达公约、海牙取证公约以及缔结的双边民商事司法协助条约，中国司法部被指定为中央机关，具体由司法部下属的司法协助交流中心履行民商事司法协助的中央机关职能。

两个国家的法院可以在双边民商事司法协助条约的基础上，相互提供司法协助，包括送达司法文书、调查取证、外国法院民事判决和仲裁机构裁决的承认与执行、相互提供缔约双方有关民商事法律和诉讼方面司法实践的资料。

（2）与国际工程仲裁有关的国际公约和协定

与国际工程仲裁有关的国际公约和协定主要涉及仲裁裁决的承认与执行，目前，世界上比较有影响力的国际公约有《纽约公约》《巴拿马公约》和《阿拉伯商事仲裁公约》。

①纽约公约

由于各个国家在仲裁裁决承认和执行制度方面的巨大差异给国际经济交往带来

不便，国际社会酝酿订立统一国际条约。1958 年 6 月 10 日，联合国国际商事仲裁大会通过了《承认及执行外国仲裁裁决公约》(即《纽约公约》)。目前，几乎所有涉及国际贸易的国家和地区的立法或司法机关均认可《纽约公约》的效力，该公约是迄今为止国际商事仲裁方面最重要的多边国际条约。

②巴拿马公约

为了简化国际商事争议解决程序，加强区域内的经济合作，1975 年美洲国家组织成员国在巴拿马城召开国际私法特别会议，通过了《美洲国家商事仲裁公约》(即《巴拿马公约》)。《巴拿马公约》于 1976 年 6 月 16 日生效，该公约规定了适用范围、仲裁协议的效力、仲裁庭的组成、仲裁规则的适用、仲裁裁决的效力及其承认与执行。

③阿拉伯商事仲裁公约

1987 年，14 个阿拉伯国家签署了《阿拉伯商事仲裁公约》(即《阿拉伯公约》)，目的是统一阿拉伯地区商业仲裁规则，为国际商业争端提供一个公平有效的争议解决平台。

总之，国际工程争议解决所涉法律庞杂且专业性强，其具体适用的难度很大，需要国际工程参与方根据国际工程争议的实际情况仔细分析和论证，选择适用且正确的法律，确定适当的争议解决法律依据和方法。

11.3 典型国家建设法

11.3.1 德国建筑法

经过几百年的发展，德国建立了由基本法、联邦建筑法律法规、州宪法、州建筑法律法规以及行政规定等构成的建筑法律法规体系。德国是欧盟成员国，既遵守欧盟的法律又有自己的法律体系，两者既相互独立又相互联系，共同作用形成德国的法律法规体系。德国法律法规包含欧盟、联邦层面和州级层面的法律法规。《欧洲联盟条约》确定了欧盟法律优先的原则。《德意志联邦共和国基本法》对联邦和各州权限作出规定，联邦各州享有立法权，联邦层面的法高于州层面的法。

1.德国建筑法律法规体系框架

在建筑领域，除了遵守欧盟法律外，德国建筑法律法规由基本法、联邦建筑法律、联邦建筑法规法令、州宪法、州建筑法律、州建筑法令以及行政规定等构成，主要包括土地规划方面的法律法规和建筑方面的法律法规。其中，建筑方面的法律分为私法建筑法和公法建筑法。私法建筑法指的是民法典中的法律规定，如土地所有权、相邻权、建筑合同等。公法建筑法分为建筑规划和建筑法规方面的法 。其中建筑规划法属于联邦层面的立法事项，包括《联邦建筑法典》《区域规划法》《建筑使用条例》等法律。各州则有权制定相应的《联邦建筑法典实施法》。此外，各州政府有权通过发布行政命令，对本州内包括市级或乡镇区域建筑规划的重新分配、征收、结构工程及地区风貌、土地估值、土地贬损或行政诉讼初步程序等事项进行规定。

而根据《德意志联邦共和国基本法》的相关规定，建筑法规则属于各州立法事项。各州议会以联邦建设部长级会议不断更新的《模式建筑法规》为蓝本，制定各州自己的建筑法规。同时，根据州建筑法规的规定，各州建筑主管部门有权发布建筑法规提及的相关内容的法令，如《建筑技术检测法令》《无障碍建筑法令》等相关法令。同时，为支持建筑法规实施，以《德国模式建筑技术管理规定》为模板，各州政府有关部门和参议院部门转化制定了州《建筑技术规定》，该规定是对州建筑法规的一般性要求具体化的方法文件。根据州建筑法规的规定，应遵守建筑技术规定，但如果用其他解决方案可以同等程度地满足要求且建筑技术规定不排除偏差情况，可以偏离《建筑技术规定》中包含的规划、测量和施工规则。虽然这里的建筑技术规定不是强制使用，但从实际来看具有强制性。与此同时允许采用另外的可以替代的方法。《建筑技术规定》通过援引技术标准、技术指南等方式来实现具体要求。被援引的标准、指南等本身不具备强制性，但被引用的部分具备和建筑技术规定同等效力。

2.德国建筑法律法规体系特点

（1）体系构架

德国建筑法律法规体系具有“多级”“多层”的特点。

一是德国建筑相关法律法规涉及欧盟、联邦和州三级。其中，欧盟法律优先，联邦层面的法律高于州层面的法律。欧盟要求各成员国在有关立法中纳入欧盟法律，德国联邦层面的《联邦建筑产品法》是《欧盟建筑产品法规》在德国的行政执行法；《建筑法规》是《欧盟建筑产品法规》的内容实施框架。《联邦建筑法典》等建筑规划法属于联邦层面的立法事项，《建筑法规》等建筑法属于州层面的立法事项。

二是德国建筑法律法规由法律、法规法令、技术规定多层文件构成。德国建筑法律法规包含一系列文件，建筑监管方面的上位法为各州《建筑法规》。为支撑建筑法规的实施，各州还颁布了《车库法令》《建筑检测法令》等一系列的法令和《建筑技术规定》。法律、法规法令和技术规定间相互关联，指向明确，自上而下内容从粗到细、从少到多。上层文件明确关联指向下层文件，下层文件是上层文件实施的途径和方法。这些文件一同构成了德国建筑技术法规体系，共同保障了德国工程建设基本要求。

（2）内容特点

在内容方面，德国建筑法律法规具有“双重”“两面”的特点。

一是涵盖了建筑技术和管理的双重要求。《建筑法规》在内容上既包括技术性要求，也包括管理性要求。技术性要求包括建筑用地、建筑设施、施工、建筑产品、建筑材料防火性能、通道、出口和护栏、建筑设备以及无障碍、特殊建筑等的基本要求；管理性要求包括建设参与方、建筑监督机构、建筑流程、罚则等内容。《建筑法规》中的技术性要求主要为规定性和描述性的基本要求，其细化的实施文件是由各州根据模式建筑技术管理规定转化制定各州的《建筑技术规定》，对于满足建筑物基本要求、特殊要求时所应遵守的建筑技术规定和建筑产品的要求等进行细化约束。

二是包含了工程和产品的两方面要求。《建筑法规》和《建筑技术规定》既包括工程要求，也包括产品要求。规定了建筑产品的使用要求、可用性证明、通用施工监督许可和检测证书、特殊情况建筑产品可用性证明、一致性确认、制造商一致性声明、认证、试验、认证和监督机构、特殊的专门知识与审查要求等。

（3）编制模式

在编制模式方面，德国建筑法律法规具有“模式”“引标”的特点。

一是广泛采用模式法规的形式。德国联邦制的特点和社会历史背景，形成了建筑法规为联邦层面制定模式建筑法规，各州参照采用模式制定本州法规的模式。模式法规没有直接的法律效力，转化为各州的法规后在各州具有强制性，各州都可决定州监管在多大程度上遵循模式法规。

二是建筑技术规定采用援引标准的模式。建筑技术规定可以采用引用标准的方式，建立起法规和标准的关联关系。被援引的标准，本身并不是强制实施的，但被引用的部分具备与技术规定同等法律地位。援引标准的方式使得技术规定更具灵活性。建筑技术规定引用欧盟标准转化成的德国标准、德国国家标准、国际标准化组织 ISO 标准转化成的德国标准、欧洲标准以及德国行业协会标准等数十种标准、规程等。

11.3.2 日本建筑法

1.日本的法律体系

日本是中央集权国家。日本宪法规定，国家实行以立法、司法和行政三权分立为基础的议会内阁制。其现代法律制度是民法法系、普通法法系和日本固有法的某些制度三者的结合，由原来的罗马日耳曼法系（大陆法系）演变成为兼有罗马日耳曼法系与英美法系特色的混合法系。

第一层次是宪法，是国家的组织与活动的根本法律，是最高法令；第二层次是法律，是由国会审议通过的法律，一般对国民的权利义务、部门的业务加以约束和限制，相当于我国人大和人大常委会制定的法律；第三层次是行政机关制定的相关命令，包括政令、省令、告示；第四层是地方自治法规。

2.日本的建筑法律法规体系

日本建筑工程法律法规体系，除宪法外由建筑法律、政令、省令、告示、地方法规等组成。1968 年制定的现行《都市计划法》确立了开发、建筑自由的原则。1949 年制定的《建筑业法》、1950 年制定的现行《建筑基准法》《建筑士法》与涉及建筑技术要求的法律文件，如《消防法》《建筑物抗震改造促进法》《无障碍法》《节能法》《停车场法》《城市绿化法》等众多相关建筑法律共同约束建筑工程和建设活动。

在《建筑基准法》基础上，政令有《建筑基准法实施令》，省（部委）令有《建筑基准法实施规则》，而在这些命令的基础上再制定的告示有《国土交通省告示》等。地方公共团体均可在法律的范围内制定条例或规则。如东京都制定有《东京都建筑安全条例》《东京都建筑基准法实施细则》等。

3.日本的建筑法律

《建筑基准法》是日本建筑工程的上位法律，由国会制定、批准和发布。旨在对建筑物的用地、结构、设备以及用途的最低相关标准作出规定，以保护国民的生命、健康与财产安全，并推动公共福利。日本《建筑基准法》分为两个部分，一部分为与目的、术语、手续及罚则相关的综合规定，另一部分为与建筑物的结构、用途及规模等相关的实体规定。

4.日本的建筑法规

（1）建筑基准法实施令（政令）

在《建筑基准法》基础上，内阁制定颁布的《建筑基准法实施令》属于政令，涉及更详细的管理和技术内容，《建筑基准法实施令》是对《建筑基准法》的进一步细化，对前者规定的性能要求在技术方面进行描述，确定具体标准，以便实施。

（2）建筑基准法实施规则（省令）

为实施《建筑基准法》《建筑基准法实施令》，制定的省令《建筑基准法实施规则》主要规定有关行政业务条款，包括具体的步骤、过程，不同阶段填写的表格，工程开工的审批手续等。

（3）告示

根据《建筑基准法实施令》，还制定有告示，由各省大臣通过官报的形式，将技术手段、计算方法、构造方法、引用的 JIS 和 JAS 标准等公之于众。

（4）地方法规（地方条例/规则）

日本的宪法赋予地方较大的自治权，地方公共团体可以在法律允许的范围内根据各地具体情况制定具有地方特色的法规。条例是由地方公共团体起草，议会审议表决批准。规则由地方公共团体的职能机关起草，都道府县的知事及市町村长批准发布。

5.日本建设法的特点

通过对日本建筑法律法规体系的梳理，可以得到日本建筑法律法规体系的基本脉络。

（1）日本建立了一套自上而下逻辑完整、指向明确的法律法规体系。法律以下的法规制定，必须以法律为依据，不得超出法律的范围，它们都是为实施法律而制定的。建筑法律法规体系由《建筑基准法》等建筑法律、《建筑基准法实施令》等政令、《建筑基准法实施规则》等省令、《国土交通省告示》等告示组成，层层细化。

（2）《建筑基准法》对于在建筑活动或建筑产品中应遵守的基本技术要求多为总体性的要求，并指向性引入下层的法规（政令）和标准。法规（政令）层面细化了法律中的管理和基本技术要求，规则（省令）层面则为具体的原理内容，告示层面就法律和法规中的基本技术要求进一步细化。

（3）《建筑基准法》在法规层面明确体现各层的法律地位，《建筑基准法》体现了政令及政令中相关技术标准的法律地位，提出了要遵守政令和技术标准的内容。

11.3.3 英国建筑法

1.建筑法体系

英国的建筑法律体系以法律、实施条例、技术规范与标准分为三个等级。法律由议会或议会授权制定并经议会通过，具有最高法律效力。与建设工程具有直接关系的法律就是《1996年房屋批准、施工和重建法案》及若干条例。由于英国法法源庞大，因此还有若干其他法律对建设工程予以规制，例如《住宅法》《健康安全法》《消防法》等。依据这些法律条款，政府或行业协会和学会制定《实施条例》《公共安全条例》等法规。技术规范和标准是由行业协会和学会制定的，一般没有法律约束力，当事人自愿采用。这三个层次构成了英国的建筑法律体系。

具体到建筑法规，一般是指《建筑条例》（*Building Regulations*），为进一步解释《建筑条例》，英国国会还发布其他次级立法，主要包括《建筑核准检查员条例》《建筑地方机构管辖权条例》《建筑能效条例》等。但值得注意的是，这些法律本身在很大程度上是相关判例的总结和归纳，在实践中并不能替代法院的判例，而其具体适用范围也需要法院来予以解释和运用，因此其属性与大陆法系中的法典存在本质区别。

2.主要内容

《建筑法》共分五章，其中，第一章即为“建筑条例”，全部的135个条文中，有四十六条是第一章的内容，可见分量之重。其在第一条中规定了制定建筑条例的目的，是为保障相关人员的健康、安全、福利、便利；节省燃料与电力；减少垃圾、不当消耗、误用或污染水、负责人、范围、权力等。

《建筑条例》包括十章，分别是总则，建筑工程的控制，告示、方案与认证，非地方机构管辖的建筑工程的监管，自认证制度，能效，节水，工程执行人员提供的信息，测试与调试以及其他。相比之下，《建筑条例》的内容并没有《建筑法》丰富，但却对如何执行法律要求在管理和技术两方面作了更细致的规定。其技术方面的附录A包括了15部分内容：结构，防火，场地准备与防污染防潮，防毒，隔声，通风，给水卫生和安全，排水与排污，燃烧设备和燃料储存系统，人员保护，节能，无障碍通勤，玻璃，电气安全，材料和工艺。

《建筑法》第六条规定，对于建筑条例中的功能性要求，国务大臣及其指定的机构可以给出实践指南及示例内容的核准文件。核准文件的内容与前述的《建筑条例》附录 A 中的 15 部分内容对应。与法律和条例不同的是，核准文件由英国皇家建筑师学会（The Royal Institute of British Architects，RIBA）旗下的国家建筑规程研究所（National Building Specification，NBS）发布。此外，各个核准文件均作了适时修订，故现行版本并不都是同一年发布的。

3.实施监督

对于《建筑条例》的实施监督，主要有三种方法：一是全套方案。图纸提交建筑工程管理机构审查和存档各环节的具体操作由建筑工程管理机构聘用的检查监理人员进行。二是工程告示。要求在工程开工 2 天前向地方机构提交申告，并由地方机构对各环节进行检查验证。三是资质人员。对于特定资质人员承担的特定工程，可不再进行上述检查等环节，同时也避免了像前两者那样产生费用。

英国早在 1965 年就在《建筑条例》中引入了一系列的国家建筑标准，再配合 1985 年以来《建筑条例》附录所列的一系列核准文件，比较清晰地界定了强制性的管理和技术要求以及推荐性标准和指南。此外，虽然英国政府部门一直在法规制定工作中发挥着举足轻重的作用，但在法规的执行和实施上，充分依靠了地方机构、核准检查员等建筑工程管理机构、能效测评机构和人员以及贸易标准机构、计量机构等其他政府部门和各类营利性或非营利公司。只有依靠更广泛的社会力量，才能使得政府政策得到最大限度的执行实施。

11.3.4　美国建筑法

美国作为世界上顶级的发达国家，其建筑技术法规经过多年的发展和打磨，已经具有较强的成熟性，不仅可以保障建筑领域的安全生产，也衔接了技术法规和法律。“政府标准”的强制性应用凸显了政府在建筑工程领域的强悍的干预力，同时也使得建筑规范在向着功能性能类规范发展的道路上日臻完善。

1.美国的建筑法规体系

美国是联邦制国家，联邦以及各州、市、县都具有立法权，因此，在美国从事的建筑活动受到各个层级的法律、法规制约，体现出了美国建筑法规的重要性、复杂性和多样性。

除此之外，美国的建筑管理法规，包括建筑技术标准和规范，更是经常进行修订，提出的渠道方式和对应的批准途径也是多样化的，例如，议员提出的议案、产业组织的技术实验、协会对现实工程实践中出现的问题的改进等，同时，涉及的建筑法规的修改也是简单灵活的。由此可见，美国的建筑法规体系，是规范和制约建筑活动法律法规和行为规则的总和。

值得一提的是，美国规范的编制主体多集中在非营利的会员协会，其更好地平衡和兼顾了公共和私人建筑领域的要求，注重了会员的权利和利益。其主要的运营经费并不依赖政府的拨款，而是来自于规范销售本身。这种运营的方式很值得借鉴。

2.统一建筑法规

统一建筑法规（Uniform Building Code，UBC），是美国建筑业普遍认可的最为重要和标准的规范建筑活动的法规。UBC 由国际建筑工作者联合会（International Conference of Building Officials，ICBO）制定，由议会通过。各州、市、县可根据本地实际情况，对 UBC 进行修订，使之更切合本地使用。

UBC 主要内容包括：建筑管理，建筑物的使用和占有，一般的建筑限制，建造类型，防火材料及防火系统，出口设计，内部环境，能源储备，外部墙面，房屋结构，结构负载，结构实验和检查，基础和承重墙，水泥、玻璃、钢材、木材、塑料、轻重金属等建筑材料，电力管线设备和系统，管道系统，电梯系统等方面的标准和管理规定。

实践中，合同中各方应严格按照 UBC 的要求履行设计、建造和安装等职责，同时，UBC 也是调解、仲裁、诉讼解决争端的主要依据。

在 UBC 的统领下，根据具体的建筑工程分项工程的差别，建筑活动中其他应遵循的法规有：国家管道法规（BOCA National Plumbing Code）、国家电气法规（BOCA National Electric Code）、国家机械设备法规（BOCA National Mechanical Code）、国家防火法规（National Fire Code）、地方规划法令（Local Zoning Ordinance）。

除上述内容外，各州和地方根据地域特点，会有补充的法规和规章。除行业协会的有关规定外，美国专门针对某一行业或者某一业态的特定法规很少，从事建筑行业的企业应受一些综合性的经济法规制约，如公司法、商业职业法、银行保函和保险方面法律、涉及公共利益和安全的法规等。

美国对公共利益和安全的保障可谓是高度重视，在建筑活动中也是体现得淋漓尽致。除了联邦的统一法规外，各个州也出台很多更为严格的保障法规。具体主要有：环境保护法、职业安全和健康条例、平等就业/女性及少数民族保护法案，以及其他保障工作环境和条件的地方法规和工会的规则等。

3.美国的技术法规

在立法层面上，技术法规（Technical Regulation）并不是一个独立的部门法或者专门的单行法，而是以法规、规章的形式颁布实施的，内容也多集中在州一级层面的法律法规。

在执行层面上，州政府将规范进一步细化权下放到行政层面的下一级地方政府，并同时起草了指导性的模式性话术，内容既包括宏观上的目的和意图，也包括具体细化的施工检查、消防安全和财产维护检查等。

在具体应用层面上，业主和承包商会在起草合同或者规范（Specification）时，直接引用最符合其工程情况的法规，再额外补充更高的标准要求或者更为细化的可执行性的规范。或者直接将现行的法规作为参考，自行撰写一套更为完备和适用的规范，作为其自己公司的规范范本。

11.3.5 韩国建筑法

韩国的法律制度是以宪法为基础的大陆法系，但由于历史原因深受美国法律制度的影响，其法律渊源主要包括：宪法，国际条约，全国议会按照法定程序颁布的法律，总统令，由总理、各部和政府机构颁布的总理令、部令，条例和规则。

韩国的法律可分为五个效力等级，第一等级为《宪法》，第二等级为法律、总统紧急命令、国际条约，第三等级为总统令、国会规则、大法院规则、宪法法院规则以及中央选举管理委员会规则，第四等级为总理令及部令，第五等级为行政规则和条例。

韩国规范建筑业的法律主要包括《建筑法》《建设业法》等。其中《建筑法》主要对建筑物的用地、用途、构造及设备的有关标准作了规定，偏重于对技术的约束；《建设业法》则对整个建筑行业准入与监管进行了规定。

韩国《建设业法》包括总则、建设业的许可和转让、承包契约、施工和技术管理、经营合理化、建设业者团体、监督、补则、罚则和附则等部分，其规定呈现出更加具体、操作性强的特点。

在市场准入方面，韩国对从业许可作了较为细致的规定，包括建设业者申报义务、许可的转移、许可的转让申请、转让内容、转让限制等。在发包承包方面，依靠了政府部门的监督管理侧重于对承包单位权益的规定。承包契约中对建筑工程承包的限制、承包限额的核定、承包资格限制的禁止、概算期限、契约原则、分包限制、变更分包人的要求、承包人的地位、承包人的义务、款项支付、检查交接及在施工过程中出现的争议方面等问题作了规定，使每个活动环节都有法可依，有效地规范了建筑活动。

在线练习

参考文献

[1] 宿辉，何佰洲. 2017版《建设工程施工合同（示范文本）》(GF—2017—0201)条文注释与应用指南. 北京：中国建筑工业出版社，2018.

[2] 宿辉. 政府和社会资本合作（PPP）合同有名化研究. 北京：法律出版社，2019.

[3] 何佰洲，顾永才，宿辉. 工程建设法规. 北京：中国建筑工业出版社，2011.

[4] 国际咨询工程师联合会. 设计采购施工（EPC）/交钥匙工程合同条件. 唐萍，张瑞杰，等译. 北京：机械工业出版社，2021.

[5] 国际咨询工程师联合会. 施工合同条件. 唐萍，等译. 北京：机械工业出版社，2021.

[6] 何伯森. 工程项目管理的国际惯例. 北京：中国建筑工业出版社，2007.

[7] 张水波，陈勇强. 国际工程总承包EPC交钥匙与合同管理. 北京：中国电力出版社，2009.

[8] 李启明，邓小鹏，陈江红，等. 工程项目采购与合同管理. 北京：中国建筑工业出版社，2009.

[9] 张水波，何伯森. FIDIC新版合同条件导读与解析. 2版. 北京：中国建筑工业出版社，2019.

[10] 赵东锋. 国际工程法律与合约. 北京：中国建筑工业出版社，2019.

[11] 周佑勇. 工程法学. 2版. 北京：高等教育出版社，2017.

[12] 刘慧敏，盛昭瀚，邱聿旻，等. 重大工程决策治理理论与实务. 北京：科学出版社，2020.

[13] 最高人民法院民事审判第一庭. 最高人民法院新建设工程施工合同司法解释（一）：理解与适用. 北京：人民法院出版社，2021.

[14] 毛凯. 德国建筑法律法规体系研究. 工程建设标准化，2020（9）：53-59.

[15] 尚勇，张勇. 中华人民共和国安全生产法释义. 北京：中国法制出版社，2021.

[16] 杨合庆. 中华人民共和国土地管理法释义. 北京：法律出版社，2020.

[17] 孔庆江. 中华人民共和国外商投资法. 北京：法律出版社，2019.
[18] 本书编写组.《中华人民共和国城乡规划法》释义及实用指南. 北京：中国民主法制出版社，2013.
[19] 财政部国库司，财政部政府采购管理办公室，财政部条法司，等.《中华人民共和国政府采购法实施条例》释义. 北京：中国财政经济出版社，2015.
[20] 国家发展和改革委员会法规司，国务院法制办公室财金司，监察部执法监察司. 中华人民共和国招标投标法实施条例释义. 北京：中国计划出版社，2012.